정토감주
淨土紺珠

| 동국대학교 불교기록문화유산아카이브사업단(ABC)
본서는 문화체육관광부 지원으로 동국대학교 불교학술원에서 간행하였습니다.

한글본 한국불교전서 조선 65
정토감주

2021년 4월 5일 초판 1쇄 인쇄
2021년 4월 15일 초판 1쇄 발행

엮은이 허주 덕진
옮긴이 김석군
펴낸이 윤성이
펴낸곳 동국대학교출판부

주소 04620 서울시 중구 필동로 1길 30
전화 02-2260-3483~4
팩스 02-2268-7851
Homepage http://dgpress.dongguk.edu
E-mail book@dongguk.edu
출판등록 제2-163(1973. 6. 28)
편집디자인 꽃살무늬
인쇄처 네오프린텍(주)

ⓒ 2021, 동국대학교(불교학술원)

ISBN 978-89-7801-999-6 93220

값 22,000원

이 책의 무단 전재나 복제 행위는 저작권법 제98조에 따라 처벌받게 됩니다.

한글본 한국불교전서 조선 65

정토감주
淨土紺珠

허주 덕진虛舟德眞 엮음
김석군 옮김

동국대학교출판부

정토감주淨土紺珠 해제

박 인 석
동국대학교 불교학술원 조교수

1. 개요

『정토감주淨土紺珠』는 조선 후기에 활동했던 선사禪師 허주 덕진虛舟德眞 (1815~1888)이 정토와 관련된 내용을 일심一心, 이수二修 등과 같은 법수法數의 체제로 정리한 문헌이다. 제명에 나온 '감주紺珠'는 당唐의 장열張說 (667~731)의 고사에서 따온 것이다. 장열은 평소 사소한 일까지 모두 알았지만 기억력이 없어서 괴로워하였는데, 한 나그네로부터 '감주', 곧 '감색 구슬' 하나를 받은 뒤 그것을 손바닥에 잡고 있으면 지나간 일이 명료하게 떠올랐다고 한다. 그러므로『정토감주』는 정토에 관해서 잊지 않아야 할 사항들을 법수의 체계에 따라 간추린 책이라고 할 수 있다.

2. 저자

허주 덕진의 생애는 금명 보정錦溟寶鼎(1861~1930)이 편찬한『조계고승전曹溪高僧傳」「조계종사 허주 선사전曹溪宗師虛舟禪師傳」에 상세히 나와 있으므로 이에 의거하여 그의 생애를 기술하고자 한다.

덕진의 호는 허주이고, 속성은 김씨이다. 1815년 3월 13일 홀어머니 박씨로부터 태어나서 1888년 10월 12일(혹은 11월 17일) 입적하였으니, 세수는 74세이고, 법랍은 63년이다. 어린 시절 부모를 모두 여의어 걸식하였는데, 조계산의 선방에서 제공하는 음식에 의탁하여 살았다. 11세 때인 1825년 한 수좌의 권유로 출가한 뒤, 제방을 유력하면서 수행하였다. 경전은 한성 침명翰醒枕溟(1801~1876)에게서 배웠고, 선은 인파印坡를 참례하여 배웠다.

30세에 은적암隱寂庵에서 건당하고 주석하니 납자들이 무수히 몰려들었다. 강석에서 어려운 질문에 답변할 때는 반드시 눈을 감았는데, 그것이 마치 못을 끊고 무쇠를 자르는 것처럼 과단성이 있었다고 한다. 선사는 어느 날 7일간 지장기도를 한 뒤 시루떡 한 사발을 얻는 꿈을 꾸었다. 이로부터 자비의 덕이 온몸에 가득하였고, 총명한 지혜가 남을 능가했으며, 한번 들으면 잊지 않는 불망념지不忘念智를 얻게 되었다. 이후 그의 선풍이 멀리까지 퍼져 나갔다.

1888년 가을 초청을 받아 한양성에 들어가 동별궁에서 보광법회를 시설하여 7일 동안 기도와 축원을 했는데, 귀비와 중신들 가운데 향을 사르고 선사를 섬기며 예배드리지 않은 이가 없었다고 한다. 또한 법회를 마친 뒤 선사가 궁을 떠나려고 하자, 동대문 밖 대원사大原寺를 하산했을 때의 머무는 장소로 지정해 주기도 하였다. 같은 해 10월 10일 가벼운 병을 보인 뒤, 이틀이 지난 새벽에 목욕하고 옷을 갈아입고 게송을 남긴 뒤 조용히 입적하였다. 선사의 입적 소식이 전해지자 귀비와 신첩들이 모두 애통해하면서 향과 등불과 종이와 같은 시주물을 보시하였고, 장례에 참석하지 못한 사람들 역시 많은 재물을 내었는데, 이런 소식이 고종 임금에게까지 전해졌다고 한다. 제자인 퇴운退雲 등이 영골을 수습하여 조계산에 부도탑을 세웠다.

3. 서지 사항

『정토감주』는 『한국불교전서』 제11책에 수록되어 있다. 저본은 경기도 파주 고령산 보광사普光寺 정원사淨願社에서 1882년(고종 19) 개간된 목판본 1책으로, 현재 국립중앙도서관에 소장되어 있다.

4. 구성과 내용

1) 『정토감주』의 구성

『정토감주』의 구성은 다음과 같다. 본문에 들어가기 앞서 1879년 6월에 쓴 노련露蓮 거사의 「정토감주 서문(淨土紺珠序)」, 같은 해에 허주 덕진이 직접 쓴 「자서自序」, 「일러두기(例言)」, 「인용한 책의 제목(引用書目)」 등이 나온다. 다음으로 본문은 '일심一心' 항목의 설명으로 시작하여 마지막 '사십팔원四十八願' 항목에 대한 설명으로 마친다. 말미에는 보화거사寶華居士 유엽劉燁이 1880년에 쓴 「발문(跋)」이 나오며, 제일 마지막에는 이 책을 목판에 새길 때 시주한 인물들의 명단과 간기刊記가 나온다.

「일러두기」는 모두 6항목으로 구성되어 있는데, 『정토감주』가 정토법문에 관련된 내용 가운데 일심一心, 이수二修 등과 같이 숫자로 된 개념들을 뽑아서 정리한 것이라는 점, 1에서부터 10까지는 내용이 많든 적든 개념들을 모두 나열하였지만 10 이상의 수는 보이는 대로 정리하여 48에 이르렀다는 점, 선과 정토의 문이 서로 다르지 않음을 강조하는 점, 제명에 나오는 '감주'가 당의 장열에게서 유래했다는 점 등을 밝히고 있다.

「인용한 책의 제목」에는 모두 45종의 불전 목록이 나와 있는데, 크게 보면 경經과 논論, 그리고 정토 관련 저술 등으로 나눌 수 있다. 이를 세분하면 대략 다음과 같다.

가. 경(13종) : 『대보적경大寶積經』·『대아미타경大阿彌陀經』·『아미타경阿彌陀經』·『무량수경無量壽經』·『관무량수불경觀無量壽佛經』·『문수반야경文殊般若經』·『유마힐경維摩詰經』·『반주삼매경般舟三昧經』·『칭찬정토법문경稱讚淨土法門經』·『금강정유가념주경金剛頂瑜伽念珠經』·『업보차별경業報差別經』·『증일아함경增一阿含經』·『관무량수경송觀無量壽經頌』

나. 논 및 소초(8종) : 『보현행원기普賢行願記』·『감로소甘露疏』·『안국초安國鈔』·『천친론天親論』·『정토십의론淨土十疑論』·『군의론羣疑論』·『보왕론寶王論』·『자은통찬慈恩通讚』

다. 정토 관련 저술(24종) : 『예념미타도량참법禮念彌陀道場懺法』·『정토입교지淨土立敎志』·『정토십문교계淨土十門敎誡』·『만선동귀집萬善同歸集』·『용서정토문龍舒淨土文』·『권수정토문勸修淨土文』·『삼시계념의범三時繫念儀範』·『정토혹문淨土或問』·『염불직지念佛直指』·『복보지남福報指南』·『선종정지禪宗正指』·『귀원직지집歸元直指集』·『정토지귀집淨土指歸集』·『연종보감蓮宗寶鑑』·『운서법휘雲棲法彙』·『정토법어淨土法語』·『몽유집夢遊集』·『대명삼장법수大明三藏法數』·『정토신종淨土晨鐘』·『정토자량집淨土資糧集』·『정신당집淨信堂集』·『전가보傳家寶』·『서방공거西方公據』·『묘응록妙應錄』

이어서 본문에는 총 157개의 개념이 법수法數를 따라 기술되는데, 편자의 말처럼 일一에서 십十에 이르는 항목이 136개로 대다수를 차지하고, 십이十二 이후가 21개 나온다. 이를 숫자대로 나타내면 다음과 같다.

가. 일一(20종) : 일심一心 · 일심一心 · 일승一乘 · 일념一念 · 일념一念 · 일대사一大事 · 일행삼매一行三昧 · 일상삼매一相三昧 · 일경一境 · 일문一門 · 일식一息 · 일구一句 · 일성一聲 · 일구기一口氣 · 일편一片 · 일생一生 · 일점진성一點眞性 · 일언一言 · 일칭一稱 · 일개一箇

나. 이二(15종) : 이심二心 · 이심二心 · 이수二修 · 이지二持 · 이의二宜 · 이선二善 · 이출二出 · 이행二行 · 이불생二不生 · 이념二念 · 이권二勸 · 이경책二警策 · 이력二力 · 이도二道 · 이종병二種病

다. 삼三(24종) : 삼심三心 · 삼심三心 · 삼복三福 · 삼력三力 · 삼배三輩 · 삼방편三方便 · 삼의三疑 · 삼불신심三不信心 · 삼고三故 · 삼전三專 · 삼통三通 · 삼혜三慧 · 삼교량三較量 · 삼불가三不可 · 삼책三策 · 삼독추三獨推 · 삼도三道 · 삼지三持 · 삼권三勸 · 삼관三關 · 삼관三觀 · 삼즉三卽 · 삼수三囚 · 삼대三待

라. 사四(22종) : 사종염불四種念佛 · 사토四土 · 사료간四料簡 · 사료간四料簡 · 사종요익四種饒益 · 사의四意 · 사관四關 · 사당四當 · 사불퇴四不退 · 사색연화四色蓮華 · 사념주四念珠 · 사부득四不得 · 사문四門 · 사교이념四教離念 · 사가四可 · 사행원四行願 · 사자교조四字教詔 · 사수四修 · 사생四生 · 사여四如 · 사효四孝 · 사행四行

마. 오五(10종) : 오경五敬 · 오불퇴五不退 · 오념문五念門 · 오혹五惑 · 오불가사의五不可思議 · 오소부득五少不得 · 오선五禪 · 오필五必 · 오부정五不正 · 오의五義

바. 육六(9종) : 육도六度 · 육도六度 · 육종념六種念 · 육근六根 · 육신六信 · 육부득六不得 · 육정六淨 · 육수六修 · 육약六藥

사. 칠七(4종) : 칠종승七種勝 · 칠정념七正念 · 칠보七寶 · 칠불방七不妨

아. 팔八(6종) : 팔법八法 · 팔신염불八信念佛 · 팔공덕수八功德水 · 팔용八用 · 팔념八念 · 팔이생八易生

자. 구九(4종) : 구품九品 · 구품九品 · 구조九祖 · 구조九祖

해제 • 9

차. 십十(22종) : 십심十心 · 십신심十信心 · 십무애十無礙 · 십승十勝 · 십승十勝 · 십승十勝 · 십승十勝 · 십승리十勝利 · 십이十易 · 십이十易 · 십이十易 · 십종공덕十種功德 · 십지차十只此 · 십념十念 · 십의十疑 · 십불념十不念 · 십난十難 · 십난신十難信 · 십실十失 · 십종장엄十種莊嚴 · 십원十願 · 십업十業

카. 십이十二~이십二十(15종) : 십이광十二光 · 십이원十二願 · 십이부사의十二不思議 · 십이력十二力 · 십이검조심十二檢照心 · 십사수호심十四守護心 · 십사상十四相 · 십오염불十五念佛 · 십육피차十六彼此 · 십육관十六觀 · 십육상十六想 · 십팔현十八賢 · 십구념요의十九念了義 · 십구익十九益 · 이십정호二十正好

타. 이십사二十四~사십팔四十八(6종) : 이십사락二十四樂 · 이십팔진념二十八眞念 · 삼십종익三十種益 · 삼십자경三十自慶 · 사십팔원四十八願 · 사십팔원四十八願

2) 『정토감주』의 주요 내용

『정토감주』가 편찬된 배경에 대해서는 책 앞에 나오는 서문 2편과 말미의 발문 1편을 통해 짐작할 수 있다. 우선 1879년 노련거사露蓮居士가 쓴 「정토감주 서문」을 보면, 덕진 선사는 종승宗乘을 깨달은 승려로서 명성을 떨친 인물이지만, 사람을 가르칠 때는 정토문에 의거하여 간곡하게 가르침을 폈다고 한다. 또한 덕진 선사가 선禪과 정토淨土를 아울러 편 것은 중국의 중봉 명본中峯明本(1263~1323), 천여 유칙天如維則(?~1354), 감산 덕청憨山德淸(1546~1623) 등과 같은 쟁쟁한 선사들의 사례를 따르고 있음을 강조하였다. 중국 선종은 원대, 명대에 이르면 선정겸수禪淨兼修의 경향을 띠는데, 방금 언급된 감산 덕청 같은 이들을 대표로 들 수 있다.

이어지는 덕진의 「자서」에 따르면, 그는 임제 종풍을 떨친 선사였지만, 대중을 지도할 때는 정토 수행 역시 중시하였다. 「자서」에는 정토 수행을 강조하는 나그네의 질문을 길게 수록하여 선뿐만 아니라 정토와 관련된 염불삼매의 중요성을 강조하고 있으며, 제대로 된 염불 수행은 선과 결코 다르지 않은 것임을 부각시키고 있다. 그러므로 『정토감주』는 덕진 선사가 1879년 이전에 틈틈이 편찬해서 이미 완성해 두었다고 볼 수 있다. 덕진 선사는 나그네의 질문을 소개함과 동시에 정토법문에 대한 자신의 의도를 게송으로 기술했는데, 그 일부를 소개하면 다음과 같다.

과거에 이미 다함없는 고통을 받았고	過去已受無盡苦
현재에도 끝없는 고통을 받고 있으며	現在今受無窮苦
미래에도 한량없는 고통을 받을 것이니	未來當受無限苦
백천만겁으로도 헤아리기 어려우리라.	百千萬劫難可數
하나의 문門만이 뛰어넘을 수 있으니	惟有一門可超昇
염불하면 안락국에 왕생하고	念佛往生安樂刹
여래 무량수불無量壽佛을 직접 뵈옵고	親見如來無量壽
미묘하고 참된 바른 법을 들을 수 있으리라.	得聞微妙眞正法
정토의 법요法要를 숫자로 모았으니	淨土法要以數彙
보고 듣는 이들이 다 훌륭하고 묘한 즐거움 증득하고	見聞咸證勝妙樂
백호白毫의 상서로운 광명이 대천세계를 비추어	白毫祥光徧大千
지옥이 변하여 우화국藕華國을 이루리라.	泥犁翻成藕華國

게송 가운데 "정토의 법요를 숫자로 모았으니"라고 한 것은 이후 나올 본문의 내용이 일一에서 사십팔四十八에 이르는 개념들을 소개하는 것임을 가리킨다. 그리고 우화국藕華國은 극락을 가리키는 말이다.

본문은 하나의 개념과 출전, 그리고 그것의 구체적인 내용을 소개하는 형식으로 전개된다. 제일 먼저 나오는 '일심一心' 항목 하나를 소개하면 다음과 같다.

일심一心【『아미타경阿彌陀經』】
어떤 선남자와 선여인이 아미타불에 대해 설하는 것을 듣고 명호名號를 집지하되 일심불란一心不亂하면 이 사람이 임종할 때 아미타불께서 여러 성인들과 그 앞에 나타날 것이며, 이 사람은 임종할 때에 마음이 전도되지 않아 곧 아미타불의 극락국토極樂國土에 왕생할 것이다.

불교에서 일심一心은 매우 다양한 의미로 사용되지만, 여기서는 염불할 때의 '한결같은 마음'을 뜻한다. 위 내용은 『아미타경』을 그대로 인용한 것이다. 다만 "명호名號를 집지하되"와 "일심분란一心不亂하면" 사이에 "1일이건, 2일이건, 3일이건, 4일이건, 5일이건, 6일이건, 7일이건(若一日, 若二日, 若三日, 若四日, 若五日, 若六日, 若七日)"이라는 경문이 생략되어 있다. 이후의 본문은 모두 이러한 방식으로 소개된다.

본문 가운데 주목할 만한 점은 선과 정토의 수행이 서로 다르지 않음을 강조하는 내용 역시 등장하는 점이다. 그 가운데 대전 선사의 '일언一言'을 소개하면 다음과 같다.

일언一言【대전 선사大顚禪師 설】
부처님이 가신 곳을 알고자 하는가? 단지 이 말소리 나는 곳일 뿐이다. 아직 깨닫지 못한 사람이 한마디(一言)를 들을 때 지금 이 순간에 누가 입을 움직이는가? 경에서 "극락이라고 하는 세계가 있다. 그 땅에 아미타라고 하는 부처님이 있는데 지금 현재 설법하고 계신다."라고 하였다. 소리마다 자기의 가슴속에서 흘러나오는 것을 분명히 관찰하고 생각마다 끊어지지 않게 하며 하루 종일(十二時) 항상 이 경을 읽어라. 부처님을 부르는 한 소리가 한 소리로 응하면 본래면목本來面目이 너무나 분명해질 것이다. 만일 이와 같이 할 수 있다면 근원으로 되돌아갔다(返本還源)고 부를 것이다. 무엇이 근원인가? 물은 흘러가도 원래 바다에 있고, 달은 져도 하늘을 떠나지 않는다.

대전 선사(732~824)는 당의 승려로서 법호는 보통寶通이고, 자호自號를 대전화상大顚和尙이라고 하였다. 서산西山에서 약산 유엄藥山惟儼과 혜조惠照를 섬기다가 다시 남악南嶽에 가서 석두 희천石頭希遷을 뵙고 종지를 크게 깨쳤다. 조주潮州 서유령西幽嶺 아래에 영산선원靈山禪院을 세웠는데 출입할 때마다 호랑이가 따라다녔다고 한다. 유학자 한유韓愈와의 교제로도 유명하다. 윗글의 내용을 보면 후대 선종에서 유행하게 된 염불선念佛禪의 모습이 고스란히 드러나 있음을 알 수 있다. 다시 말해 화두를 참구하는 간화선과 마찬가지로 본문에서는 말소리가 나는 근원을 찾아가는 방법을 제시하는데, 그것의 구체적인 사례로 『아미타경』을 독송할 때 그 소리의 근원을 관찰함으로써 자신의 본래면목을 확인할 것을 강조하는 것이다.

이런 방식으로 마지막에 두 가지의 사십팔원四十八願을 소개하는 것으로 본문이 마무리되는데, 그중 하나는 『대아미타경』에 나오는 법장비구의 서원이고, 다른 하나는 우익 지욱蕅益智旭(1596~1655)의 설이다.

본문이 끝난 뒤 나오는 「발문」은 보화寶華 거사 유엽劉燁이 1880년에 쓴 글로서, 그가 1879년 덕진 선사에게서 삼교三敎의 이치가 '심心' 한 글자에 달려 있다는 점을 들은 법문을 기술함과 동시에 덕진 선사가 편찬한 『정토감주』에 대한 간략한 평을 정리한 내용이다. 삼교일치의 경향 역시 후대 동아시아 불교의 일반적인 모습으로 덕진 선사의 법문 속에서 서산西山의 『삼가귀감三家龜鑑』에서 '심心'을 중심으로 삼교를 회통하는 논리가 다시 등장하는 것을 볼 수 있다.

5. 가치

이 책은 조선 후기에 활동했던 선사인 허주 덕진이 정토법문의 요체를 다양한 경론과 정토 관련 서적에서 인용하여 편찬한 것이다. 덕진 선사는 임제의 종지를 선양하던 선사로서 높은 위상과 명망을 지니고 있었지만, 대중 교화를 위해서는 염불삼매와 같은 정토법문을 매우 긴요한 것으로 간주하고 있었다. 그래서 그는 정토법문을 정확히 이해하기 위해 필요한 157개의 개념을 『정토감주』를 통해 정리하여 일목요연하게 보여 준 것이다. 본문의 내용 가운데는 선과 정토가 별개의 것이 아니라 궁극의 귀결처가 일치될 수 있음을 주장하는 선정겸수禪淨兼修 사상 역시 보인다. 그러므로 이 책은 조선 후기 선과 염불 수행의 관계와 양상 등을 구체적으로 파악할 수 있는 귀중한 자료이며, 또한 삼교일치三敎一致의 관점을 확인할 수 있는 중요한 자료이다.

6. 참고 자료

금명 보정 엮음, 김용태·김호귀 옮김, 『조계고승전』, 동국대학교출판부, 2020.
서수정, 「19세기 佛書刊行과 劉聖鍾의 『德新堂書目』 연구」, 동국대학교 박사학위 논문, 2016.
이종수, 「조선후기 불교의 수행체계 연구 : 三門修學을 중심으로」, 동국대학교 박사학위 논문, 2010.

차례

정토감주 淨土紺珠 해제 / 5
일러두기 / 21
정토감주 서문 淨土紺珠序 / 23
자서自敍 / 27
일러두기 例言 / 34
인용한 책의 제목 引用書目 / 37

일심一心【阿彌陀經】......... 41
일심一心【慈照宗主說】......... 42
일승一乘【蓮池大師說】......... 43
일념一念【慈照宗主說】......... 44
일념一念【蓮宗寶鑑】......... 45
일대사一大事【慈照宗主說】......... 47
일행삼매一行三昧【文殊般若經】......... 49
일상삼매一相三昧【寶王論】......... 50
일경一境【蓮宗寶鑑】......... 51
일문一門【慈照宗主說】......... 52
일식一息【蓮宗寶鑑】......... 53
일구一句【憨山大師說】......... 54
일성一聲【憨山大師說】......... 55
일구기一口氣【慈雲式懺主說】......... 56
일편一片【憨山大師說】......... 57
일생一生【滿益法師說】......... 58
일점진성一點眞性【禪宗正指】......... 59
일언一言【大顚禪師說】......... 61
일칭一稱【增一阿含經】......... 63
일개一箇【歸元直指】......... 64
이심二心【永明禪師說】......... 65

이심二心【眞歇禪師說】 67
이수二修【善導和尙說】 69
이지二持【蕅益法師說】 71
이의二宜【錫明居士說】 72
이선二善【彦倫法師說】 74
이출二出【桐江法師論】 76
이행二行【十疑論】 77
이불생二不生【淨土法語】 79
이념二念【蓮池大師說】 81
이권二勸【淨土晨鐘】 82
이경책二警策【雲棲法彙】 83
이력二力【淨土十疑論】 85
이도二道【淨土十疑論】 87
이종병二種病【純陽祖師說】 89
삼심三心【善導和尙說】 92
삼심三心【念佛直指】 93
삼복三福【觀無量壽佛經】 94
삼력三力【般舟三昧經】 95
삼배三輩【無量壽經】 96
삼방편三方便【羅什法師說】 98
삼의三疑【慈照宗主說】 99
삼불신심三不信心【楊次公說】 100
삼고三故【蓮池大師說】 101
삼전三專【善導和尙說】 104
삼통三通【大行和尙說】 105
삼혜三慧【蕅益法師說】 106
삼교량三較量【十疑論】 107
삼불가三不可【錫明居士說】 109
삼책三策【淨土或問】 111
삼독추三獨推【淨土或問】 117
삼도三道【淨土法語】 121

삼지三持【蓮池大師說】········ 123
삼권三勸【蓮池大師說】········ 124
삼관三關【蓮宗寶鑑】········ 125
삼관三觀【蓮宗寶鑑】········ 126
삼즉三卽【蓮宗寶鑑】········ 128
삼수三囚【淨土晨鐘】········ 130
삼대三待【寂室大師說】········ 134
사종염불四種念佛【普賢行願記】········ 135
사토四土【蓮宗寶鑑】········ 137
사료간四料簡【永明禪師說】········ 139
사료간四料簡【蓮池大師說】········ 140
사종요익四種饒益【慈雲懺主說】········ 141
사의四意【淸涼國師說】········ 142
사관四關【慈照宗主說】········ 144
사당四當【慈雲懺主說】········ 146
사불퇴四不退【蕅益法師說】········ 148
사색연화四色蓮華【阿彌陀經】········ 150
사념주四念珠【金剛頂瑜伽念珠經】········ 152
사부득四不得【淨土晨鐘】········ 154
사문四門【慈雲懺主說】········ 155
사교이념四敎離念【淨土指歸集】········ 156
사가四可【龍舒淨土文】········ 159
사행원四行願【慈照宗主說】········ 160
사자교조四字敎詔【大行和尙說】········ 161
사수四修【天親論】········ 162
사생四生【蓮宗寶鑑】········ 164
사여四如【淨土晨鐘】········ 166
사효四孝【淨土晨鐘】········ 167
사행四行【念佛直指】········ 168
오경五敬【甘露疏】········ 171
오불퇴五不退【淨土十疑論】········ 172

오념문五念門【天親論】 174
오혹五惑【長蘆賾禪師說】 176
오불가사의五不可思議【蕅益法師說】 179
오소부득五少不得【淨土晨鐘】 180
오선五禪【智者大師說】 182
오필五必【淨土晨鐘】 184
오부정五不正【淨土晨鐘】 186
오의五義【寶王論】 187
육도六度【蓮宗寶鑑】 189
육도六度【蕅益法師說】 190
육종념六種念【淨土晨鐘】 191
육근六根【龍舒淨土文】 193
육신六信【蕅益法師說】 194
육부득六不得【淨土或問】 197
육정六淨【淨土指歸集】 199
육수六修【鄭淸之勸修淨土文】 202
육약六藥【福報指南】 203
칠종승七種勝【甘露疏】 205
칠정념七正念【蓮池大師說】 206
칠보七寶【阿彌陀經】 209
칠불방七不妨【歸元直指】 210
팔법八法【維摩詰經】 211
팔신염불八信念佛【淨土晨鐘】 212
팔공덕수八功德水【阿彌陀經】 213
팔용八用【古音禪師說】 215
팔념八念【傳家寶】 218
팔이생八易生【淨土十疑論】 220
구품九品【十六觀經】 222
구품九品【西方公據】 234
구조九祖【石芝曉法師說】 238
구조九祖【葆光居士說】 241

십심十心【大寶積經】 244

십신심十信心【淨土指歸集】 246

십무애十無礙【淨土指歸集】 248

십승十勝【彌陀懺法】 254

십승十勝【慈恩通讚】 255

십승十勝【彌陀懺法】 256

십승十勝【彌陀懺法】 257

십승리十勝利【稱讚淨土法門經】 258

십이十易【彌陀懺法】 260

십이十易【彌陀懺法】 262

십이十易【慈雲懺主說】 263

십종공덕十種功德【業報差別經】 265

십지차十只此【慈照宗主說】 266

십념十念【妙應錄】 267

십의十疑【智者大師論】 268

십불념十不念【淨土或問】 272

십난十難【慈雲懺主說】 273

십난신十難信【蓮池大師說】 276

십실十失【淨土指歸集】 279

십종장엄十種莊嚴【禮念彌陀道場懺法】 280

십원十願【三時繫念儀範】 283

십업十業【萬善同歸集】 287

십이광十二光【大阿彌陀經】 289

십이원十二願【繫念儀範】 291

십이부사의十二不思議【歸元直指】 293

십이력十二力【蓮宗寶鑑】 295

십이검조심十二檢照心【淨土十門教誡】 296

십사수호심十四守護心【淨土十門教誡】 297

십사상十四相【寶王論】 298

십오염불十五念佛【蓮池大師說】 299

십육피차十六彼此【念佛直指】 301

십육관十六觀【觀無量壽經頌】 304
십육상十六想【念佛直指】 310
십팔현十八賢【淨土立敎志】 312
십구념요의十九念了義【吳葦菴居士自惺說】 314
십구익十九益【萬善同歸集】 318
이십정호二十正好【蓮池大師說】 320
이십사락二十四樂【安國鈔】 323
이십팔진념二十八眞念【知歸學人說】 325
삼십종익三十種益【羣疑論】 327
삼십자경三十自慶【彌陀懺法】 330
사십팔원四十八願【大阿彌陀經】 336
사십팔원四十八願【蕅益法師說】 346

발문 跋 / 357
시주질施主秩 / 360
간기刊記 / 363

찾아보기 / 364

일러두기

1 '한글본 한국불교전서'는 문화체육관광부의 지원을 받아 동국대학교 불교학술원에서 수행하고 있는 '불교기록문화유산아카이브(ABC)사업'의 결과물을 출간한 것이다.
2 이 책은 『한국불교전서』(동국대학교출판부 간행) 제11책에 수록된 『정토감주淨土紺珠』를 저본으로 번역하였다.
3 번역문에 이어 원문을 병기하고 간단한 표점 부호를 삽입하였다.
4 원문의 교감 사항은 번역문의 각주와 별도로 원문 아래 부분에 제시하였다.
   ㉮은 『한국불교전서』 편찬자가 교감한 내용이다.
   ㉯은 번역자가 교감한 내용이다.
5 약물은 다음과 같다.
   『 』: 서명
   「 」: 편명, 산문 작품
   T : 『대정신수대장경』
   X : 『만속장경』
   H : 『한국불교전서』
   J : 『가흥장경』
   P : 『영락북장』

정토감주 서문

나는 세간의 온갖 법은 상수象數[1]를 벗어나지 않기 때문에 옛날 성왕聖王은 황하에 출현한 용마(河驪)를 보고 팔괘八掛[2]를 그렸으며 신령스런 거북의 상서를 얻어 구주九疇[3]를 서술했다고 들었다. 이는 진실로 모든 존재의 강령이요, 뭇 법의 관건이다.

정토淨土 일문一門으로 말하자면 출세간出世間의 법으로 간단하고 쉽고 곧고 빨라서 등급에 떨어지지 않는데, 어찌 이러한 일一·이二·삼三·사四,

---

[1] 상수象數:『左傳』에서 "거북점은 상이고 산대점은 수이다. 사물이 생겨나고 나서 상이 있게 되고, 상이 있게 된 뒤에 불어남이 있게 되며, 불어남이 있게 된 뒤에 수가 있게 된다.(龜象也。筮數也。物生而後有象。象而後有滋。滋而後有數。)"라고 하였고,「杜預注」에서 "거북점은 형상으로 보이는 것이고, 산대점은 수로서 알리는 것이다.(龜以象示。筮以數告。)"라고 하였다.

[2] 팔괘八掛:『周易』에서 제시한 여덟 가지 괘.『周易』「繫辭傳」에서 "천지만물이 변화하는 가운데 태극이 있으니, 이 태극이 양의를 낳았고, 양의가 사상을 낳았으며, 사상은 팔괘를 낳는다.(易有太極。是生兩儀。兩儀生四象。四象生八卦。)"라고 하였다. 양의는 음과 양이며, 사상은 소양少陽·노양老陽·소음少陰·노음老陰이며, 팔괘는 건乾·곤坤·진震·손巽·감坎·이離·간艮·태兌의 여덟 가지 괘를 가리킨다.

[3] 구주九疇: 홍범구주洪範九疇를 말한다. 우禹임금이 홍수를 다스릴 때에 낙수洛水에서 신령스러운 거북을 얻었는데, 그 등에 천하를 다스리는 아홉 개의 큰 법, 곧 오행五行·오사五事·팔정八政·오기五紀·황극皇極·삼덕三德·계의稽疑·서징庶徵·오복五福이 새겨져 있었다고 한다.

백百·천千·만萬·억億의 수목數目을 쓰겠는가? 다만 오탁五濁[4]의 악한 세상에 사는 사람들이 정토법淨土法을 닦되 근기가 같지 않기 때문에 과果를 증득하는 자리도 자연히 사토四土[5]와 구품九品[6]을 나타내니 어찌 이러한 수목을 도외시하겠는가?

  법당산法幢山 허주虛舟[7] 장로는 일찍이 종승宗乘[8]을 깨달아 현풍玄風을 크게 밝혔으니, 진실로 총림叢林의 영수요 말법末法의 나루터이자 다리이다. 지금 경론 중에 정토에 관계된 말로서 숫자에 속한 것을 취해 한 권의

---

[4] 오탁五濁 : 오재五滓·오혼五渾이라고도 한다. 감겁減劫(인간의 수명이 점차 짧아지는 시대)에 일어나는 다섯 가지의 더럽고 혼탁한 현상을 일컫는 말이다. 첫째, 겁탁劫濁이니, 사람의 수명이 30세, 20세, 10세로 줄어들면서 차례대로 기근·질병·전쟁이 일어나 흐려지는 재액을 입는 것이다. 둘째, 견탁見濁이니, 말법末法 시대에 이르러 사견邪見과 사법邪法이 다투어 일어나 부정한 사상의 탁함이 넘치는 것이다. 셋째, 번뇌탁煩惱濁 또는 혹탁惑濁이라고도 한다. 사람의 마음에 번뇌가 가득하여 흐려지는 것이다. 넷째, 중생탁衆生濁 또는 유정탁有情濁이라고도 한다. 사람이 악행만 일삼고 인륜 도덕을 돌아보지 않으며 나쁜 결과를 두려워하지 않는 것이다. 다섯째, 명탁命濁 또는 수탁壽濁이라고도 하며, 인간의 수명이 점차 줄어드는 것이다.

[5] 사토四土 : 부처님이 머무는 국토를 그 성격에 따라 네 가지로 나눈 것이다. 첫째, 범성동거토凡聖同居土이니, 인도와 천도의 범부가 성문·연각 등의 성자와 함께 머무는 국토이다. 둘째, 방편유여토方便有餘土이니, 아라한·벽지불·십지 이전의 보살 등이 머무는 곳이다. 셋째, 실보무장애토實報無障碍土이니, 일부의 무명을 끊은 보살이 태어나는 곳이다. 넷째, 상적광토常寂光土이니, 근본무명을 완전히 끊어서 없앤 부처님이 머무는 곳이다.

[6] 구품九品 : 정토교에서 왕생의 형태에 따라서 중생을 아홉 가지 품으로 나눈 것이다. 먼저 상上·중中·하下의 세 가지 품이 있는데, 이들 각각에 다시 상·중·하가 있어서 모두 아홉 가지가 된다.

[7] 허주虛舟 : 본서를 찬집한 허주 덕진虛舟德眞(1806~1888)은 법명이 덕진이고, 법호가 허주이다. 어려서 조계산曹溪山 송광사松廣寺에서 출가하여 선암사仙巖寺 칠불암七佛庵·백양사白羊寺 물외암物外庵·내장산內藏山 원적암圓寂庵·가지산迦智山 내원암內院庵 등에 두루 주석하였다. 하루에 한 끼니만 먹으며 철저히 계율을 지키면서 자기 수행과 대중 교화에 혼신을 다하여 가는 곳마다 사부대중이 운집하였다고 한다. 조선 말기에 경순敬淳과 더불어 당대의 가장 뛰어난 선지식으로 불렸다.

[8] 종승宗乘 : 중요한 가르침이라는 뜻. 각 종파에서 자기 종파의 가르침을 지칭하는 말로 쓰인다. 이 말은 본래 선종에서 자기 종파의 가르침을 종승이라 하고, 그 밖의 교종에서 전하는 가르침을 여승餘乘이라 한 것에서 유래하였다. 따라서 주로 선종의 가르침을 지칭하는 경우가 많다.

책을 집성輯成하고 '정토감주'라고 하였으니, 이는 장연공張燕公[9]이 일을 기억하여 잊지 않았던 뜻을 취한 듯하다.

옛날 천태天台[10] · 중봉中峯[11] · 천여天如[12] · 감산憨山[13] 여러 대사들은 모두

---

9 장연공張燕公 : 당나라 현종 때의 재상인 장열張說(667~731)을 가리킨다. 연공은 봉호이다. 정치인이자 문인으로 선종 조사와 활발하게 교류하였다. 문장이 매우 뛰어나서 허국공許國公 소정蘇頲과 함께 연허대수필燕許大手筆로 일컬어졌다. 장열이 재상이 되자 어떤 사람이 '기사주記事珠'라고 하는 감색의 보주(紺珠)를 선물했는데, 간혹 어떤 일이 잘 기억나지 않을 때 손에 들고 만지작거리면 기억이 모두 떠올랐기 때문에 장열이 비장해 두고 보물로 삼았다고 한다.

10 천태天台 : 수나라 때의 스님 지의智顗(538~597)를 가리킨다. 천태종의 개조로 자는 덕안德安이고, 속성은 진陳씨이며, 형주 화용현華容縣 출신이다. 18세에 과원사果願寺의 법서法緖에게 출가하였다. 얼마 뒤 혜광惠曠에게 율장과 대승경전을 배웠다. 나중에 태현산太賢山에 들어가『法華經』·『無量義經』·『普賢觀經』등을 염송하여 그 뜻을 통달하였다. 560년 광주 대소산大蘇山의 혜사慧思를 참예하였는데 혜사가 과거에 영취산에서 함께『法華經』을 들었던 인연을 말해 주고 그를 위해 보현도량법을 보이고 사안락행四安樂行을 설하였다. 마침내 이 산에 머물면서 법화삼매法華三昧를 행하였다. 591년 여산에 머물면서 진왕 양광楊廣에게 보살계를 주고 지자대사智者大師의 호를 받았다. 당양현當陽縣에 옥천사玉泉寺를 창건하고『法華玄義』·『摩訶止觀』을 강의하였다. 597년 천태산 석성사에서 나이 60세로 입적하자 후주 세종이 법공보각존자法空寶覺尊者, 송 영종寧宗이 영혜대사靈慧大師라 시호를 내렸다. 저서로『法華玄義』·『法華文句』·『摩訶止觀』·『觀音玄義』·『觀音義疏』·『金光明玄義』·『金光明文句』·『觀無量壽經疏』등 30여 종이 있다.

11 중봉中峯 : 원나라 때의 스님 명본明本(1263~1323)을 가리킨다. 속성은 손씨이고, 항주杭州 전당錢塘 사람이다. 어려서 출가하여 사관死關에서 고봉 원묘高峰原妙를 찾아 심요心要를 묻고『金剛經』을 읽었다. 뒤에 샘물이 흘러나오는 것을 보고 활연히 깨쳤다. 고봉의 법을 받고는 일정하게 머무는 곳 없이 배(船)에서 지내기도 하고 암자에서 거주하기도 하였다. 1318년(연우 5) 인종仁宗이 귀의하여 금란가사와 불자원조광혜선사佛慈圓照廣慧禪師의 호를 내렸다. 1323년(지치 3) 8월에 나이 61세로 입적하였다. 뒤에 문종이 지각선사智覺禪師, 순종이 보각선사普覺禪師라는 시호를 내렸다. 저서로『廣錄』30권이 있다.

12 천여天如 : 원나라 때의 스님 유칙維則(?~1354)을 가리킨다. 어려서 화산禾山에게 머리를 깎고 뒤에 천목산天目山에서 노닐다가 중봉 명본中峰明本 선사에게서 법을 얻고 그의 법을 이었다.『淨土或問』을 지어 정토의 가르침에 대한 의혹을 없애고 수행에 힘썼다. 저서로『禪宗語錄』·『十方界圖說』등이 있다.

13 감산憨山 : 명나라 때의 스님 덕청德淸(1546~1623)을 가리킨다. 속성은 채蔡씨이고, 자는 징인澄印이다. 금릉 전초全椒 사람이다. 20세에 보은사報恩寺 서림西林에게 출가하고 무극 명신無極明信에게 구족계를 받았다.『華嚴玄談』을 듣고 청량 징관淸涼澄

선종의 큰 장인(大匠)이다. 문정門庭(종풍)이 고매했으나 사람들을 가르칠 때에는 또한 이 정토문을 잡아 간곡하게 타이르기를 그치지 않았으니 어찌 자비심이 간절하고 사람 제도하는 것을 급한 일로 여겨 생사윤회에서 벗어나는 지름길을 가리켜 보여 주신 것이 아니겠는가? 뒤에 이 글을 읽는 사람도 스님의 노파심과 염려를 알아야 할 것이다.

기묘년(1879) 6월에 노련거사露蓮居士가 쓴다.

淨土紺珠序

余聞之。世間萬法。不外象數。故古昔聖王。見河驪而畫八卦。得龜瑞而敍九疇。此寔爲萬有之綱領。衆法之樞紐也。至若淨土一門。是出世間之法。簡易直捷。尙不落於階級。安用此一二三四百千萬億之數目爲也。但以濁世人。修淨土法。根機不同。故證果之地自然而現四土九品。則何嘗外乎此數目哉。法幢山虛舟長老。早悟宗乘。大闡玄風。眞叢林之領袖。末法之津梁也。今取經論中淨土句語屬數者。輯成一書。名曰淨土紺珠。盖取張燕公記事不忘之義也。在昔天台中峯天如憨山諸師。俱是禪宗大匠。門庭高峻。而及其誨人。又拈此門。諄諄不已。豈非慈悲心切。度人爲急。指示出要之捷徑耶。後之讀是編者。亦須知師之婆心忉怛也。

己卯季夏。露蓮居士題。

觀의 사람됨을 사모하여 자신의 자를 징인澄印이라고 하였다. 감산은 호이며, 일반적으로 감산대사憨山大師라고 존칭한다. 시호는 홍각선사弘覺禪師이다. 덕청은 염불과 간화선을 함께 닦았는데 주굉袾宏·진가眞可·지욱智旭과 더불어 명나라 때의 사대 고승四大高僧으로 칭해진다. 저서로 『觀楞伽經記』·『法華經通義』·『圓覺經直解』·『起信論直解』·『憨山老人夢遊集』 등이 있다.

자서

  기묘년(1879) 가을 내가 법당산法幢山에 주석할 때 밤에 산 위에 뜬 달은 흰빛을 토하고 향 연기는 푸른 산을 둘러 한 평상에 결가부좌하고 앉자 온갖 소리가 모두 고요하였다. 어떤 나그네가 문을 두드리고 표연히 들어와 읍하며 말하였다.
  "우리 스님은 임제臨濟[14]를 종주로 받들어 큰 법을 메고 있으며 예좌猊座[15]에 앉아 불자(塵拂)를 쥔 채로 한 보광명지普光明智[16]를 잡아 자유자재로 봉할棒喝하기를 40년 넘게 했는데, 문하의 뛰어난 제자 중에 작가作家[17]

---

14 임제臨濟 : 당나라 때의 스님 의현義玄(?~867)을 가리킨다. 속성은 형邢씨이고, 조주 남화 사람이다. 임제종臨濟宗의 개조이다. 어릴 때부터 총명하였고 불교를 좋아하였다. 출가한 후 제방諸方에 다니면서 경론을 두루 탐구하고 계율에도 정통하였다. 황벽 희운黃蘗希運의 법을 이었다. 삼현삼요三玄三要와 사료간四料簡 등의 기법機法을 시설하여 도중徒衆을 접인하고 기봉機鋒이 초준峭峻하여 세상에 이름이 높았다. 학인들을 제접하여 교화할 때 매번 큰소리로 꾸짖어 큰 기용機用을 드러냈으므로 세상에서 덕산봉德山棒·임제할臨濟喝이라고 하였다. 함통 8년 4월에 입적하였다. 시호는 혜조선사慧照禪師이다. 저서로는『臨濟慧照禪師語錄』1권이 있다.
15 예좌猊座 : 사자 모양으로 만든 자리로 법사가 앉는 자리를 말한다.
16 보광명지普光明智 : 시방세계를 두루 비추는 광명 같은 지혜라는 뜻.『華嚴經』에 나오는 용어로 부처님의 지혜인 일체종지一切種智를 가리킨다.
17 작가作家 : 불법의 진실한 뜻을 체득하여 대중을 제도하는 솜씨가 뛰어난 사람을 일컫는 말이다.

가 한 명이라도 있다는 것을 듣지 못했으니 필시 문풍이 높고 험준하여 잡고 오르려고 해도 계단이 없어서 그런 것입니까? 말세의 근기가 깨우칠 힘이 없어서 그런 것입니까? 파병杷柄[18]이 여기에 그쳐서 그런 것입니까? 인연과 법이 아직 익지 않아서 그런 것입니까? 고덕古德께서 '일방적으로 근본적인 가르침(宗教)만 거양하면 법당 앞에 풀이 한 길이나 자라날 것이다'[19]라고 하였으니 어찌 구름 속에서 내려와 쉽고 간단한 방편으로 근기에 맞게 이끌지 않는 것입니까?"

나는 말하였다.

"그 설을 듣고 싶소."

나그네가 말하였다.

"'시방十方세계에 계신 여래께서 중생을 불쌍히 여겨 어미가 자식을 생각하듯 하지만 만일 자식이 도망간다면 생각한들 어찌 하겠는가? 자식이 어미 생각하기를 어미가 자식을 생각할 때처럼 한다면 어미와 자식이 여러 생生을 지내더라도 서로 어긋나거나 멀리 떨어지지 않을 것이다. 만일 중생이 마음에 부처님을 기억하고 부처님을 생각한다면 현재에나 미래에나 반드시 부처님을 볼 것이며, 부처님과의 거리가 멀지 않아 방편을 빌리지 않고도 스스로 터득하여 마음이 열린다.'[20]라고 하였는데, 이것은 대원통大圓通[21]이 갠지스강의 모래알 같은 겁에서 시작하였음을 나타냅니다.

'염불삼매念佛三昧란 무엇인가? 생각이 전일하고 상상이 고요함을 이른다. 생각이 전일하면 뜻이 하나가 되어 어지럽지 않으며, 상이 고요하면 기氣가 비고 신神이 밝아진다. 기가 비면 지혜는 그 비춤을 편안히 하며,

---

18 파병欛柄 : 파비巴鼻(소의 코를 고삐로 잡아 빼듯이 학인을 이끄는 수단 또는 근거)와 같은 말로 요점·목표·기준점·안목·증거·수단·근거 등 다양한 뜻으로 쓰인다.
19 『景德傳燈錄』권10(T51, 274a)에 따르면 남전 보원南泉普願의 제자인 장사 경잠長沙景岑이 한 말이다.
20 『楞嚴經』5권(T19, 128a).
21 대원통大圓通 : 염불 수행의 가르침을 일컫는 말이다.

신이 밝아지면 그윽하여 통하지 않는 곳이 없다. 이 두 가지는 바로 자연의 현부玄符[22]로서 하나로 모아 쓰임을 지극히 한다. 수행을 빌려 신神을 응집하고 익힘을 쌓아 성품을 옮긴다.'[23]라고 하였는데, 이것은 연사蓮社[24]의 결집이 진단震丹[25]에서 시작하였음을 나타낸 것입니다. 뒤를 이은 역대 종사宗師로 염불을 외친 이가 십백十百이고, 서쪽 즐거운 나라에 왕생한 이도 만천萬千입니다.

만일 염불하는 사람이 신심信心이 순수하고 지극하며 정인正因이 늠름하여 생사를 거듭하여 생각하고 윤회를 절실히 생각하면 허망한 연緣은 구름처럼 흩어지고 어지러운 상상은 얼음 녹듯 사라질 것입니다. 부처님 이름을 한번 부르는 것을 들어 보이면 바로 그 자리에 다시는 다른 견해가 없을 것입니다. 부처에 즉한 염불(卽佛之念)은 칼끝이 예리한 태아검太阿劍[26]을 옆에 차고 수레에 오른 것과 같으며, 염불에 즉한 부처(卽念之佛)는 큰 화륜火輪이 불똥을 튕기며 활활 타는 것과 같습니다. 여기에 만물을 닿게 하면 불에 타고 접촉하면 다칩니다. 오랫동안 하여 염불이 이루어지면 염불 밖에 다른 부처가 없고, 부처 외에 다른 염불이 없어서 몸과 마음이 일치하여 주체와 객체 두 가지를 다 잊으니 생사의 닫힌 문(蟄戶)을 부수는

---

22 현부玄符 : 하늘의 상서로운 조짐을 말한다. 현玄은 검정색으로 『周易』에서 "하늘은 검고 땅은 누르다.(天玄而地黃)"라고 한 말에 근거하여 하늘을 나타내는 말로 쓰이고, 부符는 상서로운 조짐을 말한다.
23 『廣弘明集』 권30 「念佛三昧詩集序」(T52, 351b). 단 이 책에서는 '夫稱'이라 한 것을 본서에서는 '念佛'이라 하였고, 또 '分'이라고 한 것을 '撓'라고 하였다.
24 연사蓮社 : 염불 수행의 결사를 가리키는 말. 갖추어서 백련사白蓮社·백련화사白蓮華社라고 한다. 동진의 혜원이 처음 창건한 이래로 이러한 성격을 지닌 결사를 모두 연사라고 한다.
25 진단震丹 : [S] Cīna-sthāna의 음역어. 지나支那라고도 한다. 인도 등에서 중국을 지칭하던 이름. [S] cīna는 사유思惟라고 의역하고, [S] sthāna는 주처住處라고 의역한다.
26 태아검太阿劍 : 춘추시대 오나라 장인 간장干將이 만든 명검의 이름. 초왕楚王이 장인을 수소문하여 만들게 한 세 개의 명검 중 하나이다. 나머지 두 개는 용천龍泉과 상시上市이다.

우레이고 미망迷妄의 어두운 거리를 밝히는 해와 달이라 할 만합니다.

만약 이처럼 곧장 공부해 간다면 선禪과 정토가 어찌 갈리겠습니까? 두 가지의 수증修證이 결국에는 하나로 돌아갈 것입니다. 우리 스님은 어찌 이 정토 법문을 가지고 인연 있는 이를 거두어 교화해서 힘써 동류들과 함께 갈 것(彙征)²⁷을 생각하지 않습니까?"

나는 한참을 잠자코 있다가 이 『감주紺珠』를 보여 주었다. 나그네는 열람한 뒤에 말하였다.

"지금에야 스님이 자비를 드리우느라 고심한 줄 알겠습니다. 말학末學이 천박하고 용렬하여 감히 방자하게 떠벌렸습니다."

나그네는 절을 하고 물러났다. 이로 인해 나그네의 질문을 기록하여 서문으로 삼고 또 게송을 맨다.

> 과거에 이미 다함없는 고통을 받았고
> 현재에도 끝없는 고통을 받고 있으며
> 미래에도 한량없는 고통을 받을 것이니
> 백천만 겁으로도 헤아리기 어려우리라.

> 하나의 문門만이 뛰어넘을 수 있으니
> 염불하면 안락국에 왕생하고
> 여래 무량수불無量壽佛을 직접 뵈옵고
> 미묘하고 참된 바른 법을 들을 수 있으리라.

> 위없는 부처님의 깨달음을 돈오하고

---

27 동류들과 함께 갈 것(彙征) : '휘정彙征'은 『周易』 태괘泰卦에서 "초구는 엉켜 있는 띠풀의 뿌리를 뽑는 것과 같아 동류들과 함께 감이니, 길하다.(初九。拔茅茹。以其彙征。吉。)"라고 한 데서 유래하였다.

지혜와 신통을 다 구족하며
시방세계에 왕래하고 유희하여
모든 부처님께 공양하고 수기를 얻으리라.

사바세계로 되돌아와 중생들 제도하여
부처님 은혜를 만분의 일이라도 갚는다면
이를 선남자善男子라 이름하고
대해탈大解脫이라 할 수도 있고
대장부大夫丈라 할 수 있으며
비로소 대보살大菩薩이라 할 수 있도다.

정토의 법요法要를 숫자로 모았으니
보고 듣는 이들이 다 훌륭하고 묘한 즐거움 증득하고
백호白毫의 상서로운 광명이 대천세계大千世界[28]를 비추어
지옥이 변하여 우화국藕華國[29]을 이루리라.

광서光緖 5년[30] 기묘己卯 초가을에 법당산 혜정사慧定寺 허주당虛舟堂 덕

---

28 대천세계大千世界 : 갖추어서 삼천대천세계三千大千世界라고 한다. 부처님의 교화가 미치는 영역과 관련된 용어. 수미세계須彌世界를 1천 개 합친 것을 소천세계小千世界, 소천세계를 1천 개 합친 것을 중천세계中千世界, 중천세계를 1천 개 합친 것을 대천세계大千世界라고 한다. 여기에서 소천세계는 1천 개를 한 번 합쳐서 성립된 것이므로 일천세계一千世界라고도 하고, 중천세계는 1천 개를 두 번 합쳐서 성립된 것이므로 이천세계二千世界라고도 하며, 대천세계는 1천 개를 세 번 합쳐서 성립된 것이므로 삼천세계라고도 한다.

29 우화국藕華國 : 극락의 다른 표현으로 연화국蓮華國과 같은 말이다. '우화'는 화우華藕라고도 하며 연꽃을 가리킨다.

30 광서光緖 5년 : 원문의 '광서 6년'은 1880년으로 경진庚辰이나, 기묘己卯는 1879년이므로 광서 5년이라야 맞는다.

진덕진 쓰다.

自敍

歲己卯秋。余方駐錫于法幢時。夜山月吐白。篆煙縈靑。一榻趺坐。萬籟俱寂。有客叩扃。飄然入揖曰。吾師宗承臨濟。荷擔大法。據猊座。秉麈拂。拈一普光明智。橫竪棒喝。四十餘年。法筵雄徒。未聞有一人作家者。必是門風高峻。躋攀無級耶。季世根機。承當無力耶。欄[1]柄止此耶。緣法未熟耶。古德云。一向擧揚宗敎。法堂前草深一丈。何不按下雲頭。以簡易方便。隨機接引乎。余曰。願聞其說。客曰。十方如來。憐念衆生。如母憶子。若子逃逝。雖憶何爲。子若憶母。如母憶時。母子歷生。不相違遠。若衆生心。憶佛念佛。現前當來。必定見佛。去佛不遠。不假方便。自得心開者。此見大圓通之說自沙劫也。念佛三昧者何。思專想寂之謂。思專則志一不撓。想寂則氣虛神朗。氣虛則智恬其照。神朗則無幽不徹。斯二乃是自然之玄符。會一而致用。假修以凝神。積習以移性者。是蓮社結集之始于震丹也。嗣後歷代宗師唱演者十百。正西樂邦往生者萬千。若人信心純至。正因凜然。重念生死。切思輪轉。妄緣雲散。亂想氷消。擧起一聲佛號。直下更無異見。卽佛之念。如太阿鋒。橫按當軒。卽念之佛。如大火輪。星騰燄熾。使萬物嬰之則燎。觸之則傷。久久念成。念外無別佛。佛外無別念。身心一致。能所兩忘。可謂破生死蟄戶之雷霆。燭迷妄幽衢之日月。倘能如是驀直做去。禪淨何嘗歧。二修證究竟歸一者也。吾師何不以此淨土法門。攝化有緣。勉思彙征乎。余默然良久。示此紺珠。客披覽已曰。而今以後。知師之垂慈苦心。末學淺劣。敢肆嗲嗲。拜謝而退。因綴錄客問。以爲之引。又系以偈曰。

過去已受無盡苦　現在今受無窮苦
未來當受無限苦　百千萬劫難可數
惟有一門可超昇　念佛往生安樂刹
親見如來無量壽　得聞微妙眞正法

頓悟無上佛菩提　智慧神通悉具足
往來遊戲十方界　供養諸佛受記莂
回入娑婆度羣品　以報佛恩之萬一
是則名爲善男子　亦得名爲大解脫
可得名爲大夫丈　方得名爲大菩薩
淨土法要以數彙　見聞咸證勝妙樂
白毫祥光徧大千　泥犁翻成藕華國

　　光緒六[2)]年己卯孟秋。法幢山慧定寺。虛舟堂德眞識。

1) ㉠ '欄'는 '杷'인 듯하다.　2) ㉠ '六'은 '五'의 오기인 것 같다.

일러두기

하나. 내전內典에서 숫자를 기록한 책으로 『삼장법수三藏法數』[31]가 있는데 찾아서 나열한 것이 자못 광대하다. 그러나 이 편編은 정토 법문에 관계된 말로서 숫자에 속한 것만을 취하여 지었다.

하나. 정토 법문은 광산匡山[32]이 크게 밝힌 뒤로 역대의 가장 뛰어난 여러 선인善人이 그 발자취를 이어 연창하여 논論이 있고 문文이 있으며 전傳·녹錄·소疏·초鈔가 있으며 시가詩歌와 게찬偈讚이 있다. 각기 발휘함이 있으나 이 책은 처음으로 숫자에 따라 모은 것으로 권질卷帙이 얼마 안 되지만 육도六度(육바라밀)의 온갖 수행을 포괄하고 구족하고 있다.

하나. 1부터 10까지 자세함과 간략함이 같지 않더라도 모두 나열했으나 10 이상의 수는 보는 대로 기록하여 48에 이르러 그쳤다. 그 밖에 밀

---

[31] 『삼장법수三藏法數』: 갖추어서 『大明三藏法數』라고 한다. 전체 50권으로 명나라 일여一如 등이 지었다. 1419년 왕명으로 대장경 중에서 법수의 명목과 이에 따른 해석을 모아 종류별로 배열한 책으로 '일심一心'에서 '팔만사천법문八萬四千法門'까지 천6백여 명목名目이 실려 있다.

[32] 광산匡山 : 동진東晉 때의 스님 혜원慧遠(334~416)을 달리 일컫는 이름. 본래 산 이름이었으나 혜원이 이 산의 동림사東林寺에 머물렀기 때문에 이렇게 부른다. 이 산은 본래 남장산南障山이라 하였다. 주 무왕 때 광속匡續이란 사람이 초가집(草廬)을 짓고 살았는데 위열왕 때 조정에 나아간 후 집만 남았고 이후 이 산을 여산廬山 또는 광산이라 하였다. 따라서 혜원을 여산이라고 부르기도 한다.

음·수행·발원 세 가지 문에 절실하지 않은 것은 대체로 그냥 놓아두고 기록하지 않았다.

하나. 선禪과 정토는 문門을 나누고 깃발을 세워 서로 미워하고 헐뜯으니 근원으로 돌아가면 둘이 없다는 것을 알지 못하는 것이다. 또 참념參念[33]과 지관止觀의 법은 정정定과 혜慧를 둘 다 닦으니 선과 정토에 어찌 다름이 있겠는가? 이 편은 참념과 지관의 두 가지 문에 대해 특별히 상세함을 더해 밝혀서 수행자가 오직 정토를 기약하든 선을 기약하든 함께 적광寂光[34]을 증득하게 하고자 하여 그렇게 말한 것이다.

하나. 당나라 장연공張燕公 열說은 사소한 일까지 모두 알았지만 기억력이 없어서 괴로워했다. 어떤 나그네가 한 감색 구슬을 주었는데 손바닥에 잡고 있으면 지나간 일이 명료하게 떠올랐기 때문에 기사주記事珠라고 하였다. 지금 이 잊지 않는다는 뜻을 취하여 이름으로 삼는다.

하나. 스스로 학문이 적음을 돌아보고 게다가 감추어진 것은 거두어들이지 못하여, 주워 모은 것이 넓지 못하니 많은 것을 빼먹었다는 비난을 면하지 못할 것이다. 완벽한 것을 짓는 데에 이르러서는 후세의 박학하고 고아한 여러 현명한 이들을 기다릴 뿐이다.

例言

一。內典紀數之書。有三藏法數。搜羅頗廣。而此編則秪取淨土法門中句語屬數者。撰成焉。

一。淨土法門。自匡山大闡以後。歷代諸上善人。繼躅唱演。有論有文。有傳錄疏鈔。有詩歌偈讚。各有發揮。而此則叛以數彙。卷帙無幾。六度萬行

---

[33] 참념參念 : 참구염불參究念佛을 가리킨다. 간화선의 일종으로 염불과 관련된 내용을 공안으로 삼아 이를 들고 참구하여 깨달음을 구하는 것이다.
[34] 적광寂光 : 번뇌를 끊고 적정寂靜한 자리에서 발하는 진지광명眞智光明을 말한다. 상적광토常寂光土를 말하기도 한다.

包括具足矣。

一。自一至十。雖廣略不齊。皆可臚列。而十外之數。隨見隨記。至四十八而止。其餘不切於信行願三門者。槩置不錄也。

一。禪淨分門立幟。交惡相疵。盖不識歸元之無二也。而且叅念止觀之法。定慧雙修。則禪淨何嘗有異。此編於叅觀二門。特加詳明。欲使行者惟期曰淨曰禪。同證寂光云爾。

一。唐張燕公說。少事淹貫。苦無記性。有客贈一紺色珠。執握在掌。已過瞭然。故曰記事珠。今取此勿忘之義。命名焉。

一。自顧寡諓。且藏弆無徵。捃撫不廣。未免漏萬之誚。至於賛成全璧。庸俟後之博雅諸賢云爾。

인용한 책의 제목

『대보적경大寶積經』・『대아미타경大阿彌陀經』・『아미타경阿彌陀經』・『무량수경無量壽經』・『관무량수불경觀無量壽佛經』・『문수반야경文殊般若經』・『유마힐경維摩詰經』・『반주삼매경般舟三昧經』・『칭찬정토법문경稱讚淨土法門經』・『금강정유가념주경金剛頂瑜伽念珠經』・『업보차별경業報差別經』・『증일아함경增一阿含經』・『관무량수경송觀無量壽經頌』・『보현행원기普賢行願記』・『감로소甘露疏』・『안국초安國鈔』・『천친론天親論』・『정토십의론淨土十疑論』・『군의론羣疑論』・『보왕론寶王論』・『자은통찬慈恩通讚』・『예념미타도량참법禮念彌陀道場懺法』・『정토입교지淨土立教志』・『정토십문교계淨土十門教誡』・『만선동귀집萬善同歸集』・『용서정토문龍舒淨土文』・『권수정토문勸修淨土文』・『삼시계념의범三時繫念儀範』・『정토혹문淨土或問』・『염불직지念佛直指』・『복보지남福報指南』・『선종정지禪宗正指』・『귀원직지집歸元直指集』・『정토지귀집淨土指歸集』・『연종보감蓮宗寶鑑』・『운서법휘雲棲法彙』・『정토법어淨土法語』・『몽유집夢遊集』・『대명삼장법수大明三藏法數』・『정토신종淨土晨鐘』・『정토자량집淨土資糧集』・『정신당집淨信堂集』・『전가보傳家寶』・『서방공거西方公據』・『묘응록妙應錄』

引用書目

大寶積經。大阿彌陀經。阿彌陀經。無量壽經。觀無量壽佛經。文殊般若經。

維摩詰經。般舟三昧經。稱讚淨土法門經。金剛頂瑜伽念珠經。業報差別經。增一阿含經。觀無量壽經頌。普賢行願記。甘露疏。安國鈔。天親論。淨土十疑論。羣疑論。寶王論。慈恩通讚。禮念彌陀道場懺法。淨土立敎志。淨土十門敎誡。萬善同歸集。龍舒淨土文。勸修淨土文。三時繫念儀範。淨土或問。念佛直指。福報指南。禪宗正指。歸元直指集。淨土指歸集。蓮宗寶鑑。雲棲法彙。淨土法語。夢遊集。大明三藏法數。淨土晨鍾。淨土資糧集。淨信堂集。傳家寶。西方公據。妙應錄。

정토감주

| 淨土紺珠* |

석 허주 덕진 찬집
釋虛舟德眞輯

---

* ㉮ 저본底本은 광서光緒 8년(1882) 정원사淨願寺 개간본開刊本(국립중앙도서관 소장)이다. 갑본甲本은 속장경續藏經 제2편 15투套 2책이다.

일심一心【『아미타경阿彌陀經』】

어떤 선남자와 선여인이 아미타불에 대해 설하는 것을 듣고 명호名號를 집지하되 일심불란一心不亂[1]하면 이 사람이 임종할 때 아미타불께서 여러 성인들과 그 앞에 나타날 것이며, 이 사람은 임종할 때에 마음이 전도되지 않아 곧 아미타불의 극락국토極樂國土에 왕생할 것이다.[2]

一心【阿彌陀經】
若有善男子善女人。聞說阿彌陀佛。執持名號。一心不亂。其人臨命終時。阿彌陀佛。與諸聖衆。現在其前。是人終時。心不顚倒。卽得徃生阿彌陀佛極樂國土。

---

1 일심불란一心不亂 : 한 가지 일에만 마음을 써서 마음이 산란하거나 동요하지 않게 하는 것을 말한다.
2 『阿彌陀經』(T12, 347b).

일심一心【자조종주慈照宗主[3] 설설說】

옛사람들은 눈 밝은 스승을 가까이하고 선지식善知識을 구하게 하였으나, 선지식이 실로 입으로 전하고 마음으로 주는 비밀스러운 법문이 있는 것은 아니다. 단지 남을 집착과 속박에서 벗어나게 할 뿐이니 바로 이것이 비밀이다. 지금 단지 '명호를 집지執持하되 일심불란하다(執持名號一心不亂)'라는 이 여덟 글자가 바로 집착과 속박에서 벗어나는 비밀스러운 법문이요, 바로 생사에서 벗어나는 당당한 큰 길이다. 아침에도 염불하고 저녁에도 염불하며, 다닐 때도 염불하고 앉을 때도 염불하여 생각마다 이어지면 저절로 삼매를 이룰 것이다.[4]

一心【慈照宗主說】

古人教親近明師。求善知識。而善知識。實無口傳心授秘密法門。只替人解黏去縛。便是秘密。今但執持名號。一心不亂。此八箇字。卽是解黏去縛秘密法門。卽是出生死堂堂大路。朝念莫念。行念坐念。念念相續。自成三昧。

---

[3] 자조종주慈照宗主 : 송나라 때 스님으로 백련종白蓮宗의 창시자. 법명은 자원子元(?~1166)이다. 평강平江 곤산崑山 사람으로, 속성은 모茅씨이다. 자호는 만사휴萬事休이다. 어려서 부모를 잃고 본주本州 연상사延祥寺 지통志通에게 사사하여 『法華經』을 익히고 19세에 출가하여 지관선법止觀禪法을 익혔다. 어느 날 선정에 든 가운데 까마귀의 울음소리를 듣고 크게 깨달았다. 여산 혜원의 유풍을 사모하여 정업淨業을 닦고 세상 사람들에게 삼보에 귀의하고, 오계五戒를 지키며, 아미타불을 항상 염할 것을 권하였다. 전산호澱山湖에 연종참당蓮宗懺堂을 세우고, 또 「圓融四土三觀選佛圖」를 지어 연종蓮宗의 안목을 열어 보이고 마침내 백련종을 창시하였다. 도원 2년(1166)에 황제가 덕수전德壽殿에서 정토 법문을 설할 것을 명하고 자조종주라는 호를 하사하였다. 저서로는 『西行集』・『法華百心』・『彌陀節要』・『證道歌』・『風月集』・『勸人發願偈』 등이 있다.
[4] 『雲棲淨土彙語』(X62, 3c).

일승一乘【연지 대사蓮池大師[5] 설】

염불하는 사람은 오직 일승一乘의 불과佛果를 구하는 것을 기약해야 하고 다른 승乘에 대해서는 망령되이 바라서는 안 된다. 이와 같은 마음을 일으키는 것이야말로 정토를 닦는 것이요, 이것이 정인正因[6]이 된다. 만일 그렇지 않다면 부지런히 염불을 하더라도 인지因地가 진실하지 못하기 때문에 굽은 과보를 초래할 것이다.[7]

一乘【蓮池大師說】
念佛之人。惟求一乘佛果爲期。不於餘乘。妄有希冀。發如是心。乃修淨土。是爲正因。苟爲不然。雖勤念佛。因地不眞。果招迂曲。

---

5 연지 대사蓮池大師 : 명나라 때 스님 주굉袾宏(1536~1615)을 가리킨다. 자는 불혜佛慧이고, 연지는 호이며 운서雲棲라고도 한다. 서산西山의 무문 성천無門性天에게 투신하여 머리를 깎고 소경昭慶의 무진無塵에게 나아가 구족계를 받았다. 융경隆慶 5년에 항주杭州 운서산雲棲山에 들어가 산에 있던 폐사지에 머물면서 염불삼매를 부지런히 수행하며 교화하자 납자들이 구름처럼 모여들어 마침내 총림叢林을 이루었다. 정토를 주장하고 광선狂禪을 배척하며 선과 정업淨業을 겸수할 것을 천명하자 도풍이 더욱 왕성해졌다. 자백紫柏·감산憨山·우익藕益과 함께 명나라 4대 고승으로 손꼽힌다. 저서로는 『禪關策進』·『梵網戒疏發隱』·『阿彌陀經疏鈔』·『華嚴經感應略記』·『西方願文』 등 30여 종이 있다. 뒤에 왕우춘王宇春이 그 저작을 모아 『雲棲法彙』 34권을 만들었다.
6 정인正因 : 왕생 또는 성불하는 결과를 얻기 위한 직접적인 원인을 말한다.
7 『西方願文』(X61, 514b).

일념一念【자조종주慈照宗主 설】

이 도道는 지극히 그윽하고 오묘하며, 또한 지극히 간단하고 쉽다. 간단하고 쉽기 때문에 고명高明한 이들은 이것을 소홀히 한다. 무릇 생사는 한 생각(一念)을 떠나지 않고 나아가 세간과 출세간의 온갖 법도 모두 한 생각을 떠나지 않으니, 지금 바로 이 생각으로 염불하는 것이 얼마나 간절하고 가까우며 정밀하고 진실한 것이겠는가! 만일 이 생각이 일어나는 곳을 간파한다면 바로 자성自性의 미타요, 바로 조사祖師께서 서쪽에서 오신 뜻이다. 비록 깨닫지는 못하더라도 이 생각의 힘을 탄다면 극락에 왕생하고 또 생사를 가로질러 끊어서 윤회를 받지 않고 끝내는 크게 깨달을 것이다.[8]

一念【慈照宗主說】
此道至玄至妙。亦復至簡至易。以簡易故。高明者忽焉。夫生死不離一念。乃至世出世間萬法。皆不離一念。今卽以此念念佛。何等切近精實。若覷破此念起處。卽是自性彌陀。卽是祖師西來意。縱令不悟。乘此念力。徃生極樂。且橫截生死。不受輪回。終當大悟。

---

8 『雲棲淨土彙語』(X62, 6c).

일념 一念 【『연종보감蓮宗寶鑑』[9]】

조용한 방에서 몸을 바로 하여 단정히 앉아 연緣의 허물을 쓸어 없애고 정情의 티끌을 끊어 버려라. 눈동자를 똑바로 떠서 밖으로 경계에도 집착하지 말고 안으로 정定에도 머물지 말라. 지혜의 빛을 돌이켜 한번 비춤에 안팎이 모두 고요해진 뒤에 면밀하게 나무아미타불南無阿彌陀佛을 열다섯 번 소리 내어 염불하라.

지혜의 빛을 돌이켜 '성품을 보면 부처를 이루니 그렇다면 끝내 무엇이 나의 본성本性의 아미타인가?'라고 하며 스스로 살펴보라. 그러고 나서 또 '지금 들고 있는 이 한 생각은 어디에서 일어났는가?'라고 하며 비추어 보라. 이 한 생각을 보아서 타파하고 다시 '이 보고 있는 것은 누구인가?'라는 것을 보고 타파하라.

○ 한참 동안 참구하고 또 나무아미타불을 소리 내어 염불하라. 다시 이와 같이 보고 이와 같이 참구하되 급하고 간절하게 공부를 해서 끊어지지 않게 하라. 또렷또렷하게 깨어 있고 어둡지 않아서 닭이 알을 품은 듯이 하고 네 가지 위의威儀에 구애되지 말라. 또한 이와 같이 염불하고 이와 같이 보고 이와 같이 참구하면 홀연히 가거나 머물거나 앉거나 눕는 곳에서 소리를 듣고 빛깔을 볼 때에 막힘없이 밝게 깨달아 직접 본성 미타를 볼 것이다. 그러면 안팎의 몸과 마음을 한꺼번에 벗어나고 온 세상이 바로 서방정토이고 삼라만상森羅萬象이 자기 아님이 없게 되니 고요하되 비춤을 잃지 않고 움직이되 고요함을 떠나지 않을 것이다.[10]

---

9 『연종보감蓮宗寶鑑』: 원나라 때 스님 보도普度(?~1330)가 지었으며 모두 10권으로 이루어졌다. 『廬山蓮宗寶鑑』・『優曇寶鑑』이라고도 한다. 보도는 여산 혜원의 백련사 염불의 정맥을 이었다고 자칭하면서 남송 자조 자원慈照子元의 백련종 교지에 기초하여 염불삼매와 관련이 있는 경의 교설과 역사, 전기를 편집하였다.
10 『蓮宗寶鑑』(T47, 311c).

一念【蓮宗寶鑑】

要於靜室。正身端坐。掃除緣累。截斷情塵。瞠開眼睛。外不着境。內不住定。回光一照。內外俱寂。然後密密。舉念南無阿彌陀佛三五聲。回光自看云。見性則成佛。畢竟那箇。是我本性阿彌陀。却又照覰看。只今舉底這一念。從何處起。覰破這一念。復又覰破這覰底是誰。○叅良久。又舉念南無阿彌陀佛。又如是覰。如是叅。急切做工夫。勿令間斷。惺惺不昧。如鷄抱卵。不拘四威儀中。亦如是舉。如是看。如是叅。忽於行住坐臥處。聞聲見色時。豁然明悟。親見本性彌陀。內外身心一時透脫。盡乾坤大地。是箇西方。萬象森羅。無非自己。靜無遺照。動不離寂。

일대사一大事【자조종주慈照宗主 설】

무릇 정토를 닦는 사람은 명백히 저 생사를 대적하려고 해야지 다했으니 쉬겠다고 말해서는 안 된다. 무상無常은 신속하고 시간은 사람을 기다려 주지 않음을 생각해서 반드시 일대사一大事를 꽉 잡아야만 한다. 만일 반쯤 나아갔다 반쯤 물러나며 믿는 듯하다가 의심하는 듯하면 무슨 일을 성취할 것이며 어떻게 윤회에서 벗어나겠는가?

만일 이것을 믿는다면 오늘부터 큰 용맹을 일으키고 큰 정진을 일으키며, 알았는지 알지 못했는지 성품을 보았는지 성품을 보지 못했는지 묻지 말고 나무아미타불만을 잡아 지니되 한자리에 붙어 있는 수미산須彌山[11]처럼 흔들어도 움직이지 않아야 한다. 그 마음을 오로지하고 그 뜻을 하나로 하여 혹은 참념參念·관념觀念·억념憶念·십념十念하거나 혹은 묵념默念·전념專念·계념繫念·예념禮念해야 하고, 생각마다 조금도 잊지 않으며 항상 기억하고 항상 생각하며, 아침에도 생각하고 저녁에도 생각하며 다닐 때도 생각하고 앉을 때도 생각하여, 마음으로 생각하면서 헛되이 지내지 않아야 한다. 부처님을 생각함이 마음에서 떠나지 않으며 날마다 때마다 이것을 놓아 버려서는 안 된다. 이것이 바로 정념淨念이 서로 이어지는 것이다. 여기에다 다시 지혜로 비춤을 더하면 정토가 바로 자신의 마음인 줄 알게 될 것이다.

이와 같이 꼭 붙들어서 선정을 얻고 부지런히 닦아 주인이 되고 의지하여 안온함을 얻는다면, 설령 고통과 즐거움, 거스르는 경계와 수순하는 경계가 앞에 나타나더라도, 아미타불만을 생각하여 한 생각도 변이하는

---

11 수미산須彌山 : [S] Sumeru의 음역어로, 의역어는 묘고산妙高山이다. 불교의 세계관에 따르면 세계의 중심에 있는 산. 이 산을 중심으로 여러 개의 산이 동심원을 그리며 둘러싸고 있다. 그 마지막 산의 밖에 동·서·남·북으로 네 개의 큰 대륙이 있고, 다시 그 네 개의 대륙 밖을 철위산이 두르고 있다.

마음이 없고 한 생각도 물러나는 마음이 없으며 한 생각도 잡된 생각의 마음이 없으니, 바로 생을 다하는 날까지 영원히 다른 생각이 없고 반드시 서방 극락세계에 왕생할 것을 바라게 될 것이다.

과연 이와 같이 노력할 수 있다면 오랜 겁 동안 쌓아온 무명無明과 그에 의한 생사의 업장業障이 저절로 사라지고 번뇌(塵勞)의 습기와 누설(習漏)이 저절로 깨끗이 다하여 남음이 없으며, 아미타불을 직접 뵙고 본각의 일념을 떠나지 않아 공功이 이루어지고 행行이 만족되며 원력願力이 서로 도와 목숨을 마칠 때에 반드시 상품上品에 태어날 것이다.[12]

一大事【慈照宗主說】

凡修淨土之人。灼然是要敵他生死。不是說了便休。當念無常迅速。時不待人。須是把做一大事始得。若也半進半退。似信似疑。濟得恁麼事。如何出離輪迴。若是信得及。便從今日去。發大勇猛。發大精進。莫問會與不會。見性不見性。但只執持南無阿彌陀佛。如靠着一座須彌山相似。搖撼不動。專其心。一其意。或叅το觀念。憶念十念。或默念專念。繫念禮念。念玆在玆。常憶常念。朝也念。莫也念。行也念。坐也念。心念不空過。念佛不離心。日日時時。不要放捨。卽是淨念相繼。更加智照。則知淨土卽是自心。如此把得定。做得主。靠得穩。縱遇苦樂逆順境界現前。只是念阿彌陀佛。無一念變異心。無一念退惰心。無一念雜想心。直至盡生。永無別念。決定要生西方極樂世界。果能如是用功。則歷劫無明生死業障。自然消殞。塵勞習漏。自然淨盡無餘。親見彌陀。不離本念。功成行滿。願力相資。臨命終時。定生上品。

---

12 『蓮宗寶鑑』(T47, 331c).

일행삼매 一行三昧【『문수반야경文殊般若經』】

범어인 삼매三昧[13]의 의역어는 조직정調直定이고, 정정正定이라고도 한다. 일행삼매一行三昧란 한 가지 수행을 오로지하여 정정을 닦아 익히는 것이니, 수행하는 사람이 텅비고 한가한 곳에 머물러 모든 뜻을 어지럽히는 것을 버리고 마음을 실리實理에 매고 한 부처님을 생각하고 그 이름만을 부르는 것을 이른다. 부처님 계신 곳을 따라 몸을 단정히 하여 바르게 향하고 한 부처님에 대한 것만 생각마다 서로 이어져 게으르지 않으면 한 생각 중에 곧 시방十方의 모든 부처님들을 뵙고 큰 말재주(大辯才)를 얻을 수 있다.[14]

一行三昧【文殊般若經】

梵語三昧。華言調直定。又云正定。一行三昧者。惟專一行。修習正定也。謂修行之人。應處空閑。捨諸亂意。繫心實理。想念一佛。專稱名字。隨佛方所。端身正向。能於一佛。念念相續。而不懈怠。於一念中。卽能得見十方諸佛。獲大辯才也。

---

13 삼매三昧 : ⓢ samādhi의 음역어로, 삼마제三摩提(三摩帝)·삼마지三摩地라고도 한다. 의역어는 정정定·등지等持·정수正受·조직정調直定·정심행처正心行處이다. 산란한 마음을 한곳에 모아 움직이지 않게 하며, 마음을 바르게 하여 망념에서 벗어나는 것이다.
14 『文殊般若經』(T8, 731a)에서 설한 것을 해석한 것이다. 운서 주굉의 『禪關策進』(T48, 1108a)에 동일한 글이 나온다.

일상삼매一相三昧【『보왕론寶王論』】

일상염불삼매一相念佛三昧를 닦아 지니는 이는 다니거나 머물거나 앉거나 눕거나 간에 생각을 매어 잊지 않아야 한다. 가령 저녁에 잘 때에도 생각을 매어 자고 잠을 깨면 곧 그것을 이어야 한다. 다른 일 때문에 중단하지도 않고 탐욕과 성냄 등 때문에 사이가 떨어지지도 않아야 한다. 잘못을 범하자마자 참회하며 생각에 빈틈이 없도록 하고 생각이 달라지게 하지 않으며, 하루도 빠지지 않고 한시도 빈틈이 없어야 한다. 생각마다 항상 부처님을 떠나지 않고 생각마다 청정하고 둥글고 밝은 것이 바로 일상삼매를 얻는 것이다.[15]

一相三昧【寶王論】

修持一相念佛三昧者。當於行住坐臥。繫念不忘。縱令昏寐。亦繫念而寢。覺卽續之。不以餘業間斷。不以貪嗔等間隔。隨犯隨懺悔。不隔念。不異念。不隔日。不隔時。念念常不離佛。念念淸淨圓明。卽是得一相三昧也。

---

15 『寶王論』(T47, 134a).

일경 一境 【『연종보감蓮宗寶鑑』】

수행자가 일관日觀[16]에 들어가려면 고요한 곳에서 바깥 인연(外緣)을 끊고 바르게 앉아 마음을 거두어들이고 해가 눈앞에 나타나 있는 것을 분명하게 관찰해야 한다. 마음을 한 경계(一境)에 쏟아 응결하여 고요해짐이 밝은 거울을 마주하여 스스로 얼굴 모양을 본 듯이 해야 한다. 마음이 달아나거나 흩어지면 제어하여 돌아오게 하고, 마음이 쉬어 정定에 머물면 곧 삼매를 얻는다.[17]

一境【蓮宗寶鑑】

行人入日觀者。須於靜處。屛絶外緣。正坐攝心。諦觀日輪。現在目前。注心一境。凝然寂靜。如對明鏡。自觀面像。心若馳散。制之令還。心息住定。卽得三昧。

---

16 일관日觀 : 일상관日想觀을 말한다. 아미타불의 정토에 태어나기 위한 십육관법十六觀法 중 첫 번째로, 떨어지는 해를 보아서 극락정토를 관상觀想하는 것이다.
17 『蓮宗寶鑑』 권2(T47, 311c).

일문一門【자조종주慈照宗主 설】

망념妄念은 병이고, 염불은 약이다. 오래된 병은 약 한 첩(片劑)으로 치료할 수 있는 것이 아니고, 쌓인 망념은 잠시의 염불로 제거할 수 있는 것이 아니니, 그 이치는 같다. 망념이 어지러이 날리는 것을 상관하지 말고 단지 염불이 정밀하고 간절한 것만을 귀하게 여겨라. 글자마다 분명하고 구절마다 접속되어 힘을 다하여 잡아 지녀야 비로소 마음이 쏠리어 따라간 몫이 있을 것이다. 이른바 진실로 힘을 오래 쏟으면 어느 날 아침에 툭 트이는 것이다. 비유하자면 절굿공이를 갈아서 바늘을 만들고 철을 단련하여 강철을 만드는 것과 같으니 결코 속임수가 아니다. 도道에 들어가는 문은 많지만 이 한 문(一門)만이 가장 빠른 길이 되니 소홀히 해서는 안 된다! 소홀히 해서는 안 된다![18]

一門【慈照宗主說】
妄念是病。念佛是藥。久病非片劑所能療。積妄非暫念所能除。其理一也。莫管他妄念紛飛。只貴在念佛精切。字字分明。句句接續。極力執持。方有趣向分。所謂眞積力久。而一旦豁然。喩如磨杵作鍼。鍊鐵成鋼者。定不誣也。入道多門。惟此一門。最爲捷徑。不可忽。不可忽。

---

18 『雲棲淨土彙語』(X62, 6c).

일식一息【『연종보감蓮宗寶鑑』】

마음을 다잡아 염불함은 삼매를 빨리 이루려 하는 것이다. 혼침과 산란함을 대치하는 법은 숨을 세는 것이 가장 긴요하다. 무릇 앉으려고 할 때에는 먼저 자신의 몸이 둥근 빛 속에 있다고 생각하라. 코끝을 묵묵히 관하고 들고 나는 호흡을 생각하여 한 호흡(一息)마다 나무아미타불 한마디를 묵묵히 염송하라. 방편으로 호흡을 조절하여 느리지도 빠르지도 않게 하며 마음과 호흡이 서로 의지하여 호흡이 들고 나는 것을 따르게 하라. 다니거나 머물거나 앉거나 눕거나 간에 모두 이것을 행할 수 있으니 잠시도 끊어짐이 없게 하여 항상 스스로 면밀하게 행하고 지녀라. 나아가 선정에 깊이 들어가서 호흡과 염불 두 가지를 잊으면 바로 이 몸과 마음이 허공과 같아진다. 오래 하여 순수하고 익숙해지면 심안心眼이 열려 삼매가 홀연히 앞에 나타나니 바로 이것이 유심정토惟心淨土이다.[19]

一息【蓮宗寶鑑】

攝心念佛。欲得速成三昧。對治昏散之法。數息最要。凡欲坐時。先想己身在圓光中。默觀鼻端。想出入息。每一息。默念南無阿彌陀佛一聲。方便調息。不緩不急。心息相依。隨其出入。行住坐臥。皆可行之。勿令間斷。常自密密行持。乃至深入禪定。息念兩忘。即此身心與虛空等。久久純熟。心眼開通。三昧忽爾現前。即是惟心淨土。

---

[19] 『蓮宗寶鑑』 권2(T47, 312a).

일구一句【감산 대사憨山大師 설】

무릇 염불할 때는 먼저 자기 마음속의 잡되고 어지러운 생각을 한꺼번에 내려놓아야 한다. 내려놓되 내려놓을 것이 없는 곳에 이르러 아미타불 한 구절만을 들고 또렷또렷하고 분명하게 염불하여 마음에 끊이지 않아 실로 구슬을 꿴 듯이 해야 한다. 또 화살과 오늬가 서로 버티어 중간에 조금도 빈틈이 없는 것처럼 해야 한다. 이와 같이 힘을 붙이고 선정에 의지하여야 온갖 곳에서 경계의 연에 이끌리거나 잃지 않는다. 일상생활에서도 잡되지 않고 어지럽지 않으며, 꿈속에서도 한결같이 행하게 된다. 목숨이 끊어질 때에 이르러서도 염불이 일심불란하면 바로 초월하여 정토에 태어나는 때이다.[20]

一句【憨山大師說】

凡念佛時。先將自己胸中雜亂念頭。一齊放下。放到無可放處。單單提起。一句阿彌陀佛。歷歷分明。心中不斷。如線貫珠。又如箭筈相拄。中間無一毫空隙處。如此着力靠定。于一切處。不被境緣牽引打失。日用動靜。不雜不亂。夢寐如一。念到臨命終時。一心不亂。便是超生淨土之時。

---

[20] 『憨山老人夢遊集』 권10(X73, 527c).

일성 一聲 【감산 대사 憨山大師 설】

매일 두 때의 일과(二時功課)[21]를 제외하고는 아미타불 한마디(一聲)만을 가슴속에 담아 두고 생각마다 잊지 않고 마음마다 어둡지 않게 하며, 온갖 세상일을 도무지 생각하지 말고 아미타불 한마디만을 자기의 목숨으로 삼아 꽉 깨물고 결코 놓지 말라. 나아가 물 마시거나 밥을 먹거나 일상적으로 생활하거나 다니거나 머물거나 앉거나 눕거나 간에 이 아미타불 한 마디를 때때로 앞에 나타나게 하라. 만일 마음에 거슬리거나 마음에 들거나 기쁘거나 화가 나거나 번뇌하는 경계를 만나 마음이 불안할 때 이 아미타불 한마디를 들으면 번뇌가 당장에 소멸하게 된다. 생각마다 이어지는 번뇌는 생사의 고통을 낳는 근원이다. 지금 염불하여 번뇌를 소멸할 수 있으니 바로 이것이 부처님께서 생사의 고통을 제도하신 방법이다. 만일 염불로 번뇌를 소멸하면 바로 생사를 끝마칠 수 있으니 다시 다른 법은 없다.[22]

一聲【憨山大師說】

每日除二時功課外。單將一聲阿彌陀佛。橫在胸中。念念不忘。心心不昧。把一切世事。都不思想。只將一聲佛。作自己命根。咬定牙關。決不放捨。乃至飮食起居。行住坐臥。此一聲佛。時時現前。若遇逆順喜怒煩惱境界。心不安時。就將者一聲佛。提起一拶。卽見煩惱當下消滅。以念念煩惱是生死苦根。今以念佛消滅煩惱。便是佛度生死苦處。若念佛消得煩惱。便可了得生死。更無別法。

---

21 두 때의 일과(二時功課) : 이시공과二時功課는 아침과 저녁 두 차례에 걸쳐서 과송하는 것을 말한다. 조모과송朝暮課誦이라고도 한다. 과송이란 절에서 일과日課로 삼아서 정해진 시간에 경전이나 주문을 염송하는 의식을 행하는 것이다.
22 『憨山老人夢遊集』 권10(X73, 528b).

일구기 一口氣 【자운 식慈雲式 참주懺主[23] 설】

세속에 사는 사람은 번잡한 일로 염불할 겨를이 없으니, 매일 아침에 옷을 입고 나서 서쪽을 향해 합장하고 나무아미타불을 염송하되, 한 호흡이 다하는 것을 일념一念으로 삼는다. 이와 같이 십념十念하면서 호흡의 길고 짧음에 따르며 호흡이 끝나는 것을 염불의 횟수로 삼을 것이며, 그 염불하는 소리는 높지도 낮지도 않도록 조정하여 알맞게 한다. 이와 같이 십념이 연속하여 끊이지 않도록 하는 것은 그 뜻이 마음을 흩어지지 않게 하는 데 있으니 전일하고 정밀하게 하는 것을 공功으로 삼는다. 이는 호흡을 빌려 마음을 묶는 것을 드러낸 것이다.[24]

一口氣【慈雲式懺主說】
在俗人。塵務忙冗。每日淸晨服飾已。面西合掌。念南無阿彌陀佛。盡一口氣爲一念。如是十念。但隨氣長短。氣極爲度。其念佛聲不高不低。調停得中。如此十念。連續不斷。意在令心不散。專精爲功。顯是藉氣束心也。

---

23 자운 식慈雲式 참주懺主 : 송나라 때 스님 준식遵式(964~1032)을 가리킨다. 자는 지백知白이다. 선혜禪慧 또는 자운참주慈雲懺主라고도 한다. 의전義全에게 투신하여 출가하고 18세에 삭발하였으며 20세에 선림사禪林寺에서 구족계를 받았다. 다음 해 수초守初에게서 율을 배웠다. 일찍이 보현보살상 앞에서 한 손가락을 태워 천태교학을 연구할 것을 맹세하였다. 984년 보운사寶雲寺 의통에게서 천태교를 배워 깊은 뜻을 깨달아 동문인 지례知禮와 함께 산가파山家派의 중심인물이 되었다. 천태산 서편에 암자를 짓고 대중과 함께 염불삼매를 닦았다. 1024년 조정에 주청하여 천태의 교문敎文을 대장경 가운데 넣게 하였다. 명도 1년에 나이 69세로 입적하였다. 저서로는 『大乘止觀釋要』 4권·『十不二門詳解』 2권·『往生淨土決疑行願二門』·『法門淨土略釋』·『敎藏隨函目錄』 등이 있다.
24 『蓮宗寶鑑』(T47, 313a).

일편一片【감산 대사憨山大師 설】

만일 정말로 생사윤회함을 절박하게 여기는 마음이 있다면 생각마다 머리에 붙은 불을 끄듯이 하고 단지 한번 사람의 몸을 잃으면 백겁百劫 동안 회복하기 어려움을 두려워하면서 이 아미타불 한마디를 꽉 물고 반드시 허망한 생각을 대적하라. 온갖 곳에서 생각마다 이 아미타불 한마디를 앞에 나타내면 허망한 생각에 의해 방해받지 않을 것이다. 이와 같이 고심하고 매우 절박하게 공부를 하고 오랫동안 하여 순수하고 익숙해지면 저절로 상응하여 한 조각(一片)을 이루기를 구하지 않아도 저절로 한 조각을 이룰 것이다.[25]

一片【憨山大師說】
若果爲生死心切。念念若救火然。只恐一失人身。百劫難復。將此一聲佛咬定。定要敵過忘想。一切處念念現前。不被妄想遮障。如此下苦切工夫。久久純熟。自然相應。不求成片。而自成一片矣。

---

[25] 『憨山老人夢遊集』(X73, 523c). 단 이 책에서는 본문의 '火'를 '頭'라고 하였다.

• 57

일생一生 【우익 법사蕅益法師[26] 설】

현재 눈앞에 나타난 염불하는 주체(能念)인 마음은 본래 저절로 허물을 떠나고 그릇된 것을 끊었으니 의도적으로 허물을 떠나거나 그릇된 것을 끊으려고 할 필요가 없다. 현재 눈앞에 나타난 염불의 대상(所念)인 부처님은 본래 저절로 정情을 초월하고 생각(計)을 떠났으니, 어찌 수고롭게 현묘함을 말하겠는가? 다만 확실히 믿고 안온하게 지켜서 당장에 염불함을 귀하게 여길 뿐이다. 혹은 밤낮으로 십만 번을 하거나 오만 번을 하거나 삼만 번을 하여 결코 빠트리지 않는 것을 기준으로 삼고 이 한 생애를 마치는 날까지 변하지 않을 것을 맹세하라. 만일 이렇게 하여 왕생하지 못한다면 삼세三世의 모든 부처님께서 거짓말을 하신 것이다.[27]

一生【蕅益法師說】

現前能念之心。本自離過絶非。不消作意離絶。卽現前所念之佛。本自超情離計。何勞說妙談玄。祇貴信得及。守得穩。直下念去。或晝夜十萬。或五萬三萬。以決定不缺爲準。畢此一生誓無變改。若不得徃生者。三世諸佛便爲誑語。

---

26 우익 법사蕅益法師 : 명나라 때 스님 지욱智旭(1599~1655)을 가리킨다. 우익은 자이고, 속성은 종鍾씨이며, 호는 팔불도인八不道人이다. 처음에 유교를 배우고 『闢佛論』 수십 편을 지어 불교를 격렬하게 비판하였다. 나중에 『地藏本願經』·『首楞嚴經』 등을 보고 발심하여 1621년 22세의 늦은 나이로 감산 덕청의 문인 설령雪嶺에게 출가하였다. 일찍이 화엄·천태·유식을 배우고 선과 교와 율을 통일하려고 하였지만 실천적으로는 염불을 중시하였다. 또 유교와 불교와 도교를 융합할 것을 주장하기도 하였다. 저서로는 『楞嚴經玄義』·『梵網經合註』·『閱藏知津』 등이 있다.
27 『重訂西方公據』 권하(X62, 301c); 『靈峰蕅益大師宗論』 권4(J36, 321c).

일점진성 一點眞性 『선종정지禪宗正指』

단지 한마음(一心)으로 염불하고 온갖 세속의 일이 섞이지 않도록 하라. 마음에 어지러운 것이 없으면 기氣는 저절로 고요해지고, 기가 고요해지면 정신은 저절로 맑아지며, 정신이 맑아지면 귀로는 삿된 것을 듣지 않고 눈으로는 삿된 것을 보지 않는다. 마음과 입이 일치하게 되면 손과 입과 마음과 몸이 섞인다. 커다란 선정(大定)을 이룬 뒤에 나의 정신은 그대의 정신을 부리고 나의 기는 그대의 기를 부리니 내가 너인 줄도 잊고 네가 나인 줄도 잊어서, 하나이면서 둘이고 둘이면서 하나이다. 이런 모양도 아니고 저런 모양도 아니니, 모습과 소리를 통하여 볼 수도 없고 색깔과 몸을 통하여 찾아볼 수도 없다. 이와 같이 온통 한 덩어리가 되어 저절로 본체와 합하면 움직여 마음을 따라도 신령한 기틀(靈機)이 막히지 않을 것이니 반드시 호흡을 고요히 하여 자기 본래의 한 점 참된 성품(一點眞性)을 관찰하고 커다란 흰 소(大白牛)[28]가 밭을 가는 일은 어떠한지 알려고 힘써야만 한다. 매일 저녁 이와 같이 행할 때에 큰 난야蘭若[29]에서 이레 동안 앉아 있는 것과 비슷하여, 이레의 기한이 지나지 않아서 심성을 스스로 깨달을 수 있으니, 경전을 보지 않더라도 한때라도 외우지 않는 때가 없으며, 입으로 부처님을 외지 않더라도 마음에 한때라도 부처님을 외지 않는 때가 없을 것이다. 오늘 저녁에 행하면 오늘 저녁에 이익이 있고, 내일 저녁에 행하면 내일 저녁에 이익이 있다.

---

28 커다란 흰 소(大白牛) : 대백우大白牛는 『法華經』「譬喩品」'화택火宅의 비유'에 나오며 일불승一佛乘을 뜻한다.
29 난야蘭若 : [S] araṇya의 줄인 음역으로 갖추어서 아란야阿蘭若라고 한다. 의역어는 적정처寂靜處·무쟁처無諍處·원리처遠離處이다. 시끄러움이 없는 한적한 곳으로 수행하기에 적당한 삼림森林이나 넓은 들이나 모래사장 등을 가리키는 말이다. 보통 촌락에서 1구로사拘盧舍 혹은 반구로사쯤 떨어진 곳이다.

一點眞性【禪宗正指】

但一心念佛。不雜一切俗務。心無所擾。則氣自靜。氣靜則神自淸。神淸則耳無邪聽。目無邪視。心口如一。則手口心身混合。大定之後。我之神。御子之神。我之氣。御子之氣。忘我爲汝。忘汝爲我。是二是一。是一是二。不此相。不彼相。不可以形聲見。不可以色身求。如此渾渾淪淪。自然合體。運動隨心。靈機不滯矣。必須靜息觀自己本來一點眞性。務要認得大白牛耕田是如何。每夕如此行持。[1] 如在大蘭若坐七相似。不過一七期內。心性自能領悟。卽不看經。而無一時不誦。口不誦佛。而心無一時不佛矣。今夕行。今夕有益。明夕行。明夕有益。

---

1) ㉠ 갑본에 따르면 '持'는 '時'이다. 전후 문맥상 후자가 옳다. 이하 역자가 교감한 내용이 타당할 경우 타당성 여부를 별도로 밝히지 않는다.

일언一言【대전 선사大顚禪師[30] 설】

　부처님이 가신 곳을 알고자 하는가? 단지 이 말소리 나는 곳일 뿐이다.[31] 아직 깨닫지 못한 사람이 한마디(一言)를 들을 때 지금 이 순간에 누가 입을 움직이는가?[32] 경에서 "극락이라고 하는 세계가 있다. 그 땅에 아미타라고 하는 부처님이 있는데 지금 현재 설법하고 계신다."[33]라고 하였다. 소리마다 자기의 가슴속에서 흘러나오는 것을 분명히 관찰하고 생각마다 끊어지지 않게 하며 하루 종일(十二時) 항상 이 경을 읽어라. 부처님을 부르는 한 소리가 한 소리로 응하면 본래면목本來面目이 너무나 분명해질 것이다. 만일 이와 같이 할 수 있다면 근원으로 되돌아갔다(返本還源)고 부를 것이다. 무엇이 근원인가? 물은 흘러가도 원래 바다에 있고, 달은 져도 하늘을 떠나지 않는다.

---

30 대전 선사大顚禪師 : 당나라 때 스님으로, 법호는 보통寶通(732~824)이고, 자호를 대전화상大顚和尙이라고 하였다. 속성은 진陳씨(일설에는 양楊씨라고 함)로 영천潁川 사람이다. 서산西山에서 약산 유엄藥山惟儼과 혜조惠照를 섬기다가 다시 남악南嶽에 가서 석두 희천石頭希遷을 뵙고 종지를 크게 깨쳤다. 조주潮州 서유령西幽嶺 아래에 영산선원靈山禪院을 세웠는데 출입할 때마다 호랑이가 따라다녔다고 한다. 유학자 한유韓愈와의 교제로도 유명하다. 저서로는 『般若波羅蜜多心經釋義』・『金剛經釋義』 등이 있다.
31 양나라 무제 때 스님 부대사傅大士(497~569)의 게송이다. 『金剛經註解』(X24, 809a)에 따르면 게송의 전문은 다음과 같다. "밤마다 부처를 안고 자고, 아침마다 함께 일어나네. 앉으나 서나 늘 따라다니고, 말할 때나 안 할 때나 함께 있으며, 털끝만치도 서로 떨어지지 않으니, 몸에 그림자 따르듯 하는구나. 부처가 간 곳 알고자 하는가? 단지 이 말소리 나는 곳이 부처이로세.(夜夜抱佛眠. 朝朝還共起. 起坐鎭常隨. 語默同居止. 纖毫不相離. 如身影相似. 欲識佛去處. 只這語聲是.)"
32 남조南朝 때 스님 지공 화상誌公和尙(418~514)의 〈十二時頌〉 중에 나온다. 『景德傳燈錄』(T51, 414c)을 참조할 것.
33 『阿彌陀經』(T12, 346c).

一言【大顚禪師說】

欲識佛去處。只這語聲。是未了之人。聽一言。只這如今誰動口。經云。有世界。名曰極樂。其土有佛。號阿彌陀。今現在說法。諦觀聲聲。從自己胸中流出。念念不絶。十二時內。常讀是經。叫佛一聲應一聲。本來面目太分明。若能如是。喚作返本還源。如何是源。水流元在海。月落不離天。

일칭一稱【『증일아함경增一阿含經』】

어떤 사람이 네 가지 아주 좋은 물건으로 대천세계에 가득한 아라한阿羅漢과 벽지불辟支佛을 공양하여 얻은 복덕은 어떤 사람이 합장하면서 한 번 부처님 이름을 부르는 것(一稱)만 못하여 백천만분의 일이나 산수算數의 비유로도 미칠 수 없다. 한 번 부처님 이름을 부르는 공덕도 그러하거늘 하물며 십념十念이나 하루나 한 달이나 일 년이나 일생 동안 염불한 공덕이겠는가. 현세에 안온하고 뭇 성인들이 수호하며 여러 재앙을 여의고 공덕이 한량없다.[34]

一稱【增一阿含經】

若人以四事極好之物。供養大千世界滿中阿羅漢辟支佛。所得福德。不如有人合掌一稱佛名。百千萬分。算數譬喩。所不能及。一稱佛名功德尙爾。況復十念。一日一月。一年一生。念佛功德耶。現世安隱。衆聖守護。離諸災厄。功德無量。

---

[34] 『增一阿含經』(T2, 552c)에서 염불念佛이라는 한 가지 법을 행하는 것의 공덕이 지대함을 설하였다. 따라서 취지는 비슷하지만 그 문장은 일치하지 않는다. 오히려 『大悲經』(T12, 956c)에 내용과 문장이 유사한 글이 보인다.

일개一箇【『귀원직지歸元直指』】

선덕先德께서 "불법佛法은 신선한 물고기가 아니니 어찌 부패할까 두려워하겠는가?"라고 하였다. 파초를 벗기는 것과 비슷하니 한 층 또 한 층을 벗기고, 한 층 또 한 층을 벗겨서 손을 댈 수 없는 곳까지 벗겨 내야 비로소 한 조각을 이룬다. 그런 뒤에는 옷을 입고 밥을 먹으며 똥을 누고 오줌을 누며 지내는 가운데 한 번의 움직임, 한 번의 멈춤, 한 번의 말, 한 번의 침묵이라도 하나(一箇)의 아미타불이 아님이 없을 것이다. 이로부터 마음의 꽃이 찬란하게 피어 시방세계를 환하게 비추는데, 밝은 해가 하늘에 걸린 것과 같고, 밝은 거울이 경대에 놓인 것과 같다. 그러면 한 생각을 넘지 않아 정각正覺을 대번에 이루리니, 오직 이 일대사만 밝히는 것뿐만 아니라 불법과 세법世法에 대해도 명료하지 않음이 없을 것이다. 이러한 경지에 이르러도 머물지 말고 증오證悟를 추구해야 한다. 작가作家와 심기心機가 투합하여 인가印可를 받은 뒤에는 성인이나 범인을 세우지 않고 취함과 버림을 둘 다 잊어 온 법계가 자기의 미타彌陀이고 온 허공이 유심정토일 것이다.[35]

一箇【歸元直指】

先德云。佛法不是死[1)]魚。那怕爛却。如剝芭蕉相似。剝一層又一層。剝一層又一層。直要剝到無下手處。纔得打成一片。然後着衣喫飯。屙屎放尿。一動一靜。一語一默。無不是一箇阿彌陀佛。自此心花燦發。洞照十方。如杲日麗天。明鏡當臺。不越一念。頓成正覺。非惟明此一大事。佛法世法無不明了。亦未可住着。須求證悟。作家投機。印可之後。聖凡不立。取捨兩忘。徧法界是箇自己彌陀。盡虛空是箇惟心淨土。

1) ㉯『歸元直指集』에 따르면 '死'는 '鮮'이다.

---

[35] 『歸元直指集』(X61, 429c).

이심二心【영명 선사永明禪師[36] 설】

구품九品은 경의 글에 따르면 저절로 오르고 내림이 있지만 상품과 하품을 모두 포함하여 두 가지 마음(二心)을 벗어나지 않는다. 첫째는 정심定心이니, 예컨대 정定과 관觀을 닦아 익혀 상품上品에 왕생하는 것이다. 둘째는 전심專心이니, 명호만을 염송하고 온갖 선업을 지은 것을 회향하고 발원하여 말품末品을 이루는 것이다. 그리하여 일생 동안 목숨을 바쳐 과보가 다하도록 정진하고 수행해야 한다. 앉거나 눕거나 간에 항상 서쪽을 향하고 염불하고 발원할 때는 간절하고 지극한 정성으로 하여 여러 가지 다른 생각이 없어야 한다. 감옥에 갇혀 있거나 원수나 적에게 쫓기거나 물이나 불에 의해 핍박을 당할 때 한마음으로 구제를 바라는 것처럼 괴로운 윤회에서 벗어나고 속히 무생無生을 증득하여 유정(含識)들을 널리 제도하고 삼보를 이으며 맹세코 사은四恩[37]에 보답하길 원해야 한다.[38]

二心【永明禪師說】

九品經文。自有升降。上下該攝。不出二心。一定心。如修習定觀。上品徃生。二專心。但念名號。衆善資熏。回向發願。得成末品。仍須一生歸命。盡報精修。坐臥之間。常面西向。念佛發願之時。懇苦翹誠。無諸異念。若在

---

36 영명 선사永明禪師 : 북송 때의 스님인 연수延壽(904~975)를 가리킨다. 속성은 왕王씨이고, 임안부 여항 사람이다. 정토종의 제6조이자 법안종法眼宗 제3조가 되었다. 28세에 취암 영참翠巖令參 선사에게 출가하였고, 덕소德韶 국사에게서 선지를 깨닫고 법을 이었다. 960년(건륭 1) 오월국 충의왕이 영은사에 주지하게 하였다. 이듬해에 영명사로 옮기고 평상시에 염불하여 정토왕생을 원하였다. 밤에는 귀신에게 먹을 것을 주고 낮에는 방생하며 염불하다가 개보 8년에 입적하였다. 저서로 『宗鏡錄』 100권·『萬善同歸集』 6권·『唯心訣』 1권 등이 있다.
37 사은四恩 : 네 가지 은혜라는 뜻이다. 구체적인 해석에는 두 가지가 있다. 첫째, 부모·국왕·중생·삼보의 은혜이다. 둘째, 부모·스승·국왕·시주施主의 은혜이다.
38 『樂邦文類』 권4(T47, 199c).

狴牢。怨賊所追。水火所逼。一心求救。願脫苦輪。速證無生。廣度含識。紹隆三寶。誓報四恩。

이심二心【진헐 선사眞歇禪師[39] 설】

염불의 법문은 지름길로 가는 수행으로 상상근기上上根器를 접인하고 겉으로 중하中下의 근기를 이끈다. 그러므로 일심불란의 설은 아울러 두 가지 뜻을 포함하니, 이일심理一心과 사일심事一心이다.

사일심의 경우는 사람들이 모두 행할 수 있다. 단지 한번 억념憶念하면 용이 물을 만난 것과 같고 호랑이가 산에 의지한 것과 같다. 곧 『능엄경』에서 "부처님을 기억하고 부처님을 생각한다면 현재와 미래에 반드시 부처님을 뵐 것이다."[40]라고 하였으니 방편을 빌리지 않고 스스로 터득하여 마음이 열린다.

이일심의 경우도 다른 법이 아니라 곧장 아미타불 네 글자를 가지고 화두로 삼아서 하루 중 새벽에 십념을 할 때부터 당장에 화두를 들어 마음에 염念이 있다고 여기지 않고, 마음에 염이 없다고 여기지 않으며, 마음에 염이 있기도 하고 없기도 하다고 여기지 않으며, 마음에 염이 있지도 않고 없지도 않다고도 여기지 않는 것이다. 그러면 전후제前後際가 끊어져 한 생각도 생기지 않아 단계를 거치지 않고 대번에 불지佛地를 초월하니, 정토에서 부처님을 뵙는 것이 종문宗門보다 간단하고 쉽지 않겠는가? 부처님이거나 조사이거나 교에 있거나 선에 있거나 모두 정업을 닦

---

39 진헐 선사眞歇禪師 : 법명은 청료清了(1089~1151)이고, 시호는 오공선사悟空禪師이다. 송나라 때 조동종曹洞宗 스님으로 단하 자순丹霞子淳의 제자이다. 11세에 성과사聖果寺 청준清俊에게 출가해서 처음에는 『法華經』을 배웠다. 18세에 구족계를 받고 성도成都 대자사大慈寺에 들어가 『圓覺經』・『金剛經』등을 배웠다. 등주鄧州 단하산丹霞山에 이르러 자순을 뵙고서 법을 깨닫고 아울러 그 법을 이었다. 뒤에 장로長蘆에 이르러 조조祖照의 회하에서 시자의 직분을 맡았다. 선화宣和 3년(1121)에 조조가 병이 들자 스님에게 제일좌第一座를 맡도록 하였다. 건염建炎 4년(1130)에 설봉사雪峰寺에 들어가 그곳에 머물면서 조동종의 종풍을 크게 떨쳤다. 저서로는 『信心銘拈古』 1권・『一掌錄』 등이 있다.
40 『首楞嚴經』 권5(T19, 128b).

아 함께 하나의 소원(一願)으로 돌아가는 줄 참으로 알겠다. 이 문에 들어 가면 한량없는 법문에 모두 다 들어갈 수 있다.[41]

二心【眞歇禪師說】

念佛法門。徑路修行。接上上根器。旁引中下之機。故一心不亂之說。兼含二意。曰理一心。曰事一心。若事一心。人皆可行。只一憶念。如龍得水。似虎靠山。卽楞嚴經。憶佛念佛。現前當來。必定見佛。不假方便。自得心開。若理一心。亦非他法。直將阿彌陀佛四字。做箇話頭。二六時中。自晨朝十念之頃。直下提撕。不以有心念。不以無心念。不以亦有亦無心念。不以非有非無心念。前後際斷。一念不生。不涉階梯。頓超佛地。得非淨土之見佛。簡易於宗門乎。信知乃佛乃祖。在教在禪。皆修淨業。同歸一願。入得此門。無量法門。悉皆能入。

---

41 『淨土指歸集』권상(X61, 388c).

이수二修【선도 화상善導和尙[42] 설】

중생은 장애가 무겁고 경계(境)[43]는 미세하며 마음은 거칠고 의식은 휘날리고 정신은 날아다녀서 관법을 성취하기 어렵다. 그러므로 대성大聖께서 불쌍히 여겨 부처님의 이름만 부르는 법을 닦도록 권하였다. 이름을 부르는 것은 쉽기 때문에 상속하면 바로 왕생한다. 만약 생각마다 상속하여 목숨이 마칠 때까지 이어진다면 열 명이면 열 명이 왕생하고, 백 명이면 백 명이 왕생한다. 무슨 까닭이냐? 바깥의 잡다한 연(雜緣)이 없어 정념正念을 얻기 때문이고, 부처님의 본원本願과 상응하기 때문이며, 부처님의 가르침에 어긋나지 않기 때문이고, 부처님의 말씀을 따르기 때문이다.

잡다한 업을 닦는 자는 백 명 중에 한두 명도 얻기 힘들고, 천 명 중에 서너 명도 얻기 힘들다. 무슨 까닭이냐? 바로 잡다한 연이 어지러이 움직여 정념正念을 잃기 때문이고, 부처님의 본원과 상응하지 않기 때문이며, 부처님의 가르침과 서로 어긋나기 때문이고, 부처님의 말씀을 따르지 않기 때문이며, 생각을 매어 둠이 상속하지 않기 때문이고, 마음이 상속하면서 부처님의 은혜에 보답할 것을 생각하지 않기 때문이며, 비록 선행善行을 하더라도 항상 명예나 이익과 상응하기 때문이고, 잡다한 연을 즐겨

---

42 선도 화상善導和尙 : 당나라 때 스님. 호號는 종남대사終南大師(613~681)이다. 정토종 제3조로 선학인 담란曇鸞과 도작道綽의 사상을 집대성하였다. 어려서 출가하여 명승明勝을 스승으로 섬기고 삼론三論을 연구하였다. 10여 년 동안 오로지 삼론에 종사하면서 도작을 본받고 그 문하에서 정토교를 배우며 정토의 행을 전공專攻하였다. 뒤에 장안 광명사에서 전도에 종사하였다. 자행화타自行化他의 방법으로 『阿彌陀經』 수백 권을 필사하고 정토 만다라 3백 폭을 그렸다. 교상판석敎相判釋에서는 정영사淨影寺 혜원慧遠의 견해를 취하여 이장二藏과 이교二敎의 교판을 세웠다. 또 선배들의 철저하지 못한 점을 고쳐 정토교의淨土敎義를 정립하는 데 크게 기여하였다. 저서로는 『觀無量壽佛經疏』 4권·『淨土法事讚』 2권·『觀念法門』 1권·『往生禮讚偈』 1권·『般舟讚』 1권 등이 있다.
43 경계(境) : 후대의 여러 주석서에 따르면 성중聖衆 혹은 부처님의 상(佛相)이라고 한다.

가까이하여 왕생의 바른 행을 스스로 막고 남도 막기 때문이다.[44]

二.修【善導和尚說】

衆生障重。境細心麁。識颺神飛。觀難成就。故大聖悲憐。勸修專稱名字。正由稱名易故。相續卽生。若能念念相續。畢命爲期者。十卽十生。百卽百生。何以故。無外雜緣。得正念故。與佛本願相應故。不違敎故。順佛語故。修雜業者。百中希得一二。千中希得三四。何以故。乃由雜緣亂動失正念故。與佛本願不相應故。與敎相違故。不順佛語故。繫念不相續故。心不相續。念報佛恩故。雖作善行。常與名利相應故。樂近雜緣。自障障他徃生正行故。

---

44 『樂邦文類』 권4(T47, 210a).

이지二持【우익 법사蕅益法師 설】

부처님 이름(佛號)을 잡아 지니는 데에 두 가지 잡음(二持)이 있다.

첫째, 사지事持는 서방의 아미타불이 있음을 믿으나 이 마음이 부처를 이루고 이 마음이 부처임을 아직 통달하지 못한 것이다. 단지 결연한 뜻으로 정토에 태어나는 것을 원하고 구하기 때문에 자식이 어미를 생각하는 것처럼 잠시라도 잊는 때가 없어서 사지라고 한다.

둘째, 이지理持는 저 서방의 아미타불이 내 마음에 갖추어져 있고 내 마음이 만든 것임을 믿고, 곧 자기의 마음에 갖추어져 있고 자기의 마음이 만든 큰 이름으로써 마음을 묶어 두는 경계로 삼아서 잠시도 잊지 않게 함을 이지라고 한다.[45]

二持【蕅益法師說】

執持佛號有二持。一事持者。信有西方阿彌陀佛。而猶未達。是心作佛。是心是佛。但以決志願求生故。如子憶母。無時暫忘。名爲事持。二理持者。信彼西方阿彌陀佛。是我心具。是我心造。卽以自心所具所造洪名。而爲繫心之境。令不暫忘。名爲理持。

---

45 『阿彌陀經要解』(T37, 371b).

이의二宜【석명 거사錫明居士 설】

　염불은 정토에 태어나길 구해야만 한다. 오이 심은 데 오이 나고 콩 심은 데 콩 나듯이 염불하면 저절로 부처를 이루지만 세상 사람들은 알지 못한다. 극락정토에는 사람마다 갈 수 있지만 마음속에 먼저 스스로 흔들리고 의심하여 반대로 다른 곳에 태어나는 복된 과보를 생각하니 마침내 일생 동안 염불해도 이룸이 없게 된다. 이것은 부처님께서 거짓말을 한 것이 아니라 바로 자기가 감당하려 하지 않고 달려가 다른 길로 든 것이다. 염불하는 사람에게 받들어 권하노니, 믿음이 충분해지고 서원이 충분해지며 수행이 충분해지면 구품연태九品蓮胎에 단연코 몫이 있을 것이다.

　염불은 뭇 선행을 널리 행해야만 한다. 사바세계는 고통의 바다와 같고, 염불은 배에 탄 것과 같으며, 정토에 태어나는 것은 피안에 도달하는 것과 같고, 선을 쌓는 것은 돛과 노와 노자(盤費)[46]와 같다. 경에서 "임종할 때 십념을 하면 업을 짊어진 채로 왕생할 수 있다."[47]라고 하였지만, 이것은 전생에 닦아 익힘으로 말미암아 일념에 빛을 돌이켜 삼계를 대번에 벗어나는 것이지 요행히 이룰 수 있는 것이 아니다. 만일 악을 행해서는 안 된다는 것을 명백히 알면서도 멋대로 망령된 행동을 하고 임종할 때가 되어서 잠시 십념을 한다면 천지의 귀신이 어찌 이와 같은 교묘함을 용납하겠는가? 이따금 업의 경계가 앞에 나타나면 하나의 '불佛'이라는 글자로 생각해 내지 못하는데 어찌 십념을 하겠는가? 염불하는 사람에게 받들어 권하노니 "여러 악행을 짓지 말고 뭇 선행을 받들어 행하라.(諸惡莫作衆善奉行)"라는 여덟 글자를 종신토록 지키고 종신토록 행하라.

---

[46] 노자(盤費) : 반비盤費는 먼 길을 오가는 데 드는 비용을 말한다.
[47] 『觀無量壽佛經』(T12, 346a).

二宜【錫明居士說】

念佛宜求生淨土。種瓜得瓜。種豆得豆。念佛自得成佛。世人不知。極樂淨土。人人可到。心中先自搖惑。反想他生福報。遂致一生念佛無成。此非佛打誑語。乃自己不肯承當。走入差路。奉勸念佛之人。信到十分。願到十分。行到十分。九品蓮胎。斷然有分。念佛宜廣行衆善。娑婆如苦海。念佛如乘船。生淨土如到彼岸。積善如帆楫盤費。經中雖言臨終十念。可以帶業徃生。此由夙生修習。一念回光。頓超三界。非可倖而致也。苟明知惡不可爲。而猶任意妄行。且等臨終片刻十念。天地鬼神。豈容如此巧乎。徃徃業境現前。連一箇佛字也念不出。何能十念。奉勸念佛之人。當以諸惡莫作衆善奉行八字。終身守之。終身體之。

이선二善【언륜 법사彦倫法師[48] 설】

여러 대승 경전에서 정토에 왕생할 것을 권하는데 그 원인에 통틀어 두 가지 선이 있다. 첫째는 정선定善이고, 둘째는 산선散善이다.

정선은 마음에 나아가 부처를 관찰하는 것을 이른다. 저 서방의 의보依報와 정보正報,[49] 주主와 반伴은 오직 마음속에 본래 갖추어져 있으니 마음이 일어난 그 자리가 모두 공이고 전체全體가 바로 가假이며, 이변二邊을 얻을 수 없기에 중도中道는 존재하지 않으니 삼제三諦가 원융하여 일심에 갖추어져 있다고 생각한다. 그러므로 유심삼매唯心三昧로 원만하고 상주하는 도리를 관찰하고 체득하여 저 정토의 의보와 정보, 색色과 심心이 다 내 마음이고, 성품에 공덕을 갖추고 있으니 경계에 나아가 관찰하되 마음 밖에 부처가 없고 성품 밖에 국토가 없음을 분명히 알고 관찰하기를 그치지 않아 무생법인無生法忍[50]을 증득하는 것이다.

산선은 순수하고 진실한 마음을 이른다. 서방이 있다고 믿고 일심불란하게 생각을 아미타불에게 매고 하루나 이레 동안 소리마다 끊어지지 않고 생각마다 사이가 없게 하면 목숨을 마칠 때에 부처님과 성인의 무리들이 그 앞에 나타난다. 오직 일로써 저 나라를 생각하되 삼관三觀만 없기 때문에 산선이라고 한다.

정선이거나 산선이거나 이근利根이거나 둔근鈍根이거나 간에 모두 정

---

48 언륜 법사彦倫法師 : 송나라 때 스님 정미精微를 가리킨다. 초과 회현超果會賢에 의지하여 교관을 배워 자못 이룬 바가 있었다. 대관大觀 원년(1107)에 선담사仙潭寺에 머물렀고, 묘혜妙慧라는 호를 하사받았다. 저서로는 『金剛經疏』·『精微集』이 있다.

49 의보依報와 정보正報 : 의보는 산하·대지 등과 같이 중생이 의탁하는 대상인 국토세간國土世間을 가리키고, 정보는 아수라·인간 등과 같이 의보에 의탁하여 살아가는 주체인 중생세간衆生世間을 가리킨다.

50 무생법인無生法忍 : 일체 법이 공하여 그 자체 고유한 성질을 갖지 않고, 생멸변화를 넘어서 있음을 깨달아 그 진리에 편안하게 머물며 마음이 흔들리지 않는 것을 말한다.

토의 원인이어서 다 무생법인에 나아가고 영원히 물러남이 없는 지위에 도달한다.[51]

二善【彥倫法師說】

諸大乘經。勸生淨土。因通二種善。一定。二散。定謂卽心觀佛。想彼西方依正主伴。唯心本具。當處皆空。全體卽假。二邊叵得。中道不存。三諦圓融。一心具足。故唯心三昧。圓常觀體。了彼淨土依正色心。悉我自心性具功德。卽境爲觀。心外無佛。性外無土。觀之不已。證無生忍。散謂用純實心。信有西方。一心不亂。繫念彌陀。一日七日。聲聲不絶。念念無間。臨命終時。佛及聖衆。現在其前。唯事想彼國。但無三觀。名散善。若定若散。利根鈍根。皆淨土因。咸趣無生。永無退轉。

---

51 『樂邦文類』(T47, 211b).

이출二出【동강 법사桐江法師[52] 논론】

횡과 수(橫豎)의 두 가지 출이 있다.

수출豎出은 삼승三乘의 수행인이 사제四諦와 십이인연十二因緣과 육도만행六度萬行에 의지하여 지위를 두루 거치는 것을 이른다. 과거에 급제하려면 반드시 재주와 학문이 있어야 하는 것과 같고, 임무를 맡고 관직을 거치려면 반드시 공적과 실효가 있어야 하는 것과 같다.

횡출橫出은 염불하여 정토에 태어나길 구하는 것을 이른다. 어떤 사람이 조상의 공훈으로 관직에 오른다면 공로를 할아버지와 아버지라는 남의 힘에 의거하고 학문의 유무를 논하지 않는 것과 같다. 또 국왕의 은혜로 널리 관직을 거칠 경우에도 공로를 국왕에 의거하고 경력의 깊고 얕음을 논하지 않는 것과 같다.[53]

二出【桐江法師論】

橫豎二出。豎出者。謂三乘行人。依四諦十二因緣六度萬行。歷涉地位。如取科第。須有才學。如歷任轉官。須有功效。橫出者。謂念佛求生淨土。如人廕叙。功由祖父他力。不論學問有無。又如覃恩普轉。功由國王。不論歷任淺深。

---

[52] 동강 법사桐江法師 : 북송 때 스님 택영擇瑛(1045~1099)을 가리킨다. 속성은 유兪씨이고, 자는 온지韞之이며, 동강桐江 사람이다. 아버지를 따라 항주杭州에 이르러 남산 서봉南山瑞峰에게 출가하였고, 수녕원壽寧院 처방處邦을 스승으로 섬겼다. 희령熙寧 원년(1068)에 구족계를 받고 계율을 배웠다. 다시 보각사寶閣寺 처겸處謙에게 투신하여 지관止觀의 오의奧義를 닦아 익혔다. 정토법문도 깊이 깨달아 덕장원德藏院에 머물면서 교법을 크게 넓혔다. 저서로는 『注心經』·『三珠論』·『淨土修證儀』 2권 등이 있다.
[53] 『淨土指歸集』 권상(X61, 378b).

이행二行【『십의론十疑論』[54]】

정토에 태어나려고 한다면 반드시 싫어하여 떠나는 것과 좋아하여 추구하는 것의 두 가지 행을 구해야만 한다.

첫째, 염리행厭離行이다. 이 몸이 고름과 피와 똥과 오줌과 더러운 액체로 가득 차서 냄새나고 더럽고 부정한 것임을 늘 관찰해야 한다. 첫째는 세상 사람들은 정욕과 탐애로 생겼음을 관찰하니 바로 종자種子가 부정한 것이다. 둘째는 부모의 붉은 것과 흰 것이 화합하였음을 관찰하니 바로 생명을 받음이 부정한 것이다. 셋째는 어머니의 태장胎藏에 머물렀으니 머무는 곳이 부정한 것이다. 넷째는 어머니의 태에 머무를 때 어머니의 피만을 먹었으니 먹는 것이 부정한 것이다. 다섯째는 열 달이 차서 산문產門에서 나왔으니 처음 태어나는 것이 부정한 것이다. 여섯째는 몸속에 고름과 피가 들어 있으니 온몸이 부정한 것이다. 일곱째는 죽은 뒤에 붓고 썩으니 끝까지 부정한 것이다. 자신의 몸을 관찰하면 이미 그러하니 남의 몸을 관찰해도 그러할 것이다. 다음으로 사바세계의 더러운 경계는 뭇 고통이 함께 모인 것이어서 싫어하여 떠나야만 한다고 관찰해야 한다. 싫어하여 떠나고자 하는 마음을 내자마자 정토를 반드시 이룰 것이다.

둘째는 흔락행欣樂行이다. 정토에 태어나길 구함은 일체중생의 고통을 없애려 하기 때문이다. 그러므로 희구하는 마음으로 생각을 일으켜 서방의 깨끗한 나라(淨國)를 즐거이 반연하니, 온갖 보배로 꾸며져 있고 땅은 황금으로 숲은 옥으로 되어 있으며, 꽃 연못에는 광채를 발하고 신통이 자재하며, 타방他方에 마음대로 가고 생사를 영원히 끊으며, 다시는 번뇌가 없고 모든 쾌락을 받기 때문에 반드시 기뻐하고 즐거워한다.[55]

---

54 『십의론十疑論』: 수나라 때 스님 지의智顗가 지은 『淨土十疑論』을 말한다.
55 『淨土十疑論』(T47, 80b)을 정리한 것이다. 문장은 『蓮宗寶鑑』(T47, 333c)에 실린 것이 더 가깝다.

二行【十疑論】

欲生淨土。須求厭忻二行。一者厭離行。常觀此身。膿血屎尿惡露。臭穢不淨。初觀世人。從情欲貪愛生。是種子不淨。二觀父母赤白和合。是受生不淨。三住母胎藏。卽是住處不淨。四在母胎時。惟食母血。卽是食噉不淨。五十月滿足。從產門出。卽是初生不淨。六內身膿血。卽是擧體不淨。七死後胮脹爛壞。卽是究竟不淨。觀身旣爾。觀人亦然。次觀娑婆穢境。衆苦共集。應當厭離。纔生厭離。淨土必成。二者忻樂行。求生淨土。爲欲救拔一切衆生苦故。是故希心起想。樂緣西方淨國。百寶莊嚴。金地瓊林。花池光彩。神通自在。任意他方。永絶死生。更無煩惱。受諸快樂。故須忻樂。

이불생 二不生【『정토법어淨土法語』[56]】

만일 우리들을 위한 진실하고 간절한 가르침을 구한다면 양차공楊次公[57]의 다음과 같은 말보다 중요한 것이 없다.

"애욕이 두텁지 않으면 사바세계에 태어나지 않고 생각이 전일하지 않으면 극락에 태어나지 못한다."[58]

무릇 부처님을 생각하여 그 마음을 전일하게 하고 간절히 이름을 지니며 뜻을 전일하게 하여 어지럽지 않게 하는 것, 이것이 우리들이 마땅히 마음을 다해야 할 바이다. 그러나 혹은 잊어버리고 생각할 수 없거나 생각하지만 전일하지 못하는 것은 다름이 아니라 정애情愛에 의해 이끌리기 때문이다.

무릇 사랑을 가벼이 여겨 그 망령됨을 막고 정의 뿌리(情根)를 베어 내며 사랑의 그물에서 벗어나는 것, 이것이 우리들이 마땅히 마음을 다해야 할 바이다. 그러나 혹은 이것을 생각하여 잊어버리지 못하거나 잊어버린다고 해도 다 끊어 버리지 못하는 것은 다름이 아니라 생각하는 마음이 전일하지 못하기 때문이다. 그러므로 부처님을 생각하여 정토에 태어나길 구하는 사람이 평소 사바세계에서 하나의 사랑이라도 가벼이 여기지 않는다면 목숨을 마칠 때에 이 사랑에 이끌려서 왕생할 수 없을 것인데 하물며 사랑이 많은 것이겠는가? 극락에 태어나길 구하는 사람이 한 생각이라도 전일하지 않음이 있다면 목숨을 마칠 때에 이 생각에 이끌려서 왕생할 수 없을 것인데 하물며 생각이 많은 것이겠는가?

---

56 『정토법어淨土法語』: 명나라 때 천태산天台山 유계幽溪 사문沙門 전등傳燈이 지었다.
57 양차공楊次公 : 북송 때 안휘安徽(無爲) 출신의 양결楊傑을 가리킨다. 차공은 자이고, 호는 무위자無爲子이다. 재주가 뛰어나 어려서 과거에 급제하였다. 선을 좋아하여 여러 산의 이름난 스님을 방문하였고, 천의 의회天衣義懷를 스승으로 모셨으며, 나중에는 정토에 귀의하였다. 저서로는 『釋氏別集』·『輔道集』 등이 있다.
58 『淨土十疑論』(T47, 77a).

대체로 사랑이 사랑이 되는 까닭은 가볍거나 무겁게 여기는 것이 있고 두텁거나 얇게 여기는 것이 있으며 정보나 의보로 여기는 것이 있기 때문이다. 그 항목을 두루 들면 부모父母와 처자妻子, 형제(昆弟)와 벗, 공명과 부귀, 문장文章과 시부詩賦, 도술道術과 기예技藝, 의복과 음식, 옥실屋室과 전원田園, 임천林泉과 화훼花卉, 진귀한 보배와 좋아하는 물건(玩物)을 비롯하여 갖가지 좋은 물건이니 낱낱이 다 셀 수 없다. 큰 것은 태산泰山보다 무겁고 작은 것은 기러기의 털보다 가볍다. 한 물건이라도 잊어버리지 못하는 것이 있다면 사랑이고, 한 생각이라도 떠나보내지 못한 것이 있다면 그것도 사랑이다. 사랑이 하나라도 마음에 남아 있다면 왕생하겠다는 생각이 전일하지 못하고, 한 생각이라도 전일함으로 돌아가지 않는다면 왕생할 수 없다.[59]

二不生【淨土法語】

若求其爲吾眞切敎誡。莫要乎楊次公之言。愛不重不生娑婆。念不一不生極樂。夫念佛以一其心。懇切持名。專志不亂。此吾所當盡心者。然或忘之而不能念。念之而不能一。無他爲情愛之所牽也。夫輕愛以杜其妄。斬斷情根。脫離愛網。此吾所當盡心者。然或念之而不能忘。忘之而不能盡。此無他爲念心之不能一也。故念佛求生淨土之人。尋常有娑婆一愛之不輕。則臨終爲此愛之所牽。而不得生。矧多愛乎。卽極樂有一念之不一。則臨終爲此念之所轉。而不得生。矧多念乎。蓋愛之所以爲愛者。有輕焉重焉。厚焉薄焉。正報焉依報焉。歷擧其目。則父母妻子。昆弟朋友。功名富貴。文章詩賦。道術技藝。衣服飮食。屋室田園。林泉花卉。珍寶玩物。種種妙好。不可枚盡。大而重於泰山。小而輕於鴻毛。有一物之不忘愛也。有一念之不遣愛也。有一愛之存於懷。則念不一。有一念之不歸於一。則不得生。

---

59 『淨土十要』 권9(X61, 745c).

이념二念【연지 대사蓮池大師 설】

염불에는 두 가지가 있다. 첫째는 부처님의 심성心性을 생각하는 것이요, 둘째는 부처님의 몸과 명호를 생각하는 것이다. 심성을 생각하는 것은 참 부처(眞佛)를 보는 것이다. 이것은 광명과 상호相好를 갖춘 부처님을 서방에서 뵙는 걸 방해하지 않는다. 몸과 명호를 생각하는 것은 응신불應身佛을 보는 것이다. 이것 역시 자성自性의 천진天眞한 부처님을 상象 밖에서 볼 수 있다. 이는 근본과 자취가 쌍으로 들리고, 이치와 현상이 근원을 함께하는 것이다.[60]

二念【蓮池大師說】

念佛有二。一者念佛心性。二者念佛身名。念心性者。見眞佛也。不妨觀光明相好之佛於西方。念身名者。見應佛也。亦能覩自性天眞之佛於象外。本迹雙擧。理事同原。

---

[60] 『御選語錄』(X68, 577c).

이권 二勸【『정토신종淨土晨鐘』】

이와 같이 행할 만하다고 결정하는 것을 믿음이라 하고, 이와 같이 할 것을 결정하고 행하는 것을 닦음이라 한다. 행할 만한데 행하지 않고 닦되 힘들이지 않으면 믿더라도 징험이 없으므로 누차 권한다. 권하는 것에 두 가지 뜻이 있다. 하나는 자리自利를 권하는 것이요, 하나는 이타利他를 권하는 것이다. 망망한 생사의 바다에서 공겁 이전空劫以前[61]의 자기만이 있을 뿐이니 이는 나의 본래 모습이다. 일찍이 생각하여 해탈의 문을 찾을 줄 모르고 스스로 윤회의 바다에 침몰함을 달게 여겼으니, 누가 그 허물을 맡겠는가? 또 자기가 닦지 않고 어떻게 남에게 닦을 것을 권하겠는가? 대개 정토 법문은 자신과 남이 아울러 이로우니 마땅히 자신과 남이 아울러 닦아야 한다. 자신과 남이 아울러 닦기 때문에 반드시 자신과 남에게 아울러 권해야 한다.[62]

二勸【淨土晨鍾】

決定如是可行之謂信。決定如是而行之謂修。可行而莫之行。修旣不力。雖信無徵。故亟勸焉。勸有二義。一勸自利。一勸利他。茫茫生死海中。惟有空劫以前自己。是我本來。不早思認取尋解脫之門。自甘淪沒。誰任其辜。且己不修。其何以勸人修。盖淨土法門。自他兼利。宜自他兼修。自他兼修故。須自他兼勸。

---

61 공겁 이전空劫以前 : 천지가 개벽하기 이전, 곧 선악, 범성 등과 같은 차별과 대립이 없는 세계를 가리킨다.
62 『淨土晨鍾』 권3(X62, 48b).

이경책二警策 【『운서법휘雲棲法彙』】

부처님께서 "사람의 목숨이 무상함은 호흡보다 빠르다."라고 하셨다. 젊은이도 그러한데 하물며 늙은이이겠는가? 나는 지금 은근히 경책하노라. 이 몸에 대해서 눈은 어둡고 귀는 들리지 않으며, 머리는 희고 피부는 쭈글쭈글하며, 등은 굽고 허리는 휘며, 뼈는 아프고 근육은 오그라들며, 걸음걸이는 비틀거리고 정신은 흐리멍텅함을 관찰해야 한다. 비유컨대 저녁 해가 서쪽에 비추면 햇살도 잠깐이고, 시든 풀이 가을을 만나면 금방 지는 것과 같다. 이 몸도 오래지 않아 죽게 되면 앞길이 망망하여 갈 바를 모를 것이다. 진실로 자기의 일대사를 이미 갖추는 일과 같은 것은 어리석은 사람이 헤아릴 수 있는 게 아니다. 만일 그렇지 않다면 어찌 무상을 맹렬히 살펴 두려워하고 조심하지 않는가? 정토를 자세히 생각하여 왕생을 결단코 뜻하라. 온갖 인연을 내려놓고 한마음으로 염불하라.【노당경책老堂警策】

부처님께서 "사람의 목숨이 무상함은 호흡보다 빠르다."라고 하셨다. 보통 사람도 그러한데 하물며 병든 사람이겠는가? 나는 지금 은근히 경책하노라. 이 몸에 대해서 사대四大[63]는 조화롭지 않고 뼈마디는 흩어지려 하며, 음식의 분량은 점점 줄어들고 의술과 약은 듣지 않으며, 침상 자리에 대소변을 누고 잠자리에서 신음함을 관찰해야 한다. 비유컨대 물고기들이 솥 안에서 헤엄치다가 갑자기 문드러지고, 등불이 바람 앞에 있다가 찰나에 꺼지는 것과 같다. 이 몸도 오래지 않아 죽게 되면 앞길이 망망하

---

63 사대四大 : 물질을 구성하는 네 가지 근본 요소를 말하며, 지대地大·수대水大·화대火大·풍대風大를 가리킨다. 지대는 견고성, 곧 물체를 보지保持하고 저항하게 하는 성질을 가리킨다. 수대는 습윤성, 곧 물체를 포섭하여 흩어지지 않게 하는 성질을 가리킨다. 화대는 온난성, 곧 성숙하게 하는 성질을 가리킨다. 풍대는 운동성, 곧 물체를 동요하게 하는 성질을 가리킨다.

여 갈 바를 모를 것이다. 진실로 자기의 일대사를 이미 갖추는 일과 같은 것은 어리석은 사람이 헤아릴 수 있는 게 아니다. 만일 그렇지 않다면 어찌 무상을 맹렬히 살펴 두려워하고 조심하지 않는가? 정토를 자세히 생각하여 왕생을 결단코 뜻하라. 온갖 인연을 내려놓고 한마음으로 염불하라.【병당경책病堂警策】[64]

二警策【雲棲法彙】

佛言。人命無常。促於呼吸。少年亦爾。何況老乎。我今殷勤來相警策。當觀此身。目暗耳聾。髮白面皺。背傴腰曲。骨痛筋攣。步履龍鍾。精神昏塞。譬如夕陽西照。光景須臾。衰草迎秋。凋零頃刻。此身不久。前路茫茫。未知所徃。誠如己事己辦。非愚所量。其或不然。何不猛省無常。戰兢惕勵。諦思淨土。決志徃生。放下萬緣。一心念佛。【老堂警策】佛言。人命無常。促於呼吸。平人亦爾。何況病乎。我今殷勤來相警策。當觀此身。四大不調。百骸欲散。飲食漸減。醫藥無靈。便利床敷。呻吟枕席。譬諸魚遊釜內。悠忽焦糜。[1] 燈在風前。刹那熄滅。此身不久。前路茫茫。未知所徃。誠如己事己辦。非愚所量。其或不然。何不猛省無常。戰兢惕勵。諦思淨土。決志徃生。放下萬緣。一心念佛。【病堂警策】

---

1) ㉮ 갑본에 '糜'는 '糜'로 되어 있다. ㉯ 문맥상 전자가 옳다. 이하 저본의 글자가 타당할 때에는 타당성 여부를 별도로 밝히지 않는다.

---

64 『雲棲法彙』「雲棲共住規約別集」(J33, 164a).

이력二力 【『정토십의론淨土十疑論』】

정토에 왕생하려면 반드시 두 가지 힘을 빌려야 한다. 첫째는 자기의 힘이고, 둘째는 다른 사람의 힘이다.

자기의 힘이란 이 세계에서 도를 닦는 것인데, 이것만으로는 실로 정토에 왕생할 수 없다. 그러므로 『영락경』에서 "애초에 구박범부具縛凡夫[65]는 삼보도 모르고 선악의 인과因果도 모른다. 처음 보리심을 일으키는 것은 믿음이 근본이 되고, 부처님의 가문에 있는 것은 계행이 근본이 된다. 보살계菩薩戒를 받고 몸과 몸이 서로 이어지면서 계행을 빠트리지 않으면 1겁·2겁·3겁을 지나 비로소 초발심주初發心住[66]에 이르게 된다. 이와 같이 십신十信[67]과 십바라밀十波羅蜜[68] 등 한량없는 행과 서원을 닦으며, 끊이지 않고 이어서 일만 겁을 채워야 비로소 처음으로 여섯 번째 정심주正心住[69]에 이르게 된다. 만일 더욱 증진하여 일곱 번째 불퇴주不退住[70]에 이르면

---

[65] 구박범부具縛凡夫 : 몸과 마음을 속박하여 자유롭지 못하게 하는 번뇌를 갖추었다는 뜻으로, 견혹見惑과 수혹修惑에 얽매여 번뇌를 조금도 끊지 못한 범부를 가리킨다.
[66] 초발심주初發心住 : 보살 수행 오십이위五十二位 중 제11~제20에 해당하는 계위인 십주十住의 첫 번째이다. 십신十信의 종가입공관從假入空觀의 관법이 완성되어 진무루지眞無漏智를 내고 마음이 진제의 이치에 안주하는 지위이다.
[67] 십신十信 : 보살 수행 오십이위 중 제1~제10에 해당하는 계위. 부처님의 교법을 믿어 의심이 없는 지위를 말한다. 열 가지는 신심信心·염심念心·정진심精進心·혜심慧心·정심定心·불퇴심不退心·호법심護法心·회향심廻向心·계심戒心·원심願心이다.
[68] 십바라밀十波羅蜜 : 바라밀은 ⓢ pāramitā의 음역어로, 도度 또는 도피안到彼岸이라 의역한다. 보살은 이를 수행하여 중생을 제도하고 생사의 미해迷海를 벗어나며 열반의 언덕에 이르게 한다. 그 열 가지는 보시바라밀布施波羅蜜·지계바라밀持戒波羅蜜·인욕바라밀忍辱波羅蜜·정진바라밀精進波羅蜜·선정바라밀禪定波羅蜜·반야바라밀般若波羅蜜·방편바라밀方便波羅蜜·원바라밀願波羅蜜·역바라밀力波羅蜜·지바라밀智波羅蜜이다.
[69] 정심주正心住 : 십주의 여섯 번째로 용모가 부처님과 같을 뿐만 아니라 마음도 똑같은 지위이다.
[70] 불퇴주不退住 : 십주의 일곱 번째로 몸과 마음이 한데 이루어 날마다 더욱 자라나고 물러서지 않는 지위이다.

바로 종성위種性位이다."⁷¹라고 하였다. 이것은 자기 힘을 잡는 것이기에 끝내 정토에 왕생하지 못한다.

다른 사람의 힘이란 만일 아미타불께서 크신 자비의 원력으로 염불하는 중생을 붙들어 주심을 믿고 보리심을 일으켜 염불삼매를 행하며, 삼계의 몸을 싫어하여 떠나려고 보시와 지계를 행하여 복을 닦으며, 낱낱의 행마다 회향하여 아미타불의 정토에 왕생하기를 원하면 부처님의 원력을 타고 기감機感⁷²이 서로 응하여 곧 왕생하는 것이다.⁷³

二力【淨土十疑論】

徃生淨土。必資二種力。一者自力。二者他力。自力者。此世界修道。實未得生淨土。是故瓔珞經云。始從具縛凡夫。未識三寶。不知善惡因之與果。初發菩提心。以信爲本。住在佛家。以戒爲本。受菩薩戒。身身相續。戒行不闕。經一劫二劫三劫。始至初發心住。如是修行十信十波羅蜜等無量行願。相續無間。滿一萬劫。方始至第六正心住。若更增進。至第七不退住。卽種性位。此約自力。卒未得生淨土。他力者。若信阿彌陀佛大悲願力。攝取念佛衆生。卽能發菩提心。行念佛三昧。厭離三界身。起行施戒修福。於一一行中。迴願生彼彌陀淨土。乘佛願力。機感相應。卽得徃生。

---

71 『菩薩瓔珞本業經』권하(T24, 1017a).
72 기감機感 : 중생의 근기가 부처님의 교화를 받아들이는 것을 말한다.
73 『淨土十疑論』권1(T47, 78c).

이도二道【『정토십의론淨土十疑論』】

『십주바사론』에서 "이 세계에서 도를 닦는 데 두 가지가 있다. 첫째는 행하기 어려운 도(難行道)이고, 둘째는 행하기 쉬운 도(易行道)이다."[74]라고 하였다.

행하기 어려운 도란 오탁의 악한 세상에서 부처님이 세상에 계시지 않은 때에는 아비발치阿鞞跋致[75]를 구하여도 얻기가 몹시 어렵다. 이 어려움은 티끌처럼 헤아릴 수 없어서 말로서 다할 수 없지만 대략 다섯 가지만 나열하겠다. 첫째, 외도들이 서로 옳다고 여겨 보살의 법을 어지럽히는 것이다. 둘째, 무뢰한 악인이 다른 사람의 뛰어난 덕을 파괴하는 것이다. 셋째, 선한 과보를 전도하여 범행梵行을 파괴하는 것이다. 넷째, 성문聲聞은 자신만을 이롭게 하여 큰 자비를 장애하는 것이다. 다섯째, 자기의 힘만 있고 다른 사람의 힘에 의지함이 없는 것이다.[76] 비유컨대 절름발이가 걸어갈 때 하루에 몇 리를 못 가서 몹시 고통스러운 것과 같으니, 이것을 자기의 힘이라 한다.

행하기 쉬운 도란 염불삼매에 의해 정토에 왕생하기를 원하면 아미타불께서 원력에 의해 거두어 주시는 일을 타고(乘) 결정코 왕생함을 믿어서 의심하지 않는 것이다. 마치 사람이 물길을 갈 때 배의 힘을 빌리기 때문에 잠깐 사이에 천 리에 이르는 것과 같으니, 이것을 다른 사람의 힘이라 한다.[77]

---

[74] 『十住毘婆沙論』 권5(T26, 41a).
[75] 아비발치阿鞞跋致 : Ⓢ avinivartanīya의 음역어로, 아유월치阿惟越致라고도 한다. 의역어는 불퇴전不退轉이다. 한번 도달한 수행의 계단으로부터 뒤로 물러나거나 퇴폐하는 일이 없는 것을 말한다. 그 지위를 불퇴위不退位라 한다. 지위상의 불퇴, 수행상의 불퇴, 향상심의 불퇴, 주처상住處上의 불퇴 등이 있다.
[76] 행하기 어려운~없는 것이다. : 이상은 순서나 글자는 약간 다르지만 『往生論註』 권상(T40, 826b)에 실린 것과 내용이 같다.
[77] 『淨土十疑論』 권1(T47, 79a).

二道【淨土十疑論】

十住婆沙論云。於此世界修道有二種。一者難行道。二者易行道。難行道者。在五濁惡世。於無量[1]佛時。求阿鞞跋致。甚難可得。此難無數塵沙。說不可盡。略陳有五。一者外道相善。亂菩薩法。二者無賴惡人。破他勝德。三者顚倒善果。能壞梵行。四者聲聞自利。障於大慈。五者唯有自力。無他力持。譬如跛人步行。一日不過數里。極大辛苦。謂自力也。易行道者。謂信佛語。教念佛三昧。願生淨土。乘彌陀佛願力攝持。決定往生。不疑也。如人水路行藉船力故。須臾即至千里。謂他力也。

1) ㉑『往生論註』에 따르면 '量'은 연자이다.

이종병二種病【순양 조사純陽祖師[78] 설】

이것은 가장 원만하고 융통하며 가장 빠른 법문이니, 반드시 먼저 기운을 고요히 하고 마음속에 실오라기만큼도 꺼리는 바가 없이 실로 힘써 따라서 행하면 저절로 좋은 곳에 있게 된다. 그러나 두 가지 큰 병이 있어 잠시라도 끊어짐이 있게 되면 이 숫자에 들지 못한다.

첫째, 내가 염불을 하려고 하는데 남들이 말이 많은 걸 싫어하고 분란함이 많은 걸 싫어하여 염주를 한두 번 돌리지도 못하고 성내는 마음이 요동치면 염불이 효과가 없음은 말할 것도 없다. 설령 보탬이 되더라도 저승의 관리가 되는 데 지나지 않고 정토에는 오르지 못한다. 왜냐하면 성냄이라는 원인에 의해 이르기 때문이다. 이것은 몹시도 꺼려야 하면서도 가장 쉽게 범하기도 한다. 경에서 "한 생각의 성내는 마음이 칠보를 태울 수 있다."[79]라고 하였으니, 어찌 사납게 해치는 것이 아니겠는가? 이 '성냄(瞋)'이라는 한 글자가 얼마나 많은 사람들을 잘못되게 하고 허다한 병을 더하는 줄 모르겠다. 간肝의 기운이 왕성해지면 상화相火[80]가 날뛰게 된다. 작게는 미치거나 어둡거나 혼란한 증세를 낳고, 크게는 본래 가진 것을 잃는다. 종이가 활활 타는 화로에 들어가면 잠깐 사이에 재로 날리는 것과 같으니, 어찌 부처님 나라의 청량한 법의 자리에 들어갈 수 있겠는가?

둘째, 염불하여 구하는 게 있으나 구해도 응답하지 않으면 혹 뒷말을 하는 것이다. 부처님께서는 탓하지 않지만 그 죄의 과보에서는 벗어나기

---

[78] 순양 조사純陽祖師 : 당나라 때의 도인으로, 성은 여呂씨이고, 자는 동빈洞賓이며, 이름은 암巖이고, 호는 순양자純陽子이다.
[79] 경에서 동일한 글을 찾을 수 없다. 다만 유사한 문장으로 『華嚴經』 권9(T10, 257c)에서 "한 생각의 성내는 마음이 백만 가지 장애를 일으킨다."라고 한 것을 들 수 있다.
[80] 상화相火 : 간肝·담膽·신腎·삼초三焦의 화火를 통틀어 이르는 말로 군화君火(心火)에 상대되는 말이다.

어렵다. 범부가 염불할 때 50일이 차면 삼시三尸[81]가 노하고 질투하여 반드시 마장魔障이 생기며 그 상태가 6개월 동안 이어지고 난 후에야 삼시가 굴복하며 착한 신이 이르러 네가 부처님을 지켰으면 돕고 네가 부처님을 비방하였으면 노한다. 하물며 염불은 원래 대단히 뛰어난 공부임에랴. 만일 재물을 구하면 재물을 얻을 것이고, 자식을 구하면 자식을 얻을 것이다. 설령 영험하더라도 재물을 얻고 자식을 얻는 데에 지나지 않으니 정토와는 전혀 상관이 없다. 의식하지 못한 채 네가 뜻을 전일하게 하고 행하여 오랜 시간이 지나면 효험을 얻어 저절로 재물이 오고 자식을 얻을 것이니 반드시 네가 구하지 않아도 된다. 자기 운명 안에 있는 것은 염불하지 않아도 가지게 되니, 맛 좋은 음식과 화려한 의복을 얻는 것에 뜻을 두고 수행하지 않는 이유이다. 자기 운명에 없는 것도 염불하면 저절로 가지게 되니, 노숙老宿과 명승名僧이 반평생을 부귀하게 사는 이유이다. 힘쓸지어다.

二種病【純陽祖師說】

此是最圓通最直捷法門。必先靜氣。一絲不掛。實力遵行。自有好處。然有二種大病。而間斷不在此數。第一是我要念佛。厭人多言。厭事多紛。未及一串二串。嗔心大動。無論念之不效。卽使有益。亦不過爲冥中官吏。不升淨土。何也。嗔因所至也。此最大忌。最易犯。經云。一念嗔心。能焚七寶。豈不利害。此一嗔字。不知悞了多少人。添了許多病。肝氣旺熾。相火奔騰。小則生狂昧昏亂之症。大則喪其本來有。如紙入紅爐。灰揚頃刻矣。安能入佛國淸涼法地乎。第二是念佛有求。求而不應。或生後言。佛雖不答。其罪報難逃。凡人念佛。滿五十日。三尸怒嫉。必生魔障。乃至六月。然後三尸

---

[81] 삼시三尸 : 도가道家에서 말하는 삼시충三尸蟲의 준말로서, 사람의 몸속에 함께 있으면서 경신일庚申日마다 천제天帝에게 고자질하여 벌을 받게 한다는 귀신을 말한다.

服。而善神至。佑汝持佛。怒汝謗佛。況念佛原在大段上做功夫。若求財得財。求子得子。即使靈驗。不過得財得子而已。與淨土全不關涉矣。不知汝一意行持。久久獲效。自然財來子得。不必汝求也。命中所有。不念佛亦有。所以膏粱紈袴無意修行。而命中所無。念佛自有。所以老宿名僧半生富貴也。勉之。

삼심三心【선도 화상善導和尙 설】

몸으로 저 부처님께 예배하고, 입으로 저 부처님을 부르며, 뜻으로 저 부처님을 관觀하여 세 가지 업이 진실한 것을 지성심至誠心이라고 한다. 자기 몸에 번뇌를 구족하여 삼계에 윤회함을 확실히 알고, 미타의 본원本願에 의해 아래로 십념에 이르면 왕생할 수 있다는 것을 믿고 알아 한 생각이라도 의심이 없는 것을 심심深心이라고 한다. 무릇 지은 온갖 선근을 모두 다 왕생에 회향하는 것을 회향발원심回向發願心이라고 한다. 이 세 가지 마음을 갖추면 반드시 왕생할 수 있다.[82]

三心【善導和尙說】

身禮彼佛。口稱彼佛。意觀彼佛。三業眞實。名至誠心。信知自身具足煩惱。流轉三界。信知彌陀本願。下至十念得生。無有一念疑心。名深心。凡所作爲一切善根。悉皆回向徃生。名回向發願心。具此三心。必得徃生。

---

[82] 『樂邦文類』 권1(T47, 154c); 『淨土指歸集』 권상(X61, 386b).

삼심三心【『염불직지念佛直指』[83]】

부처님 명호를 집지執持하는 것을 한 번만 행해도 세 가지 마음을 모두 갖춘다. 첫째는 직심直心이니, 진여법眞如法을 바르게 생각하기 때문이다. 둘째는 심심深心이니, 온갖 선행을 즐겨 닦기 때문이다. 셋째는 대비심大悲心이니, 온갖 중생의 고통을 없애기 때문이다.[84]

三心【念佛直指】

執持佛號一行。通具三心。一直心。正念眞如法故。二深心。樂修一切諸善行故。三大悲心。救拔一切衆生苦故。

83『염불직지念佛直指』: 갖추어서『寶王三昧念佛直指』라고 한다. 명나라 때 스님 묘협妙마이 찬집하였다.
84『念佛直指』에서는 해당 내용을 찾을 수 없다. 단『禮念彌陀道場懺法』(X74, 106b)에 동일한 글이 실려 있다.

삼복三福【『관무량수불경觀無量壽佛經』】

저 나라에 태어나려고 한다면 세 가지 복을 닦아야만 한다. 첫째는 부모에게 효성으로 봉양하고, 스승과 어른을 받들어 섬기며, 자비로운 마음으로 살생하지 않고, 십선업十善業[85]을 닦는 것이다. 둘째는 삼귀三歸[86]를 받아 지니고, 뭇 계율을 갖추며, 위의威儀를 범하지 않는 것이다. 셋째는 보리심菩提心을 일으키고, 인과因果를 깊이 믿으며, 대승 경전을 독송하고, 수행자에게 권하여 나아가게 하는 것이다.[87]

三福【觀無量壽佛經】

欲生彼國者。當修三福。一者孝養父母。奉事師長。慈心不殺。修十善業。二者受持三歸。具足衆戒。不犯威儀。三者發菩提心。深信因果。讀誦大乘。勸進行者。

---

85 십선업十善業 : 몸(身)·입(口)·뜻(意)으로 열 가지 선한 행위를 하는 것을 말한다. 열 가지는 불살생不殺生·불투도不偸盜·불사음不邪婬·불망어不妄語·불양설不兩舌·불악구不惡口·불기어不綺語·불탐욕不貪欲·불진에不瞋恚·불사견不邪見이다.
86 삼귀三歸 : 불·법·승 삼보에 귀경歸敬하는 것을 적은 글로, 근행勤行하는 처음에 도사導師가 선창하면서 예배하는 것이다. 우리나라에서는 "귀의불양족존歸依佛兩足尊 귀의법이욕존歸依法離欲尊 귀의승중중존歸依僧衆中尊"이라 한다.
87 『觀無量壽佛經』(T12, 341c).

삼력三力【『반주삼매경般舟三昧經』】

염불하여 왕생하는 데에 세 가지의 힘이 있다. 첫째는 본래 가지고 있는 불성佛性의 힘이니, 번뇌하는 마음속에 여래장如來藏이 있음을 말한다. 둘째는 자비의 빛으로 거두어 취하는 힘이니, 아미타불은 광명이 무량하여 염불하는 중생을 거두어 취하여 버리지 않음을 말한다. 셋째는 염불삼매의 힘이니, 부처님을 기억하고 부처님을 생각하면 현재나 미래에 반드시 부처님을 뵙는 것을 말한다.[88]

三力【般舟三昧經】

念佛往生有三種力。一者本有佛性力。言煩惱心中有如來藏也。二者慈光攝取力。言彌陀光明無量念佛衆生攝取不捨也。三者念佛三昧力。言憶佛念佛現前當來必定見佛也。

---

[88] 『般舟三昧經』(T13, 899b)에서는 동일한 글을 찾을 수 없지만 "持佛力三昧力本功德力"이라고 하여 부처님을 친견하기 위한 세 가지 인연을 설하였고, 『淨土指歸集』 권하 (X61, 399c)에서 "원통범圓通梵 법사가 『會宗集』에서 『般舟三昧經』을 인용하여 한 말이다."라고 하면서 본문과 동일한 글을 서술하였다. 따라서 이는 『般舟三昧經』의 글을 보충하여 서술한 것으로 보인다.

삼배三輩 [『무량수경無量壽經』]

　시방세계의 모든 천신과 사람들 중에 지극한 마음으로 저 나라에 태어나기를 원하는 이들은 모두 세 무리가 있다.
　상배上輩는 집을 버리고 욕망을 없애며, 사문이 되어 보리심을 일으키고, 한결같이 무량수불만을 생각하며, 여러 공덕을 닦아 저 나라에 태어나기를 원한다. 이러한 중생들은 목숨을 마치려고 할 때 무량수불께서 여러 대중들과 그 사람 앞에 나타난다. 그러면 곧 저 부처님을 따라 그 나라에 왕생하여 일곱 가지 보배 꽃 중에 저절로 화생化生하여 불퇴전에 머물며 지혜가 용맹하고 신통이 자재하다.
　중배中輩는 시방세계의 모든 천신과 사람들 중에 지극한 마음으로 저 나라에 태어나길 원하여 사문이 되어 크게 공덕을 닦지는 못하지만 위없는 보리심을 일으켜 한결같이 무량수불만을 생각하며, 많은 선행을 닦고 재계齋戒를 받들어 지니며, 탑과 불상을 세우고, 사문들에게 밥을 공양하며, 비단을 매달고 등불을 밝히며, 꽃을 뿌리고 향을 사르며, 이러한 공덕을 회향하여 저 나라에 태어나길 원한다. 그 사람이 죽으려 할 때 무량수불께서 그 몸을 변화로 나타내는데, 광명과 상호가 모두 진짜 부처님과 같이 하여 대중들과 그 사람 앞에 나타난다. 그러면 곧 변화로 나타난 부처님을 따라 그 나라에 왕생하여 불퇴전에 머무른다.
　하배下輩는 시방세계의 모든 천신과 사람들 중에 지극한 마음으로 저 나라에 태어나고자 하여 여러 공덕을 지을 수는 없더라도 위없는 보리심을 일으켜 한결같이 뜻을 다하고, 나아가 십념에 이르도록 무량수불을 생각하며, 그 나라에 태어나길 원한다. 깊은 법을 듣고 기뻐하며, 믿고 즐거워하며, 의혹을 내지 않고, 나아가 한 생각에 이르러서도 저 부처님을 생각하며, 지극히 정성스런 마음으로 저 나라에 태어나길 원한다. 이 사람은

목숨을 마치려 할 때 저 부처님을 꿈속에서 뵙고 역시 왕생한다.[89]

三輩【無量壽經】

十方世界。諸天人民。其有至心。願生彼國。凡有三輩。上輩者。捨家棄欲。而作沙門。發菩提心。一向專念無量壽佛。修諸功德。願生彼國。此等衆生。臨壽終時。無量壽佛。與諸大衆。現其人前。卽隨彼佛。往生其國。便於七寶華中。自然化生。住不退轉。智慧勇猛。神通自在。中輩者。十方世界。諸天人民。其有至心。願生彼國。雖不能行作沙門大修功德。當發無上菩提之心。一向專念無量壽佛。多少修善。奉持齋戒。起立塔像。飯食沙門。懸繒然燈。散華燒香。以此迴向。願生彼國。其人臨終。無量壽佛。化現其身。光明相好。具如眞佛。與大衆現其人前。卽隨化佛。往生其國。住不退轉。下輩者。十方世界。諸天人民。其有至心。欲生彼國。假使不能作諸功德。當發無上菩提之心。一向專意。乃至十念。念無量壽佛。願生其國。若聞深法。歡喜信樂。不生疑惑。乃至一念。念於彼佛。以至誠心。願生彼國。此人臨終。夢見彼佛。亦得往生。

---

89 『無量壽經』(T12, 272b).

삼방편三方便【나집 법사羅什法師[90] 설】

이 세 가지 방편을 갖추는 이는 정토에 태어날 수 있다. 첫째는 스스로 수행을 잘하되 상相을 취하지 않는 것이다. 둘째는 증득을 취하지 않는 것이다. 셋째는 중생들을 잘 교화하는 것이다.[91]

三方便【羅什法師說】

具此三方便者。則得生淨土。一善於自行而不取相。二不取證。三善化衆生。

---

90 나집 법사羅什法師 : '나집'은 구마라집鳩摩羅什(344~413 또는 350~409)의 줄인 음역어이다. 구마라집은 ⑤ Kumārajīva의 음역어로, 동수童壽라고 의역한다. 구자국龜玆國 출신으로 중국에 들어와 역경에 전념하고 경론을 강설하여 승조僧肇·도생道生 등을 비롯한 많은 제자를 길러 내었다.
91 『注維摩詰經』(T38, 337a).

삼의 三疑【자조종주慈照宗主 설】

염불하는 사람이 목숨을 마칠 때에 세 가지 의심이 있으면 정토에 나지 못한다.

첫째는 내가 살아오면서 지은 업은 지극히 무겁지만 수행한 날이 조금밖에 안 되어 아마도 왕생하지 못할 것 같다고 의심하는 것이다.

둘째는 내가 남에게 빚을 졌고, 혹은 마음속에 서원한 것을 마치지 못했으며, 탐욕과 성냄과 어리석음이 아직 그치지 않았으니 아마도 왕생하지 못할 것 같다고 의심하는 것이다.

셋째는 내가 비록 아미타불을 생각하였지만 죽음이 임박하였을 때에 아마도 부처님께서 와서 영접하지 않을 것 같다고 의심하는 것이다.[92]

三疑【慈照宗主說】
念佛人臨終有三疑。不生淨土。一者疑我生來作業極重。修行日淺。恐不得生。二者疑我欠人債負。或有心願未了。及貪嗔癡未息。恐不得生。三者疑我雖念彌陀。臨命終時。恐佛不來迎接。

---

92 『蓮宗寶鑑』(T47, 339a).

삼불신심 三不信心【양차공楊次公 설】

세상의 착한 사람 중에 세 가지 믿지 않는 마음을 일으켜 정토에 태어나길 구하지 않는 이가 있으니 더욱 탄식할 노릇이다.

첫째는 '나는 마땅히 부처님을 뛰어넘고 조사를 넘어설 것이니 정토에 태어나기에는 부족하다.'고 말하는 것이다.

둘째는 '곳곳마다 모두 정토이니 서방에 반드시 태어날 필요는 없다.'고 말하는 것이다.

셋째는 '극락은 성인의 땅이니 우리들 범부는 태어날 수 없다.'고 말하는 것이다.[93]

三不信心【楊次公說】

世有善士。發三種不信心。不求生淨土者。尤可嗟惜。一曰。吾當超佛越祖。淨土不足生也。二曰。處處皆淨土。西方不必生也。三曰。極樂聖域。我輩凡夫不能生也。

---

[93] 『淨土指歸集』(X61, 401b).

삼고 三故 【연지 대사蓮池大師 설】

세상 사람들 중에 염불하는 이는 많으나 서방에 태어나 부처를 이루는 이가 적은 것은 세 가지 이유가 있다.

첫째는 입으로는 염불하지만 마음속은 착하지 않은 것이다. 이 때문에 왕생하지 못한다. 세상 사람들에게 권하노니, 이미 염불을 하였다면 부처님께서 말씀하신 것에 의거하여 덕을 쌓고 복을 닦으며, 부모에게 효도로 순종하고 군왕君王을 충성으로 섬기며, 형제간에 서로 아끼고 부부간에 서로 공경하며, 지극히 정성스럽고 믿음직하고 성실하며, 온유하고 인내하며 공평하고 정직하며, 방편으로 남몰래 돕고 일체를 자비로 가엾이 여기며, 생명을 살해하지 않으며, 아랫사람을 업신여기지 않으며, 힘없는 사람들을 속이거나 억압하지 않아야 한다. 다만 좋지 않는 마음이 일어난 것이 있으면 힘을 다하여 반드시 이 좋지 않은 마음을 물리치려고 생각해야 한다. 이와 같이 염불하는 사람은 반드시 부처를 이룰 것이다.

둘째는 입으로는 염불을 하지만 마음속에는 뒤섞이고 어지러운 생각이 일어나는 것이다. 이 때문에 왕생하지 못한다. 세상 사람들에게 권하노니, 원숭이와 같은 마음과 말과 같은 의지[94]를 안정시키고 글자마다 분명히 새기고 마음마다 잘 살펴서 마치 직접 서방에서 아미타불을 대면한 것처럼 하여 감히 산란하지 않아야 한다. 이와 같이 염불하는 사람은 반드시 부처를 이룰 것이다.

셋째는 입으로는 염불하지만 마음속으로는 단지 부귀하게 태어나길 바라는 것이다. 혹은 말하기를 "우리들 범부는 서방에 우리의 몫이 없는지 있는지를 헤아리지 않는다. 오직 내세에 사람의 몸을 잃는 일이 없기를

---

[94] 원숭이와 같은 마음과 말과 같은 의지(心猿意馬) : 우리의 마음이 외부 세계를 반연하여 항상 동요하고 고요하지 못한 모양을 말이 달아나고 원숭이가 까부는 것에 비유한 것이다.

도모할 뿐이다."라고 한다. 이것은 부처님의 마음과 부처님의 뜻에 부합하지 않는다. 너를 이끌어 서방에 태어나게 하나 너는 도리어 스스로 태어나길 원하지 않는다. 이 때문에 왕생하지 못한다. 세상 사람들에게 권하노니, 모든 염불하는 이는 결연한 의지로 정토에 태어나길 구하고 의혹을 쉬게 해야 한다. 게다가 천궁天宮에 태어나는 경우라도 부귀와 복이 다하면 반드시 천궁에서 나쁜 세계로 떨어질 것인데, 하물며 인간세계의 부귀가 얼마나 되겠는가? 만일 네가 범부라서 서방에 몫이 없다고 말한다면 성현聖賢도 모두 범부였는데 네가 서방에 태어나지 못할 줄을 어찌 알겠는가? 곧 넓고 큰마음을 일으키고 굳은 뜻을 세워서 "왕생하여 부처님을 뵙고 법을 들으며 위없는 과를 얻어 중생들을 널리 제도할 것이다."라고 서원하라. 이와 같이 해야 비로소 염불하는 사람이라고 할 수 있으니 반드시 부처를 이룰 것이다.[95]

三故【蓮池大師說】

世人念佛者多。生西方成佛者小。[1)] 其故有三。一者口雖念佛。心中不善。以此不得往生。奉勸世人。既是念佛。便要依佛所說。要積德修福。要孝順父母。要忠事君王。要兄弟相愛。要夫婦相敬。要至誠信實。要柔和忍耐。要公平正直。要陰騭方便。要慈愍一切。不殺害生命。不凌辱下人。不欺壓小民。但有不好心起。著力念。定要念退這不好心。如此纔是念佛的人。定得成佛。二者口雖念佛。心中胡思亂想。以此不得往生。奉勸世人。念佛之時。按定心猿意馬。字字分明。心心照管。如親在西方。面對彌陀。不敢散亂。如此纔是念佛的人。定得成佛。三者口雖念佛。心中只願求生富貴。或說我等凡夫。料得無有我分。止圖來世不失人身。此則不合佛心佛指。引爾生西方。爾却自不願生。以此不得往生。奉勸世人。凡念佛者。決意求生。

---

[95] 『淨土晨鐘』 권6(X62, 65a);『淨土資糧全集』 권5(X61, 600a).

休得疑惑。且如天宮。富貴福盡。也要墮落。何況人間富貴。能有幾時。若說爾是凡夫。西方無分。則聖賢都是凡夫做。安知爾不生西方也。便可發廣大心。立堅固志。誓願往生。見佛聞法。得無上果。廣度衆生。如此纔是念佛的人。定得成佛。

---

1) ㉮ 갑본에는 '小'가 '少'로 되어 있다. ㉯ 『淨土晨鐘』등에 따르면 후자가 맞는 것 같다.

삼전三專【선도 화상善導和尙 설】

몸은 아미타불만을 예배해야 하고 다른 예배는 섞지 않으며, 입은 아미타불만을 부르고 다른 이름은 부르지 않으며, 뜻은 아미타불만을 생각하고 다른 관觀은 닦지 않아야 한다. 만일 이것만을 닦는다면 열 명이면 열 명이 왕생하고, 백 명이면 백 명이 왕생한다.[96]

三專【善導和尙說】

身須專禮阿彌陀佛。不雜餘禮。口須專稱阿彌陀佛。不稱餘號。意須專想阿彌陀佛。不修餘觀。若專修者。十卽十生。百卽百生。

---

[96] 선도의 『往生禮讚偈』(T47, 439b)에서 전수專修를 설한 내용을 정리한 것으로 보인다. 『淨土指歸集』(X61, 378b)에 선도의 설이라고 하여 인용한 내용이 본문의 문장과 동일하다.

삼통三通【대행 화상大行和尙[97] 설】

마음으로 부처님만을 믿으면 부처님께서 곧 그것을 아시니, 타심통他心通[98]이 있기 때문이다. 입으로 부처님만을 부르면 부처님께서 곧 그것을 들으시니, 천이통天耳通[99]이 있기 때문이다. 몸으로 부처님만을 예배하면 부처님께서 곧 그것을 보시니, 천안통天眼通[100]이 있기 때문이다.[101]

三通【大行和尙說】

心惟信佛。佛則知之。他心通故。口惟稱佛。佛則聞之。天耳通故。身惟禮佛。佛則見之。天眼通故。

---

[97] 대행 화상大行和尙 : 당나라 때 스님으로 묘행妙行이라고도 한다. 건부乾符 연간(874~879) 사회가 혼란하자 태산泰山에 들어가 법화삼매法華三昧를 행하여 3년 만에 보현普賢의 현신을 감응하였다. 어느 날 육신의 무상함을 깨달으면서 내세에 대해 알아야겠다는 생각을 하고 그와 관련된 경전을 구하다가 『阿彌陀經』을 얻었다. 오로지 아미타불을 생각하며 지낸 지 삼칠일이 되던 날 밤 홀연히 시방불十方佛을 친견하였다. 이후 염불로 스님과 속인을 교화하여 명성이 사방에 미쳐 따르는 이가 많았다. 희종僖宗이 궁으로 불러 법요法要를 묻고, 상정진보살常精進菩薩이라는 호를 내리고, 개국공開國公이라는 작위를 하사했다. 1년 후 병에 걸려 머물던 선실에서 입적하였다. 제자에는 도경道鏡 등이 있다.
[98] 타심통他心通 : 다른 사람의 마음을 자유자재로 아는 신통이다.
[99] 천이통天耳通 : 보통 귀로는 듣지 못할 음성을 듣는 신통이다.
[100] 천안통天眼通 : 육안으로 볼 수 없는 것을 보는 신통이다.
[101] 『蓮宗寶鑑』(T47, 328c).

삼혜三慧【우익 법사藕益法師 설】

아미타불에 대해 설하는 것을 듣는 것은 바로 문혜聞慧[102]이고, 명호를 집지하는 것은 바로 사혜思慧[103]이며, 마음을 오로지하여 어지럽지 않은 것은 바로 수혜修慧[104]이다.[105]

三慧【藕[1]益法師說】
聞說阿彌陀佛。卽聞慧。執持名號。卽思慧。一心不亂。卽修慧。

1) ㉮ 갑본에 '藕'는 '藕'로 되어 있다.

---

[102] 문혜聞慧 : 사리事理를 잘 판단하는 세 가지 지혜(문혜·사혜·수혜) 중의 하나로, 교법을 들어서 생겨난 지혜.
[103] 사혜思慧 : 사리를 잘 판단하는 세 가지 지혜 중의 하나로, 말의 의미를 깊이 생각함으로써 생겨난 지혜.
[104] 수혜修慧 : 사리를 잘 판단하는 세 가지 지혜 중의 하나로, 오직 궁극적 의미만을 인식 대상으로 하여 생겨난 지혜.
[105] 『阿彌陀經要解』(T37, 371b).

삼교량三較量【『십의론十疑論』】

시작도 없는 옛날부터 지은 악업이 무거울지라도 목숨을 마칠 때의 십념이 그것을 대적할 수 있다. 지금 세 가지를 가지고 비교하겠다.

첫째는 마음의 경우이다. 악을 짓는 시간은 허망하고 전도된 것에서 생기는 것이요, 염불하는 것은 선지식에게 부처님의 진실한 공덕과 명호를 듣는 것에서 생기는 것이다. 하나는 허망하고 하나는 진실하니, 어찌 서로 비교할 수 있겠는가? 비유컨대 만년토록 어두웠던 방에 햇빛이 잠깐 비추는 것과 같으니, 어찌 오랫동안 쌓여 온 어둠이라고 하여 사라지지 않겠는가?

둘째는 연緣의 경우이다. 악을 짓는 시간은 어리석고 어두운 마음이 허망한 경계를 반연하는 것에서 생기는 것이요, 염불하는 마음은 부처님의 공덕과 명호를 듣고 위없는 보리심을 반연하는 것에서 생기는 것이다. 하나는 참되고 하나는 거짓이니, 어찌 서로 비교할 수 있겠는가? 비유컨대 어떤 사람이 독화살에 맞았을 적에 화살이 깊이 박히고 독이 심하여 피부가 상하고 뼈가 부서졌더라도 멸제滅除라는 약을 바른 북에서 울리는 소리를 한번 들으면 바로 화살이 빠져 나오고 독이 제거되는 것과 같으니,[106] 어찌 화살이 깊이 박히고 독이 심하다고 해서 나오지 않겠는가?

셋째는 결정決定의 경우이다. 죄를 지을 때는 사이에 끊어짐이 있고 뒤가 있는 마음으로 한 것이요, 염불할 때는 사이에 끊어짐이 없고 뒤가 없는 마음으로 하기 때문에 마침내 목숨을 버릴 때 착한 마음이 맹렬하고 날카로우니 이 때문에 바로 왕생하는 것이다. 비유컨대 열 아름이 되는 큰 동아줄은 천 명의 장부도 다루지 못하지만 어린아이가 검을 휘두르면

---

[106] 『首楞嚴經』 권상(T15, 633b)에서 "멸제滅除라는 뛰어난 약이 있는데, 전쟁할 때 북에 다 바르고 북을 울리면 이 소리를 듣는 사람은 화살, 칼 등에 의해 입은 모든 상처가 사라진다."라고 하였다.

잠깐만에 두 동강이 나는 것과 같다. 또 천년 동안 쌓인 땔나무가 불똥 하나 때문에 잠깐만에 다 타버리는 것과 같다.[107]

三較量【十疑論】

無始惡業雖重。臨終十念能敵。今以三種較量。一者在心。造惡之時。從虛妄顚倒生。念佛者。從善知識。聞佛眞實功德名號生。一虛一實。豈得相比。譬如萬年暗室。日光暫至。豈以久來積暗而不滅也。二者在緣。造罪之時。從癡暗心。緣虛妄境界生。念佛之心。從聞佛功德名號。緣無上菩提心生。一眞一僞。豈得相比。譬如有人。被毒箭中。箭深毒慘。傷肌破骨。一聞滅除藥鼓。卽箭出毒除。豈以箭深毒慘而不出耶。三者在決定。造罪之時。以有間有後心。念佛之時。以無間無後心。遂卽捨命。善心猛利。是以卽生。譬如十圍大索。千夫不制。童子揮劒。須臾兩分。又如千年積柴。以一豆火。少時焚盡。

---

[107] 『淨土十疑論』「第八疑」(T47, 80a). 단 『淨土指歸集』(X61, 397a)에 수록된 문장이 더 유사하다.

삼불가 三不可 【석명 거사錫明居士 설】

염불하면서 삿된 가르침을 따라서는 안 된다. 염불은 바로 바르고 큰 법문이니 비록 깨닫기 쉽지만 실로 원교圓敎와 돈교頓敎를 갖추고 있다. 마음속으로 어리석은 지아비나 지어미가 도중에 싫증을 내고 게을러져서, 남에게 유혹되어 천주天主나 무위無爲 등의 가르침에 빠져 도리어 정토 일문一門을 그릇된 것으로 여길 것을 걱정하노라. 살아서는 중형을 범하고 죽어서는 지옥을 만날 것이니 가엾고 불쌍하다. 염불하는 사람에게 받들어 권하노라. 성실하게 염불하고, 염불하되 일심불란하면 저절로 연꽃이 피어 부처님을 뵐 것이니, 괴이한 것을 날조하여 신神을 구하지 말고 망령되게 다른 생각을 내지 마라. 무익할 뿐만이 아니라 도리어 해가 된다.

염불하면서 돈을 쓰는 것은 가당하지 않다. 세상을 벗어나는 큰 법은 염불만 한 게 없는데, 세상 사람들을 볼 때마다 신근信根은 바르지 않으면서 모두들 염불하는 부처님께 죽은 뒤를 위해 돈을 써야 한다고 한다. 이 때문에 죽음이 임박하였을 때 생각이 전도되어 명부冥府에 돈을 쓸 줄만 알고 정토에 회향할 줄 모르니, 어찌 큰 잘못이 아니겠는가? 염불하는 사람에게 받들어 권하노라. 반드시 아미타불, 관세음보살, 대세지보살 등 여러 큰 보살에 귀의하고, 절대로 이 세간을 벗어나는 큰 법을 겨우 무상한 돈으로 주고받아서는 안 된다.[108]

염불하면서 함부로 살생을 해서는 안 된다. 염불은 자비를 근본으로 삼는다. 만일 살생을 경계하지 않으면 공들인 보람이 감소한다. 일체중생은 모두 불성佛性이 있으며, 역겁 이래로 함께 권속이 되었으니, 저를 죽여 나를 기른다면 심정에 어찌 견디겠는가? 염불하는 사람에게 받들어 권하

---

[108] 이상 두 단락은 『勸修淨土切要』「附錄」(X62, 420b)에 수록되어 있다.

노라. 젓가락을 집을 때마다 항상 이런 생각을 하고 스스로 훈채葷菜[109]를 끊으면 일찍 정업을 이룬다. 혹은 항상 재계할 수 없을 경우 육재일六齋日[110]만 지킬 수 있어도 역시 왕생할 수 있다. 만일 살생한다면 절대 왕생할 수 없다.[111]

三不可【錫明居士說】

念佛不可附邪敎。念佛乃正大法門。雖覺平易。實該圓頓。竊恐愚夫愚婦半途厭怠。被人誘入天主無爲等敎。反以淨土一門。爲非生犯重刑。死遭地獄。可哀可憫。[1]) 奉勸念佛之人。老實念去念到。一心不亂。自然花開見佛。切勿捏恠求神。妄生別想。非徒無益。而又害之。念佛不可當錢用。出世大法。莫如念佛。每見世人信根不正。皆謂所念之佛。死後可當錢用。以是臨終顚倒。但知冥府用錢。而不知回向淨土。豈不大誤。奉勸念佛之人。必須歸依阿彌陀佛。及觀音勢至諸大菩薩。萬不可以此出世大法。僅作應酬無常使費也。念佛不可妄殺生。念佛以慈悲爲本。如不戒殺。功效減少。一切衆生皆有佛性。歷劫以來。同爲眷屬。殺彼養我。情何以堪。奉勸念佛之人。每下筯時。常設此想。自能斷葷。早成淨業。卽或不能常齋。能持六齋。亦得往生。若殺生則斷乎不可。

1) ㉡ 갑본에 '憫'은 '惻'으로 되어 있다.

---

109 훈채葷菜 : 파·마늘 등과 같이 매운 채소를 가리킨다.
110 육재일六齋日 : 매달 청정하게 계율을 수지해야 하는 여섯 날, 곧 8·14·15·23·29·30일이다. 이날은 사천왕이 천하를 순행하면서 사람의 선악을 살피고, 또 귀신이 세력을 얻어 사람을 해치기 때문에 특히 몸과 마음을 깨끗이 하도록 경계한 것이다.
111 이상 세 단락은 현재 유포되고 있는 『念佛往生西方公據』「錫明居士念佛二宜三不可說」에 수록되어 있다. 뒤의 간기에 따르면 본서는 건륭 60년(1795)에 간행되었다. 단 청나라 팽제청彭際淸(1740~1796)이 당시 유포되던 『西方公據』를 교정하여 발간한 『重訂西方公據』에는 본 내용이 수록되어 있지 않다.

삼책三策【『정토혹문淨土或問』】

옛사람이 아프게 책려한 세 가지가 있으니, 첫째는 은혜를 갚는 것이요, 둘째는 결연한 의지를 갖는 것이요, 셋째는 증험을 구하는 것이다.

첫째, 은혜를 갚는다는 것은 다음과 같다. 이미 정토를 닦고 있다면 은혜를 갚을 것을 생각해야만 한다. 부처님의 은혜와 나라의 은혜는 진실로 논할 겨를도 없다. 단지 부모가 길러 주신 은혜만 해도 어찌 무거운 은혜가 아니고, 스승이 만들고 이루어 준 덕만 해도 어찌 무거운 덕이 아니겠는가? 네가 처음 출가할 때에 무거운 은혜를 갚아야 한다고 말하였고, 뒤에 행각行脚할 때에도 무거운 덕을 갚아야 한다고 말하였다. 고향을 떠난 지 이삼십 년이 지나도록 부모와 스승이 가난으로 고생하는데 너는 모두 돌아보지 않았고, 부모가 늙고 병들었는데도 너는 또한 돌보지 않았으며, 돌아가셨다는 소식을 듣고도 너는 역시 돌아가지 않았다. 지금 혹시 삼도三途[112]에서 죄를 받고 고통을 받으면서 네가 저들을 구해 주길 바라고, 네가 저들을 제도해 주길 바라고 계실지도 모른다. 네가 도리어 생각마다 중간에 끊어짐이 있다면 정토가 이루어지지 않고, 정토가 이루어지지 않으면 자신도 구제하지 못한다. 자신도 구제하지 못한다면 어떻게 남을 구제하겠는가? 이미 서로 구제하지 못한다면 너는 은혜를 잊고 의리를 저버린 크나큰 불효자이다. 경에서 "불효한 죄는 지옥에 떨어진다."[113]라고 하였다. 그러한즉 한 생각(一念)이 중간에 끊어짐이 있는 마음이 바로 지옥의 업이다. 또 누에를 치지 않고도 옷을 입고, 밭을 갈지 않고도 먹으며, 승방僧房과 와구臥具도 이미 있는 것을 받아서 쓰고 있으니, 너는 정업淨業을 부지런히 닦아 믿음으로 보시한 은혜에 보답하길 도모해야 한다. 조사

---

112 삼도三途 : 윤회의 세계 중 하위에 속하는 세 가지 세계, 곧 지옥·아귀·축생을 말한다. 삼악도三惡道라고도 한다.
113 『雜寶藏經』 권9(T4, 492c).

가 "이것은 시주가 아내와 자식의 몫에서 덜어서 가져온 것이다. 도의 눈이 밝지 않으면 한 방울의 물과 한 치의 실이라도 쟁기를 끌고 보습을 잡아 저들에게 받은 것을 갚아야 한다."라고 하였다. 그런데도 네가 도리어 생각마다 중간에 끊어짐이 있다면 정토는 이루어지지 않고, 정토가 이루어지지 않는다면 받은 것을 갚아야 한다. 그러한즉 한 생각이 잠시 끊어짐이 있는 마음이 바로 축생의 업이다.

둘째, 결연한 의지를 갖는다는 것은 다음과 같다. 만약 전수專修[114]를 배우려고 한다면 뜻을 결정해야 한다. 나는 일생 동안 참선한다고 하였지만 선에 대해 깨닫지 못하였고, 교를 보는 데에 이르렀으나 교도 역시 분명히 알지 못하였다. 지금처럼 되어서도 생각이 쉬지 않아서, 또 선에 대해서도 몇 마디 말하려고 하고, 교에 대해서도 몇 마디 말하려고 하며, 글자도 좀 쓰려고 하고, 시도 좀 지으려고 하여, 정이 두 변에 걸리고 생각이 사방으로 분산된다. 조사가 "털끝만큼이라도 생각에 얽매이면 삼악도의 업인業因이 되고, 잠깐이라도 정이 생기면 만겁 동안 굴레를 쓴다."[115]라고 하였다. 너는 도리어 뜻을 결정하지 못하고 정과 생각이 여러 갈래로 나뉘어져서 바른 생각을 중간에 끊어지게 한다. 그러한즉 한 생각이 잠시 끊어짐이 있는 마음이 바로 삼악도에 떨어지는 업이고, 굴레를 쓰는 업이다. 또 계근戒根을 수호하되 뜻이 결정적이지 못하여 간혹 몸과 입으로 인하여 생각마다 달려가 구한다. 교설에서 "구리물을 입에 부을지언정 파계한 입으로 남의 음식을 받을 수 없다. 뜨거운 쇠로 몸을 묶을지언정 파

---

[114] 전수專修 : 한 가지 일만을 전문으로 닦는다는 뜻. 상대어는 잡수雜修이며, 여러 가지를 혼합하여 함께 닦는 것이다. 정토종의 극락왕생을 위한 수행에 의거하여 말하자면 두 가지가 있다. 첫째, 다섯 가지의 순수하고 바른 행을 닦는 것이니, 다섯 가지란 독송하는 것이고, 관찰하는 것이며, 예배하는 것이고, 칭명하는 것이며, 찬탄하고 공양하는 것이다. 둘째, 앞의 다섯 가지 행 가운데 오직 칭명만을 수행하는 것이다.
[115] 『大慧普覺禪師語錄』(T47, 812a).

계한 몸으로 남의 의복을 받을 수 없다."[116]라고 하였다. 하물며 모든 계를 엄정하게 지키지 못하여 삿된 마음이 경솔하게 움직이고, 이 경솔한 움직임으로 인하여 전수를 잠시 끊게 되는 것이겠는가? 그러한즉 한 생각이 잠시 끊어짐이 있는 마음이 바로 지옥에서 뜨거운 쇠와 구리물을 받는 업이다. 또 미움과 사랑을 끊어 없애되 뜻이 결정적이지 못하여 매번 헛된 명예와 부질없는 이익에 대해 스스로 비추어 보아 깨트리지 못한다. 명예와 이익이 나에게 속하였으면 탐욕과 애욕을 내며, 명예와 이익이 남에게 속하였으면 미움과 질투를 낸다. 옛사람이 말하기를 "명예를 탐하고 이익을 탐하면 모두 귀신의 종류로 나아가고, 사랑을 좇고 미움을 좇으면 모두 불구덩이로 들어간다."라고 하였다. 너는 도리어 이 사랑과 미움으로 인하여 정토의 업이 잠시 끊어지게 된다. 그러한즉 한 생각이 잠시 끊어짐이 있는 마음이 바로 아귀餓鬼의 업이고, 불구덩이로 들어가는 업이다.

셋째, 증험을 취한다는 것은 다음과 같다. 이미 전수를 배웠다면 영험을 구해야만 한다. 너는 지금 머리는 희고, 얼굴은 쭈글쭈글하며, 죽음의 징조가 앞에 나타났으니, 목숨을 마칠 때가 며칠이나 남았는지 알겠는가? 반드시 목전에 있을 것이니 바로 부처님을 뵈려고 해야 한다. 여산의 혜원 법사의 경우는 일생 동안 세 번이나 부처님께서 정수리를 어루만져 주셨으며,[117] 또 회감懷感[118] 법사의 경우는 부처님의 이름을 부르고 생각

---

[116] 『梵網經』(T24, 1007c)에서 "차라리 이 입으로 뜨거운 쇳덩이나 크게 물결치는 사나운 불꽃을 머금은 채 백천 겁을 지낼지언정 끝내 파계한 입으로 신심이 있는 단월이 베푸는 여러 가지 음식을 먹지 않겠습니다.……차라리 이 몸을 크게 물결치는 사나운 불꽃이나 뜨거운 쇠그물을 깔아 놓은 땅 위에 눕힐지언정 끝내 파계한 몸으로 신심이 있는 단월이 베푸는 여러 가지 침상과 좌구座具를 받지 않겠습니다.(寧以此口吞熱鐵丸及大流猛火經百千劫. 終不以破戒之口食信心檀越百味飲食.……寧以此身臥大猛火羅網熱鐵地上. 終不以破戒之身受信心檀越百種床座.)"라고 한 것과 내용이 유사하다.
[117] 『淨土往生傳』 권상(T51, 109c).
[118] 회감懷感 : 당나라 때 정토종 스님. 처음에는 장안의 천복사에 있으면서 널리 경론을 연구하여 교리에 정통하였지만 정토 염불의 의미에 대해서는 믿음을 일으키지 못하

하다가 부처님을 뵈었으며,¹¹⁹ 또 소강少康¹²⁰ 법사의 경우는 부처님을 한 마디 부르면 대중들이 한 부처님이 입에서 날아 나오는 것을 보았고, 부처님을 열 마디 부르면 열 부처님이 입에서 날아 나와 구슬을 꿴 듯하였다.¹²¹ 이러한 영험은 헤아릴 수 없이 많다. 네가 마음에 잠시라도 끊어짐이 없다면 부처님 뵙는 것은 어렵지 않을 것이다. 잠시 끊어지는 마음이 생기면 반드시 부처님을 뵙지 못하고 부처님과 인연이 없을 것이다. 이미 부처님과 인연이 없다면 정토에 나기 어렵고, 정토에 나지 못하면 반드시 악도에 떨어진다. 그러한즉 한 생각이 잠시 끊어짐이 있는 마음이 바로 삼악도의 업이다.

경계하고 경계할지어다. 위와 같은 세 가지 경책으로 스스로 통렬히 채찍질하여 그 생각이 부처님을 떠나지 않게 하고, 부처님이 생각에서 떠나지 않게 하라. 감응하는 도리가 통하면 눈앞에서 부처님을 뵐 것이다. 극락의 부처님을 뵈면 시방의 여러 부처님을 뵙게 되고, 시방의 여러 부처님을 뵈면 자성自性의 천진天眞한 부처님을 뵐 것이다.¹²²

였다. 나중에 선도善導를 만나 그 의심을 해결하고 도량에 들어가 염불 수행에 정진하였다. 저서로『釋淨土群疑論』이 있는데 직접 완성하지 못하고 입적하였으므로 동문인 회운懷惲이 완성하였다.
119 『佛祖統紀』권27(T49, 276c).
120 소강少康(?~805) : 당나라 때의 스님으로 정토종의 제5조이다. 속성은 주周씨이다. 7세에 출가하고, 15세에 월주越州 가상사嘉祥寺에서 계를 받고 경론을 두루 배웠다. 후에 낙양洛陽 백마사白馬寺에서 선도의 『西方化導文』을 읽고 염불만 행할 것을 결심하였다. 걸식하여 얻은 돈으로 아이들에게 아미타불을 염불하게 하고, 한 번 부르면 동전 한 개를 주었더니 몇 년이 지나자 스님을 만난 모든 사람들이 아미타불을 칭념하였다. 나중에 목주睦州 오룡산烏龍山으로 가서 정토 도량을 열었는데 매 재일마다 대중이 운집하여 교화한 이가 3천 명이 넘었다. 한 번 부처님을 칭념할 때마다 한 분의 부처님이 입에서 나왔다. 당시 사람들이 후선도後善導라고 하였다. 저서로는 『二十四讚』1권·『瑞應刪傳』1권이 있다.
121 『佛祖統紀』권26(T49, 264a).
122 『淨土或問』(T47, 302a).

三策【淨土或問】

古人有三種痛鞭之策。一曰報恩。二曰決志。三曰求驗。第一報恩者。旣修淨土。當念報恩。佛恩國恩。固未暇論。只如父母養育之恩。豈非重恩。師長作成之德。豈非重德。你最初出家。便說要報重恩。後來行脚。又說要報重德。離鄉別井。二三十年。父母師長艱難困苦。爾總不顧。父母老病。爾又不看。及聞其死。爾也不歸。如今或在三途。受罪受苦。望爾救他。望爾度他。爾却念念間斷。淨土不成。淨土不成。自救不了。自救不了。如何救他。旣不能相救。爾是忘恩負義。大不孝人。經云。不孝之罪。當墮地獄。然則一念間斷之心。便是地獄業也。又且不蠶而衣。不耕而食。僧房臥具。受用現成。爾當勤修淨業。圖報信施之恩。祖師道。此是施主。妻子分上。減刻將來。道眼未明。滴水寸絲。也須牽犂拽杷。[1] 償他始得。爾却念念間斷。淨土不成。淨土不成。酬償有分。然則一念間斷之心。便是畜生業也。第二決志者。若學專修。志須決定。爾一生叅禪。禪旣不悟。及乎看敎。敎又不明。弄到如今。念頭未死。又要說幾句禪。又要說幾句敎。又要寫幾箇字。又要做幾首詩。情掛兩頭。念分四路。祖師道。毫釐繫念。三塗業因。瞥爾情生。萬劫羈鏁。爾却志無決定。情念多端。間斷正念。然則一念間斷之心。便是三塗羈鏁業也。又且守護戒根。志不決定。或因身口。念念馳求。敎中道。寧以洋銅灌口。不可以破戒之口受人飲食。寧以熱鐵纏身。不可以破戒之身受人衣服。況因諸戒不嚴。邪心妄動。因此妄動。間斷專修。然則一念間斷之心。便是熱鐵洋銅業也。又且斷除憎愛。志不決定。每於虛名浮利。自照不破。名利屬我。便生貪愛。名利屬他。便生增[2]妬。古人云。貪名貪利。同趣鬼類。逐愛逐憎。同入火坑。爾却因此愛憎。間斷淨土。然則一念間斷之心。便是餓鬼火坑業也。第三取驗者。旣學專修。當求靈驗。爾如今髮白面皺。死相現前。知道臨終。叓有幾日。須在目前。你便要見佛。只如廬山遠法師。一生之中。三度蒙佛摩頂。又如懷感法師。稱念佛名。便得見佛。又如少康法師。唱佛一聲。衆見一佛從口飛出。唱[3]佛十聲。則有十佛從口飛出。

如貫珠焉。此等靈驗。萬萬千千。爾若心無間斷。見佛不難。間斷心生。決不見佛。與佛無緣。旣無佛緣。難生淨土。淨土不生。必墮惡道。然則一念間斷之心。便是三塗惡道業也。戒之戒之。如上三策。當自痛鞭。使其念不離佛。佛不離念。感應道交。現前見佛。旣見樂邦之佛。卽見十方諸佛。旣見十方諸佛。卽見自性天眞之佛。

---

1) ㉮ 갑본에 '杷'는 '把'로 되어 있다. 2) ㉮ 갑본에 '增'은 '憎'으로 되어 있다. ㉯ 후자를 따랐다. 3) ㉮ 갑본에 '唱'은 '喝'로 되어 있다.

삼독추三獨推 『정토혹문淨土或問』

시방세계의 여래를 모두 가까이할 수 있는데, 지금 아미타불만을 추앙하는 것은 세 가지 이유가 있다. 첫째는 서원이 깊고 무거운 것이요, 둘째는 사바세계에 인연이 있는 것이요, 셋째는 교화의 도가 서로 관련되어 있는 것이다.

서원이 깊고 무겁다는 것은 다음과 같다. 경에서 "아미타불께서 옛날 인위因位에서 수행할 때 갖가지 광대한 서원을 일으킨 적이 있다."[123]라고 하였다. 그 대략을 말하자면 "내가 부처를 이룬 뒤에 어떤 중생이 내 나라에 태어나길 원하여 나의 이름을 듣고 여러 선의 근본을 닦거나 나의 이름을 부르고 나아가 십념에 이르렀는데 태어나지 못한다면 정각正覺을 이루지 않을 것을 맹세한다. 내 나라에 태어났는데도 물러나 반드시 부처를 이루지 못한다면 정각을 이루지 않을 것을 맹세한다."[124]라고 하였다. 그러므로 『화엄소초』에서 "아미타불은 서원이 무거워서 사바세계의 중생만을 인접한다."[125]라고 하였다.

인연이 있다는 것은 다음과 같다. 우리 석가모니부처님께서 세상에 계실 때에 중생들은 부처님의 가르침을 듣고 아미타불께 귀의한 이가 진실로 많았다. 부처님께서 돌아가신 뒤를 살펴보면 말세 중생으로 스님이건 속인이건, 남자건 여자건, 귀족이건 천민이건, 가난하건 부자건 가리지 않고 조금이라도 부처님의 가르침을 듣는다면 믿고 따르지 않는 이가 없었다. 부처님의 가르침을 듣지 못한 이도 부처님의 이름을 부를 줄 안다. 어

---

[123] 『無量壽經』(T12, 267a)에서 아미타불의 전신인 법장비구가 출가하여 불도를 닦고 서원을 세운 것을 설하였다.
[124] 『無量壽經』(T12, 267c)에서 서원의 내용을 마흔여덟 가지로 구체화하였는데 이 가운데 몇 가지만 제시한 것이다. 예를 들어 "이름을 듣는 것"은 제20원이고, "십념"은 제18원이다.
[125] 『華嚴疏抄』(X5, 322b).

리석고 포악하고 믿음이 없는 무리일지라도 재앙과 위험한 곳을 만나거나 찬탄과 원망하는 소리를 낼 적에 저도 모르게 입에서 '아미타불'이라고 외친다. 나아가 어린아이들과 여자들이 장난질을 하면서 모래를 쌓거나 진흙을 이기거나 담장에 그림을 그리거나 벽에 그림을 그릴 때 아미타불의 모양을 만든다. 심지어 잘 걷지도 못하고 잘 말하지도 못하는 아이도 저절로 아미타불을 부를 수 있다. 이것은 모두 권하지 않았는데도 일으키는 것이고 가르치지 않았는데도 잘하는 것이니, 인연이 있는 것이 아니라면 무엇이겠는가? 『무량수경』에서 "이 경이 없어진 뒤에 불법이 전혀 없더라도 아미타불 네 글자 명호는 남아 중생들을 구제할 것이다. 믿지 않고 훼방하는 이가 있다면 지옥에 떨어져서 뭇 고통을 빠짐없이 받을 것이다."[126]라고 하였다. 그러므로 천태天台가 "저 부처님은 이 악한 세상에 인연이 편중되어 있는 줄 알아야 한다."[127]라고 하였다.

    교화의 도가 서로 관련되어 있다는 것은 다음과 같다. 선각께서 "두 국토의 성인이 정토와 예토穢土에 거함을 보이시어 절복折伏[128]과 섭수攝受[129] 두 문으로 중생들을 조복한다."라고 하였다. 여기서는 더러움과 고통과 촉박함과 번뇌가 많음으로 절복하여 싫어할 바를 알게 한다. 저기서는 깨끗함과 즐거움과 더딤과 불퇴전으로 거두어들여 기뻐할 바를 알게 한

---

126 『無量壽經』(T12, 279a)에서 "미래세에 경도經道가 멸하여 없어질 것인데, 나는 자비에 의해 중생을 불쌍히 여겨 특히 이 경만을 남겨 두고 백 년 동안 더 머물러 있게 할 것이다. 어떤 중생이 이 경을 지니고 실천하면 소원하는 대로 모두 열반의 세계로 건너갈 수 있을 것이다.(當來之世。經道滅盡。我以慈悲哀愍。特留此經。止住百歲。其有眾生。值斯經者。隨意所願。皆可得度。)"라고 하였다.
127 천태의 글에서 해당 부분을 찾지 못하였다. 『阿彌陀經要解』(T37, 373b)에 동일한 취지의 글이 실려 있다.
128 절복折伏 : 예토를 나타내어 이곳에서의 고통을 싫어하는 생각을 일으켜 끊게 하는 것이다.
129 섭수攝受 : 정토를 나타내어 그곳에서의 즐거움을 얻으려는 뜻을 일으켜 왕생하게 하는 것이다.

다. (여기를) 싫어하고 (저기를) 기뻐하면 교화의 도가 행해질 것이다. 또 우리 석가께서 삼승三乘으로 도를 가르치신 것 외에 다 제도하지 못한 이는 제도를 아미타불에게 맡기셨다. 그러므로 여러 대승경전에서 간절하게 반복해서 칭찬하고 왕생을 권한 것은 교화의 도가 서로 관련되어 있기 때문이다.

이런 세 가지 이유 때문에 바로 아미타불만을 추앙한다.[130]

三獨推【淨土或問】

十方如來。皆可親近。今獨推彌陀。其故有三。一誓願深重。二娑婆有緣。三化道相關也。願重者。經云。彌陀往昔因中。嘗發種種廣大誓願。其略曰。若我成佛已來。其有衆生。願生我國。或聞我名。修諸善本。稱我名號。乃至十念。若不生者。誓不取正覺。旣生我國。若有退轉。不決定成佛。誓不取正覺。故華嚴鈔曰。彌陀願重。偏接娑婆衆生也。有緣者。我佛釋迦。現在世時。衆生聞佛所教。歸向彌陀。固已多矣。觀佛滅後。末世衆生。無問僧俗男女貴賤貧富。稍聞佛教者。無不信向。未聞佛教者。亦會稱名。縱是頑愚暴惡無信之徒。或遭厄難危險之處。或發贊歎怨嗟之聲。不覺信口便叫阿彌陀佛。至於兒童女子戲弄之際。聚沙搏[1]泥。圖墻畫壁。便作彌陀佛像。甚至於學行未穩。學語未成者。自然能唱阿彌陀佛。此皆不勸而發。不教而能。非有緣而何。無量壽經云。此經滅後。佛法全無。但留阿彌陀佛四字名號。救度衆生。其有不信而謗毀者。當墮地獄。具受衆苦。故天台云。當知彼佛。於此惡世。偏有緣耳。相關者。先覺謂。兩土聖人。示居淨穢。以折攝二門。調伏衆生。此以穢以苦。以促以多魔惱而折之。俾知所厭。彼以淨以樂。以延以不退轉而攝之。俾知所欣。旣厭且欣。則化道行矣。又我釋迦。於三乘授道之外。其有度未盡者。度在彌陀。故於諸大乘[2]經。丁寧反復。稱

---

[130] 『淨土或問』(T47, 298a).

讚勸徃者。盖化道之相關也。以是三者之故。乃獨推焉。

1) ㉮ 갑본에 '搏'은 '摶'으로 되어 있다.　2) ㉮ 갑본에 '乘'은 '家'으로 되어 있다.

삼도三道【『정토법어淨土法語』】

무릇 생각이 전일하지 않으면 극락에 태어나지 못한다. 한 생각의 도에 세 가지가 있으니, 믿음과 수행과 발원이다.

첫째, 믿음이라는 것은 다음과 같다. 의심하지 않는 것을 믿음이라 한다. 만일 의심이 있다면 마음이 그 전일함을 얻지 못한다. 그러므로 극락에 태어나길 구하는 이는 돈독한 믿음을 시작으로 삼아서 반드시 대승경전을 두루 읽고 조사의 가르침을 널리 배우며 정토를 밝힌 책들을 모두 하나하나 참구해야 한다. 그리하여 극락이 원래 나의 유심惟心의 정토요 다른 국토가 아님을 깨닫고, 아미타불이 원래 나의 본성本性의 아미타요 다른 부처가 아님을 깨달아야 한다. (개요를 말하자면 두 가지 있다.)[131] 하나는 묘유妙有가 두루 존재하고 두루 갖추어져 있음을 깨달아 정토를 기쁘게 구하는 근본으로 삼는 것이요, 하나는 진공眞空이 원만히 여의고 원만히 벗어남을 깨달아 예토를 버리는 근원으로 삼는 것이다.

둘째, 수행이라는 것은 다음과 같다. 앞의 돈독한 믿음은 눈으로 보는 것과 같고, 지금의 수행은 발로 가는 것과 같다. 믿되 행하지 않으면 눈은 있되 발이 없는 것과 같고, 행하되 믿지 않으면 발은 있되 눈이 없는 것과 같다. 그러므로 이미 믿음과 이해가 갖추어지면 염불을 수행해야 한다. 이는 마치 눈과 발이 아울러 갖추어진 뒤에야 시원한 못에 도달할 수 있는 것과 같다. 그러므로 믿음 다음으로 수행을 말하였다.

셋째, 발원이라는 것은 다음과 같다. 무릇 정토를 향하여 반야의 배를 타고 항해할 때, 믿음은 물길을 탐색하여 상황을 알려 주는 사람이 되며, 수행은 상앗대와 노와 돛이 되며, 발원은 방향을 바르게 조정하는 배

---

[131] 『淨土十要』(X61, 746b)에 따르면 "大要有二"가 누락되었기 때문에 이를 근거로 보충하였다.

의 키가 된다. 물길을 탐색하여 상황을 알려 주는 사람이 없으면 길이 뚫렸는지 막혔는지 얕은지 깊은지 알지 못하고, 상앗대와 노와 돛이 없으면 가고자 하는 곳에 이를 수 없으며, 배의 키로 방향을 바로잡지 않으면 배를 단속하거나 제어할 수 없다. 그러므로 수행 다음으로 발원을 밝혔다.

이와 같은 세 가지 법은 정토에 나는 큰 벼리이고 아미타불을 뵙는 보배 뗏목이라 할 수 있다. 온갖 정토 법문은 모두 이것을 벗어나지 않는다.[132]

三道【淨土法語】

夫念不一。不生極樂。一念之道有三。曰信。曰行。曰願。第一信者。不疑謂之信。苟有疑焉。則心不得其一矣。是以求生極樂者。要以敦信爲之始。必須遍讀大乘。廣學祖敎。凡是發明淨土之書。皆須一一叅求。悟極樂原是我惟心之淨土。不是他土。了彌陀原是我本性之彌陀。非是他佛。一悟妙有。遍周遍具。以爲欣淨之本。一悟眞空。圓離圓脫。以爲捨穢之原。第二行者。前敦信如目視。今修行如足行。信而不行。猶有目而無足。行而不信。猶有足而無目。是故信解旣備。應當念佛修行。猶如目足兼備。然後能到凉池。故次信而說行。第三願者。夫淨土般若舟航。要以信爲點頭探水。行爲篙櫓風帆。願爲船柁撥正。無點頭探水。則不知通塞淺深。無篙櫓風帆。則不能至其所止。無船柁撥正。則無約束要制。故次行以明願。如此三法。可謂生淨土之弘綱。覲彌陀之寶筏。一切淨土法門。擧不外乎是矣。

---

[132] 『淨土十要』(X61, 746b).

삼지 三持【연지 대사蓮池大師 설】

염불에는 묵지默持가 있으며, 고성지高聲持가 있으며, 금강지金剛持가 있다.

높은 소리는 너무 힘을 낭비하고 묵묵히 생각하는 것도 쉽게 혼침하는 줄 알아서 면면밀밀綿綿密密하게 소리가 입술과 이빨 사이에 있는 것을 금강지라고 이른다. 또한 하나에 고정되어서도 안 되니, 힘을 낭비한다고 느낄 때는 묵묵히 지니는 것도 무방하고, 혼침한다고 느낄 때는 높은 소리로 하는 것도 무방하다. 염불은 반드시 구절마다 입에서 나와서 귀로 들어가고, 소리마다 자기의 마음을 불러 깨워야 한다. 마치 어떤 사람이 깊은 잠에 빠졌을 때 다른 사람이 "아무개야"라고 부르면 그 사람이 곧 잠에서 깨는 것과 같다. 염불이 마음을 가장 잘 거둘 수 있는 이유이다.[133]

三持【蓮池大師說】

念佛有默持。有高聲持。有金剛持。高聲覺太費力。默念又易昏沈。只是綿綿密密。聲在脣齒之間。乃謂金剛持。又不可執定。或覺費力。不妨默持。或覺昏沈。不妨高聲。須句句出口入耳。聲聲喚醒自心。如一人濃睡。一人喚云某人。彼卽醒矣。所以念佛最能攝心。

---

[133] 『雲棲法彙』(J33, 152a).

삼권 三勸【연지 대사蓮池大師 설】

하나는 매우 한가한 사람에게 염불을 권하는 것이다. 시집과 장가를 모두 보내 자손들이 가정을 이루어서 편안하고 한가하여 일이 없을 때에는 바로 마음을 다하기에 좋아 힘을 다하여 염불한다. 매일 염불을 몇천 번 하거나 몇만 번 한다.

하나는 반은 바쁘고 반은 한가한 사람에게 염불을 권하는 것이다. 반은 일을 마쳤고 반은 일을 마치지 못했으니 바쁘기도 하고 한가하기도 하여 몹시 한가하지는 않으나 이 사람도 바쁠 때에는 일을 다스릴 수 있고 한가할 때는 염불할 수 있다. 매일 염불을 몇백 번 하고, 나아가 몇천 번 한다.

하나는 매우 바쁜 사람에게 염불을 권하는 것이다. 나랏일에 부지런히 힘쓰고 집안일에 분주하여 한가한 때가 없지만 바쁜 속에도 짬을 내어 염불해야 한다. 매일 아침에 십념하고, 나아가 낮에 한가할 때에는 혹 염불을 몇백 번 한다.[134]

三勸【蓮池大師說】

一勸極閒人念佛。婚嫁都畢。子孫克家。安閒無事。正好儘心。儘力念佛。每日念幾千聲。乃至幾萬。一勸半忙閒人念佛。半了不了。或忙或閒。雖不極閒。亦可忙時治事。閒時念佛。每日念幾百聲。乃至幾千。一勸極忙人念佛。勤勞王事。奔波家業。雖無閒時。也須忙裏偸閒念佛。每日晨朝十念。乃至日間或念幾百。

---

[134] 『雲棲法彙』(J33, 147a).

삼관三關【『연종보감蓮宗寶鑑』】

도솔 열兜率悅[135] 선사가 대중에게 삼관三關을 보였다. 첫째, 풀을 베듯 번뇌를 끊고 깊은 이치를 참구함은 단지 본성을 보려는 것인데, 지금 그대들의 본성은 어디에 있는가? 둘째, 본성을 앎은 생사를 벗어나려고 해서인데, 생사가 도래했을 때 어떻게 벗어나겠는가? 셋째, 생사를 벗어남은 가는 곳을 알고자 해서인데, 사대四大가 흩어지면 어디로 가는가? 이러한 관문을 통과하면 생사에 구속되지 않고 거래去來에 구애받지 않는다. 지금 염불하는 사람은 하루 종일 지내는 가운데 아미타불 한 구절을 잡아 생각을 오로지하고 상념을 고요히 하며, 더욱이 지혜의 빛을 돌이켜 어떤 것이 나의 본성인지 사대가 흩어지면 어디로 가는지 스스로 보아야 한다. 항상 이러한 의심이 있으면 곧장 간파해서 곧바로 귀착하는 곳을 알 수 있다. 이것이 바로 지름길로 가는 수행의 바른 길이다.[136]

三關【蓮宗寶鑑】

兜率悅禪師示衆三關。一撥草叅玄。只圖見性。只今上人性在甚處。二識得本性。要脫生死。生死到來。作麼生脫。三脫得生死。要知去處。四大分離。向甚處去。透此關則不拘生死。不礙去來。今念佛人。於十二時中。持一句阿彌陀佛。思專想寂。夐能回光。自看如何是我本性。四大分離。向甚處去。常有此疑。驀然識得。便知落處。卽此是直捷底修行正道。

---

135 도솔 열兜率悅 : 송나라 때 임제종臨濟宗 황룡파黃龍派의 스님 도솔 종열兜率從悅(1044~1091)을 가리킨다. 속성은 웅熊씨이고, 법호는 종열從悅이다. 15세에 출가하여 16세에 구족계를 받고 보봉 극문寶峰克文 선사의 법제자가 되었다. 학문이 내외를 통달하고 글에도 능하며 시도 잘 썼다. 융흥隆興 도솔원兜率院에 머물렀기 때문에 세상 사람들이 그를 높여 도솔 종열이라고 불렀다. 송나라 휘종徽宗 선화宣和 3년(1121)에 승상 장상영張商英이 진적선사眞寂禪師라는 시호를 내릴 것을 주청하였다. 저서로는 『兜率悅禪師語要』 1권이 있다.
136 『蓮宗寶鑑』(T47, 347b).

삼관三觀【『연종보감蓮宗寶鑑』】

무릇 무명혹無明惑[137]은 법성法性을 가리며, 진사혹塵沙惑[138]은 교화하여 인도하는 것을 장애하며, 견사혹見思惑[139]은 공적空寂을 막는다. 이로 말미암아 삼관三觀[140]을 세워 삼혹三惑을 깨뜨리고, 삼지三智를 증득하고, 삼덕三德[141]을 이룬다. 공관空觀이란 견사혹을 깨뜨려 일체지一切智를 증득하고 반야덕般若德을 이룬다. 가관假觀이란 진사혹을 깨뜨려 도종지道種智를 증득하고 해탈덕解脫德을 이룬다. 중관中觀이란 무명혹을 깨뜨려 일체종지一切種智를 증득하고 법신덕法身德을 이룬다.

수행자가 염불할 때에 의근意根을 인因으로 삼고 백호白毫의 둥근 빛을 연緣으로 삼으니 일으킨 염념이 곧 생긴 법法이다. 염불하여 마음이 일어나면 바로 가명假名이고 체가 공임을 자세히 관찰하고 이 마음에 여래장如來藏이 있음을 꿰뚫어 보니, 이것이 두 변을 떠나 중中을 드러내는 것이다. 주체(根)거나 대상(塵)이거나 모두 법계여서 모든 부처님과 중생이 한 생각에 두루 응하니, 이것이 바로 변邊에 즉한 중中이다. 부처도 없고 생각(念)도 없으니, 이것이 바로 대승에서 삼관을 원만히 닦는 염불이다. 그

---

137 무명혹無明惑 : 삼혹三惑의 하나. 중도의 이치를 가리는 근본무명. 장중도혹장中道惑이라고도 한다.
138 진사혹塵沙惑 : 삼혹의 하나. 견사혹을 끊은 뒤에 공에 집착하여 중생의 티끌처럼 헤아릴 수 없는 번뇌를 알지 못하여 교화의 방법에 자유자재하지 못한 것. 화도장化道障이라고도 한다.
139 견사혹見思惑 : 삼혹의 하나. 견도見道와 수도修道에서 끊는 견혹見惑과 수혹修惑을 합친 것. 견혹이란 삼세의 도리를 알지 못하여 일어나는 번뇌이고, 수혹은 사물의 이치를 알지 못하여 일어나는 번뇌이다.
140 삼관三觀 : 천태종의 세 가지 관법, 곧 공관空觀과 가관假觀과 중관中觀을 말한다.
141 삼덕三德 : 대열반이 갖춘 세 가지 덕으로, 법신덕法身德·반야덕般若德·해탈덕解脫德이다. 법신덕은 부처님의 본체이니, 미계迷界의 고과苦果를 벗어나서 얻은 상주 불멸하는 과체果體를 말한다. 반야덕은 만유의 실상을 아는 진실한 지혜를 말한다. 해탈덕은 지혜에 의하여 참다운 자유를 얻은 것을 말한다.

러므로 "상相도 없으며 공空도 없으며 불공不空도 없는 것이 바로 여래의 진실상眞實相이다."¹⁴²라고 하였다.¹⁴³

三觀【蓮宗寶鑑】

夫無明翳乎法性。塵沙障乎化導。見思阻乎空寂。由是立三觀。破三惑。證三智。成三德。空觀者。破見思惑。證一切智。成般若德。假觀者。破塵沙惑。證道¹⁾種智。成解脫德。中觀者。破無明惑。證一切種智。成法身德。行者念佛之時。意根爲因。白毫圓光爲緣。所起之念卽所生法。諦觀念佛心起。卽是假名。體之卽空。洞見此心有如來藏。是離邊顯中。若根若塵並是法界。諸佛衆生。一念普應。是卽邊而中。無佛無念。此乃大乘圓修三觀念佛也。故曰。無相無空無不空。卽是如來眞實相。

1) ㉠갑본에 '道'가 '過'로 되어 있다.

---

142 『永嘉證道歌』(T48, 396a).
143 『蓮宗寶鑑』(T47, 311b).

삼즉三卽【『연종보감蓮宗寶鑑』】

아미타불은 넓고 큰 원력이 있어 사바세계의 중생을 거두어 깨끗한 나라로 돌아가게 한다. 이는 망령됨을 돌이켜 참됨을 증득하게 하는 것이다. 정토의 도는 그 체體는 아미타불을 바로 본성本性으로 삼는 것이고, 그 종宗은 정국淨國을 바로 유심惟心으로 삼는 것이며, 그 용用은 자애로움과 너그러움(仁恕)을 바로 악을 없애고 선을 일으키는 것으로 삼는 것이다. 이 세 가지는 대체로 삼세의 응보를 드러낸다. 그 일을 제어하면 일심이 공적空寂해지고, 그 이치를 궁구하면 이치에 통달한 이로 하여금 그 망령됨을 돌이키게 하며, 그 일을 믿는 이로 하여금 선으로 옮겨 가게 한다. 한 사람으로 하여금 이 도를 잘 행하게 하여 집안을 가르치며, 집안으로써 마을을 이끌며, 마을로써 나라에 도달하여 무궁함에 이르면 천하의 백성들이 도道와 덕德에 무젖고 정신을 실상에 융합하여 높이 무하향無何鄕144에 거닐고 부처님의 경계를 지극하게 할 것이니, 어찌 선인 군자善人君子라고 여길 뿐이겠는가? 무릇 이와 같으면 어찌 충효가 닦이지 않고 예양禮讓이 드러나지 않음을 근심하겠는가?145

三卽【蓮宗寶鑑】

阿彌陀佛。有廣大願力。攝娑婆衆生。而歸淨邦。是令反妄而證眞也。淨土之道。其爲體也。以彌陀卽本性。其爲宗也。以淨國卽惟心。其爲用也。以仁恕卽滅惡生善。此之三者。盖顯三世報應。制其事。一心空寂。窮其理。

---

144 무하향無何鄕 : 무하유지향無何有之鄕의 준말로서, 유무有無와 시비是非 등 모든 대립적 요소가 사라진 이상향 혹은 선경仙境을 뜻한다. 『莊子』「逍遙遊」에서 "지금 자네가 큰 나무를 가지고 있으면서 쓸모가 없다고 걱정한다면 어찌하여 아무것도 없는 시골 마을(無何有之鄕)의 광막한 들판에다 심어 놓으려고 하지 않는가."라고 한 데서 비롯된 것이다.
145 『蓮宗寶鑑』(T47, 343a).

俾達乎理者反其妄。信其事者遷乎善。使一人能行是道。以訓于家。家以導於鄉。鄉以達於邦。以至於無窮。則天下之民。涵道泳德。融神實相。高步無何。而極佛境界。豈止以爲善人君子而已哉。夫如是。則何患乎忠孝不修。禮讓不著歟。

삼수三囚【『정토신종淨土晨鐘』】

전효직錢孝直[146]이 다음과 같이 말하였다.

"예전부터 삼계에서 생사 윤회하는 것을 감옥에 비유하였다. 그런즉 단지 생사를 벗어나지 못하면 모두 삼계의 감옥에 갇힌 죄수이다. 죄수에는 세 가지가 있다.

그 하나는 스스로 결단코 살아날 이치가 없다고 여겨 감옥에서 그런대로 구차히 안일을 도모하다가 하루아침에 망나니가 이르면 부들부들 떨면서 죽음에 나아가는 사람이다.

그 하나는 갑부의 자식이라고 자부하여 돈을 아끼지 않고 재물을 잘 준비하여 살기를 도모하지만 마음이 결연하지 않아 한편으로 잠시의 즐거움을 구차히 탐하다가 혹시라도 다시 살아날 수 있는 길이 끊어지고 쓸 방법조차 다해 버려도 마음에 달게 받아들일 뿐인 사람이다.

이들과 달리 성품을 자부하는 씩씩한 대장부가 있다. 이들은 속박을 참지 못하여 감옥을 지키는 자가 작은 틈만 주면 족쇄를 끊고 용감하게 나아간다. 이와 같이 결단성이 있고 열렬하니, 그가 어찌 아직 죽기 전에 구차히 남은 생을 누리면서 혹은 탈출하거나 탈출하지 못하거나 다 좋다는 마음을 가지는 것을 옳게 여기겠는가?

아, 이것은 생사의 감옥에 처해 있는 우리들에게도 하나의 표본이 될 것이다.

첫 번째 종류의 사람은 온 세상 사람들 대개가 이러하여 공명과 부귀에 얽매여 괴로운 일이 널리 닥쳐도 궁전에서 처첩의 봉양을 극진히 받으면서 스스로 즐긴다. 생사에 대해 말해 주어도 태연히 마음을 쓰지 않고,

---

146 전효직錢孝直(1581~1645) : 명나라 말기의 학자이자 관리. 효직은 자이고, 이름은 경충敬忠이다.

생사 밖에 따로 벗어나는 길이 있다고 말해 주어도 껄껄 한번 웃고 마니, 신근信根을 전혀 갖추지 못했기 때문이다.

두 번째 종류의 사람은 태어날 때부터 역시 숙세의 근기를 갖추어 부처님을 예배하고 선사를 참배하며, 교법敎法을 호지하고 절을 짓고 스님에게 공양하며 돈을 아끼지 않는다. 그러나 발을 세상의 그물 속에 끼워 넣어 명예와 이익이 그를 속박한다. 마치 가시덤불에 들어간 것처럼 구속되어 자유롭지 못하다. 무릇 사람이 태어나 세상을 벗어나는 일대사인연一大事因緣을 마음을 다하여 짓지 않고 남은 힘으로 거기에 미치려고 하니, 세간에 어찌 양주학揚州鶴[147]이 있겠는가? 평생 복을 짓더라도 사람이나 천신이 되는 걸 벗어나지 못하고, 생사의 관문에서 뛰어오르더라도 벗어나지 못하니, 이 역시 생사를 두려워하는 마음을 반연함이 본래 진실하고 간절하지 않기 때문이다.

세 번째 종류의 사람은 부귀하게 태어나는 걸 찾지 않고 죽을 둥 살 둥 공부를 하여 참으로 생사를 벗어나는 길을 구하는 사람이다.

지금 감옥에 갇힌 사람이 하늘을 부르면서 목숨을 구걸하는 걸 보면 그의 어리석음을 불쌍히 여기지 않는 이가 없고, 그가 빨리 목숨을 구하지 않았던 것을 비웃는다. 우리들은 죽을 죄수가 살기를 구하기에는 너무 늦었다고 여기지만 우리를 이러한 사람에게 비교한다면 이 사람이 오히려 일찍 계획한 것이다. 죽을 죄수가 사형당하는 날은 한 해에서 하루에 불과하니, 하루를 전후로 하여 모두 넉넉히 준비할 수가 있다. 그러나 우리들은 삼계의 감옥에 있으면서 해마다 죽을 수 있고, 달마다 죽을 수 있

---

147 양주학揚州鶴 : 현실에서 이루기 힘든 지극한 소망을 모두 이루는 것을 비유한 말. 중국의 고사에 나오는 말이다. 옛날 네 사람이 각자 소원을 한 가지씩 말하기로 하였다. 어떤 사람은 재물을 많이 갖고 싶다고 하였고, 어떤 사람은 양주 자사揚州刺使가 되고 싶다고 하였으며, 어떤 사람은 학을 타고서 하늘로 오르고 싶다고 하였다. 그러자 나머지 한 사람이 "나는 허리에 십만 금을 차고 학을 타고서 양주로 날아가고 싶다."고 하였다.

으며, 날마다 시시각각 죽을 수 있다. 천한 이도 죽고 귀한 이도 죽으며, 늙은이도 죽고 젊은이도 죽으며, 나쁜 사람도 죽고 좋은 사람도 죽으며, 벼슬을 따지지 않고 덕을 따지지 않으며, 나이를 따지지 않는다. 한 호흡이 오지 않으면 바로 생사가 나뉘어진다. 만일 일찍 준비하지 하지 않고 우선 일각一刻을 기다리다가 만에 하나 바로 이 일각에 체포영장(駕帖)이 이르면 망나니와 얼굴을 마주할 것이니 이리 뛰고 저리 뛰더라도 어떻게 막겠는가?

그런데 죄인이 감옥에 들어가 시시각각 벗어나길 구하는 것은 감옥 담장 밖에 몹시 편안하고 즐거운 세계가 있음을 알기 때문이다. 지금 중생들은 번뇌를 집으로 삼고 생사를 동산으로 삼아 대철위산大鐵圍山[148]이 우리를 가두는 감옥 담장이고 삼계라는 법장法場[149]의 밖에 각각 저절로 고향과 즐거운 땅이 있는 줄 모른다. 모든 부처님께서 이것을 불쌍히 여겨 정토와 예토를 분별하여 벗어나 돌아갈 길을 가리켰으나 세월이 오래되어 업을 포기한 사람은 조금도 돌아갈 곳이 없다. 모든 부처님께서 또한 집을 크게 세워 편안하게 하셨으니, 하나는 감옥의 문을 왕래하면서 도로를 닦은 것이고, 다른 하나는 감옥 밖을 늘 살펴서 여관을 정비한 것이다. 이와 같은 은혜를 어찌 몸으로 보답할 수 있으리오? 모든 부처님께서 이미 아낌없이 손을 드리워 중생을 접인接引하였는데, 도리어 이런 하찮은 일에 연연하여 죽어도 깨닫지 못하니 어째서인가?"[150]

---

[148] 대철위산大鐵圍山 : 불교의 세계관에 따르면 수미산을 중심으로 일곱 개의 산이 바다를 사이에 두고 차례대로 그 주위를 둘러싸고 있는데 이를 칠금산이라 하고, 이 칠금산을 둘러싼 바다에 네 개의 대륙 곧 사대주四大洲가 있으며, 다시 사대주가 떠 있는 바다의 외곽을 철위산鐵衛山이 감싸고 있다. 철위산은 다시 그 크기에 따라 대·중·소로 구별되기도 한다. 곧 사대주四大洲를 1소세계小世界라 하고, 이것이 천 개 모인 것을 1소천세계小千世界라 하는데, 이 1소천세계를 감싸고 있는 산을 소철위산, 1천 개의 소천세계를 모은 1중천세계中千世界를 둘러싼 산을 중철위산, 1천 개의 중천세계를 모은 1대천세계大千世界를 둘러싼 산을 대철위산이라 한다.
[149] 법장法場 : 옛날의 사형장을 가리키는 말이다.
[150] 『淨土晨鐘』(X62, 80c).

三囚【淨土晨鐘】

錢孝直曰。從來三界生死輪迴。比于牢獄。然則但未出生死。皆三界獄中囚也。囚有三種。其一自謂決無生理。聊于此中。苟圖安逸。一朝劊子手到。毂觫就斃。其一自負千金之子。不惜金錢。打點營生。而情非決定。一面且偷遊釜之娛。倘再生路絶。亦道盡甘心而已。別有負性崛強之夫。不耐束縛。伺守者少間。挣斷枷鎖。一徃無前。似此決烈。彼安肯于未死前。偷享餘生。或出不出。情懸兩可哉。噫。此亦我輩生死獄中一榜樣矣。第一種人。滔滔皆是。駕言於功名富貴。辛苦博來。極宮殿妻妾之奉。以自娛樂。語以生死。恬不關心。語以生死外別有出路。啞然第付一笑。以全不具信根故也。第二種人生來。亦具宿根。禮佛叅[1]禪。護持教法。造寺齋僧。金錢不吝。然插足世網之中。名韁利鎖。如入荊棘叢。牽絆不得自由。夫人生出世一件。大事因緣。不專心去做。而欲以餘力及之。世間豈有揚州鶴哉。雖生平作福。不離人天。生死關頭。總跳不出。亦緣其怖生死心。原未眞切故也。如第三種人。不求生富貴。但下死工夫。乃眞能求出生死者矣。今見縲絏中人。呼天乞命。莫不哀其愚。而嗤其求生之不早。吾謂死囚求生太晚。比之我輩。猶爲早計也。死囚秋決。歲不過一日。一日前後。皆可寬然打點。我輩在三界獄中。歲歲可死。月月可死。日日刻刻可死。賤死貴亦死。老死少亦死。惡人死好人亦死。不序爵。不序德。不序齒。一息不來。便分今古。不早打點。姑待一刻。萬一卽此一刻。駕帖到來。劊子當面。手忙脚亂。何以禦之。然罪人入獄。時刻求出。以知棘墻之外。更有許大安樂世界故也。今衆生以煩惱爲家宅。以生死爲園囿。不知大鐵圍山是我棘墻。三界法場之外。各各自有家鄉樂地。諸佛憫此。爲分別淨穢。指以脫歸路程。而藐久拋業之人。了無歸處。諸佛又大建宅舍以安之。一則徃來獄門。爲治道路。一則長伺獄外。修飾旅舘。如是之恩。何身可報。諸佛旣不惜垂手接引。衆生反戀此毛頭許事。死而不悟。何哉。

---

1) ㉘『淨土晨鐘』에 따르면 '叅'은 '談'이다. 전자를 따랐다.

삼대三待【적실 대사寂室大師[151] 설】

세상 사람들이 정토의 업을 닦고자 한다면 "나는 지금 바쁘니 우선 한가해질 때를 기다리겠다. 나는 지금 가난하니 부유해질 때를 기다리겠다. 나는 지금 젊으니 우선 나이가 들 때를 기다리겠다."라고 말해서는 안 된다. 만일 분수가 늘 바쁘도록 정해지고, 분수가 가난하도록 정해지며, 분수가 요절하도록 정해졌다면 정토의 업에는 닦을 인연이 없을 것이다. 갑자기 죽는다면 후회한들 무엇을 할 수 있겠는가? 여러 사람들에게 받들어 권하노니 몸이 건강할 때를 틈타서 부지런히 닦아라.[152]

三待【寂室大師說】
世人欲修淨業。不可言我今忙迫。且待閒暇。我今貧乏。且待富足。我今少壯。且待老時。若分定常忙。分定貧乏。分定夭折。卽於淨業。無緣修習。忽爾喪亡。雖悔何及。奉勸諸人。趂身康健。努力修之。

---

151 적실 대사寂室大師 : 일본 임제종臨濟宗 스님 적실 원광寂室元光(1290~1367)을 가리킨다.
152 『淨土指歸集』(X61, 407b).

사종염불四種念佛【『보현행원기普賢行願記』】

첫 번째는 칭명염불稱名念佛이니, 아미타불의 명호를 부르는 것을 이른다. 밤낮으로 온 마음을 기울여 1만 번을 부르거나 10만 번을 부른다. 이와 같이 하여 오랜 세월이 흐르면 생각마다 끊어지지 않고 순일하고 다른 생각이 섞이지 않아 목숨을 마치려 할 때에 반드시 저 부처님이 몸을 나타내어 영접하는 것을 보고 결정코 극락세계에 왕생할 것이다.

두 번째는 관상염불觀像念佛이니, 아미타불의 형상과 상호를 관찰하는 것을 이른다. 입으로 부처님 이름을 부르면 마음은 산란하지 않고, 마음이 산란하지 않으면 본성불本性佛이 따라서 나타난다. 이와 같이 생각마다 끊어지지 않고 순일하고 다른 생각이 섞이지 않으면 목숨을 마치려 할 때 반드시 저 부처님이 몸을 나타내어 영접하는 것을 보고 결정코 극락세계에 왕생할 것이다.

세 번째는 관상염불觀想念佛이니, 단정히 앉아 생각을 바르게 하고 얼굴은 서쪽을 향하며, 마음은 묘관妙觀을 짓는 것을 이른다. 아미타불의 미간에 있는 백호상白毫相의 빛을 생각하거나 나아가 발바닥에 있는 천복륜상千輻輪相을 생각한다. 이와 같이 위에서 아래에 이르고, 아래에서 위에 이르면서 차례대로 관찰하여 관상이 순수해지고 익숙해지며 삼매가 앞에 나타나 목숨을 마치려 할 때에 결정코 극락에 왕생할 것이다.

네 번째는 실상염불實相念佛이니, 아미타불의 법성으로서의 몸을 생각하여 바로 실상의 이치를 얻는 것을 이른다. 형체도 없고 모양도 없는 것이 허공과 같아 마음과 중생이 본래 평등하다. 이와 같은 생각이 바로 참된 생각이니, 생각마다 상속하여 삼매가 앞에 나타나 결정코 극락세계에 왕생할 것이다.[153]

---

[153] 『大明三藏法數』(P181, 837a).

四種念佛【普賢行願記】

一稱名念佛。謂稱名阿彌陀佛名號。於晝夜間。一心專注。或一萬聲。乃至十萬聲。如是歲月旣久。則念念不斷。純一無雜。臨命終時。定見彼佛現身迎接。決定往生極樂世界矣。二觀像念佛。謂觀阿彌陀佛形像相好。口稱佛名。則心不散亂。心不散亂。則本性佛從而顯現。如是念念不斷。純一無雜。臨命終時。定見彼佛現身迎接。決定往生極樂世界矣。三觀想念佛。謂端坐正念。面向西方。心作妙觀。或想阿彌陀佛眉間白毫相光。乃至足下千輻輪相。如是從上至下。從下至上。展轉觀之。觀想純熟。三昧現前。臨命終時。決定往生極樂世界矣。四實相念佛。謂念阿彌陀佛法性之身。卽得實相之理。無形無相。猶如虛空。心及眾生。本來平等。如是之念。卽是眞念。念念相續。三昧現前。決定往生極樂世界矣。

사토四土【『연종보감蓮宗寶鑑』】

첫째는 범부와 성인이 함께 사는 땅이다. 이 땅에 사는 이는 믿음과 발원과 염불만 있고 번뇌를 끊지도 못하고 집안의 인연을 버리지도 못하며 선정을 닦지도 못하였는데 목숨을 마치려 할 때에 아미타불께서 접인接引하여 모두 왕생하여 신통을 얻고 불퇴전을 얻는다.

둘째는 방편이 뛰어난 이가 사는 땅이다. 이 땅에 사는 이는 모두 소승의 과를 얻는 것이 결정된 근성을 지녔다. 삼계를 호랑이·귀신·용·뱀처럼 두려워하여 견사혹見思惑을 파괴하고 탐욕과 성냄과 어리석음을 죽였으나 여래의 종자를 끊고 소승의 견해에 집착하며 공적空寂에 막혔기에 여기에 태어나는데 여래께서 순전히 대승만을 설하여 조복한다.

셋째는 진실한 과보로 장엄한 땅이다. 이 땅에 사는 이는 모두 대승에 의지하여 삼관三觀을 원만하게 닦은 사람이다. 십주十住·십행十行·십향十向·십지十地·등각等覺·법신대사法身大士가 티끌이나 모래처럼 많다. 각기 부분적으로 무명을 깨뜨렸기에 몸을 시방세계에 나누어 중생을 제도한다. 보살이 사는 곳이다.

넷째는 항상 고요하고 빛나는 땅이다. 이 땅은 최상승最上乘의 경계이다. 미혹을 다하고 망정을 잊어 모든 법이 생기지 않고 반야도 생기지 않는 것을 대열반이라고 한다. 이 땅에 단정히 거주하는 것을 청정법신淸淨法身이라고 하고, 도피안到彼岸이라고 하며, 또한 공겁 이전의 자기라고도 한다.[154]

四土【蓮宗寶鑑】
一凡聖同居土。此土但有信願念佛。不斷煩惱。不捨家緣。不修禪定。臨命

---

[154] 『蓮宗寶鑑』(T47, 313c).

終時。彌陀接引。皆得徃生。便獲神通。得不退轉。直至菩提。二方便勝居士。此土皆是定性小乘根性。怕怖三界。如虎鬼龍蛇。破見思惑。殺貪瞋癡。斷如來種。偏執小見。沈空滯寂乃生。如來純說大乘調伏。三實報莊嚴土。此土皆是大乘圓修。三觀十住十行十向十地等覺法身大士。如塵若沙。各各分破無明。分身十方。度脫衆生。菩薩所居。四常寂光土。此土是寂上乘境界。惑盡情忘。諸法不生。般若不生。名大涅槃。端居此土。名淸淨法身。名到彼岸。亦名空劫以前自己。

사료간 四料簡【영명 선사永明禪師 설】

선禪만 있고 정토가 없으면, 열 사람이면 아홉 명은 잘못된 길로 빠지게 되니, 음경陰境[155]이 앞에 나타나면 잠깐 사이에 그것을 따라간다.

선은 없고 정토만 있으면, 만인萬人이 닦으면 만인이 가니, 아미타불을 뵙기만 하면 깨닫지 못할까 어찌 근심하겠는가?

선도 있고 정토도 있으면, 마치 뿔 달린 호랑이와 같아 현세에는 남의 스승이 되고, 미래에는 부처님이나 조사가 된다.

선도 없고 정토도 없으면, 쇠로 만든 상 위에 눕고 구리 기둥을 안고 고통을 받으니, 만겁토록 천 생 동안 의지할 사람이 없을 것이다.[156]

四料簡【永明禪師說】

有禪無淨土。十人九錯路。陰境若現前。瞥爾隨他去。無禪有淨土。萬修萬人去。但得見彌陀。何愁不開悟。有禪有淨土。猶如戴角虎。現世爲人師。當來作佛祖。無禪無淨土。鐵牀並銅柱。萬劫與千生。沒箇人依怙。

---

155 음경陰境 : 오음五陰의 경계. 곧 생사윤회하는 몸을 가리키는 말이다. 여기에서는 중음신中陰身(죽은 뒤에 다음 생을 받기까지의 49일 동안의 식신識身)의 의미로 쓰인 것 같다.
156 『淨土指歸集』(X61, 379b).

사료간 四料簡【연지 대사 蓮池大師 설】

복을 짓되 염불하지 않으면 복이 다하면 다시 윤회한다.
염불하되 복을 짓지 않으면 도에 들어가는 데 고생이 많다.
복도 짓지 않고 염불도 하지 않으면 지옥이나 귀신이나 짐승의 무리가 된다.
염불도 하고 아울러 복을 지으면 나중에 양족존兩足尊[157]을 증득한다.[158]

四料簡【蓮池大師說】
作福不念佛。福盡還沈淪。念佛不作福。入道多苦辛。無福不念佛。地獄鬼畜羣。念佛兼作福。後證兩足尊。

---

157 양족존兩足尊 : 부처님의 여러 가지 명호 중 하나. 양족선兩足仙 또는 이족존二足尊 이라고도 한다. 부처님은 두 발을 가진 이 중에서 가장 높은 이라는 뜻이다. 또는 대원大願과 수행修行, 혹은 복덕과 지혜의 둘을 구족하였다는 뜻이다.
158 『雲棲法彙』(J33, 104c).

사종요익 四種饒益【자운참주慈雲懺主 설】

세존은 네 가지 이롭게 하는 법으로 중생들을 제도한다.

첫째, 상호를 나타내 보여 관찰하는 이가 보리심을 일으키게 한다.

둘째, 설법을 나타내 보여 듣는 이가 깨달아 도에 들어가게 한다.

셋째, 교화하는 일을 나타내 보여 보고 듣는 이가 모든 법의 이익을 얻게 한다.

넷째, 명호를 시방세계에 유포하여 듣는 이가 잡아 지니며 생각을 매어 죄를 소멸하고 선을 일으켜서 도탈度脫을 얻게 한다.[159]

四種饒益【慈雲懺主說】

世尊以[1]四種饒益法。度諸衆生。一者示現相好。令觀察者發菩提心。二者示現說法。令得聞者開悟入道。三者示現化事。令見聞者獲諸法利。四者名號流布十方。令其聞者執持繫念。罪滅善生而得度脫。

1) ㉮ 갑본에는 '以'가 없다.

---

159 『淨土指歸集』(X61, 372a).

사의四意【청량국사淸涼國師 설】

⑪ 화장세계華藏世界[160]에 태어나는 것을 구하지 않고 극락에 태어나는 것을 구하는 것은 어째서인가?

⑫ 네 가지 뜻이 있다.

첫 번째는 연이 있기 때문이다. 아미타불은 발원이 중하여 사바세계의 사람만 접인한다.

두 번째는 중생들의 귀의하고 의지하는 마음을 전일하게 하기 때문이다. 만일 시방세계가 모두 오묘하다는 것을 들으면 초심자는 어리둥절하여 의탁할 곳이 없기 때문에 방편으로 그들을 이끈다.

세 번째는 화장세계를 여의지 않기 때문이다. 극락이 여기에서 십만억 찰토刹土[161]나 떨어져 있지만 화장세계에 있는 부처님의 찰토는 모두 미진수微塵數이기 때문에 여의지 않는다.

네 번째는 바로 본사本師이기 때문이다. 경에서 "혹은 보니 무량수불을 관자재보살 등이 둘러싸고 있다."[162]라고 하였는데, 소疏에서 "본존 비로자나의 덕을 기린 것이다. 화장세계의 찰해刹海는 모두 비로자나의 경계이다. (무량수불의) 십만억 찰은 찰종刹種의 바다를 벗어나지 않으니 어찌 본사가 이름을 따라 교화를 달리하신 것이 아니겠는가?"[163]라고 하였다.[164]

---

160 화장세계華藏世界 : 연화장세계蓮華藏世界라고도 한다. 비로자나불이 장엄한 정토를 가리킨다.
161 찰토刹土 : '찰'은 Ⓢ kṣetra의 줄인 음역어로, 토土·국토 등으로 의역한다. 보통 의역어와 음역어를 합쳐 찰토라고 한다.
162 『華嚴經』 권39(T10, 842b).
163 『貞元新譯華嚴經疏』 권10(X5, 190b).
164 『貞元新譯華嚴經疏』 권10(X5, 198a)과 『華嚴經普賢行願品別行疏鈔』 권6(X5, 322b)을 묶은 것이다. 『淨土指歸集』(X61, 403b)에서 두 가지를 묶어서 실었는데 본문과 문장이 동일하다.

四意【清涼國師說】

問。不求生華藏。而生極樂者何耶。答。有四意。一者有緣故。彌陀願重。偏接娑婆人也。二者使衆生歸憑情一故。若聞十方皆妙。初心茫然。無所依託故。方便引之。三者不離華藏故。極樂去此。十萬億刹。華藏佛刹。皆微塵數。故不離也。四者卽本師故。經云。或有見佛無量壽。觀自在等所[1]圍繞。疏云。讚本尊遮那之德也。華藏刹海。皆遮那境。十萬億刹。未出刹種之海。豈非本師隨名異化也。

1) ㉘『華嚴經疏』에 따르면 '所'는 '共'이다.

사관四關【자조종주慈照宗主 설】

염불하는 사람에게 이 네 가지 관문이 있으면 정토에 태어나지 못한다. 지혜가 없는 사람은 "내가 지금 염불하였는데도 병고病苦가 있다."라고 말하며 아미타불을 도리어 비방한다. 이러한 한 생각 나쁜 마음으로 인하여 곧장 지옥에 들어가니, 이것이 첫 번째 관문이다.

비록 계율을 지니고 염불한 연이 있지만 입으로만 정토를 말하고 마음은 사바세계를 반연하기 때문에 세간을 벗어나는 선근을 구하지 않고, 집을 사랑하는 연을 늘 왕성하게 추구하다가 임종할 때 병에 걸리면 죽음을 두려워하고 삶을 탐하여 어리석은 사람의 말을 믿고 귀신을 부르며, 돈을 태우고 말을 변화로 만들며, 온갖 생명을 살육한다. 이런 바르지 않은 마음을 반연하면 부처님이 거두고 보호하는 일이 없다. 이 때문에 유랑하여 삼악도에 떨어지니, 이것이 두 번째 관문이다.

약을 먹는다고 해서 술과 고기를 기필코 쓰거나, 친한 정 때문에 서로 술과 고기를 억지로 권한다. 이런 사람은 결정된 믿음이 없어서 선근을 잃고, 임종 때에 명왕 앞에 끌려가 왕의 판단에 맡겨지니, 이것이 세 번째 관문이다.

임종할 때에 생계를 걱정하며 재물에 매달리고 권속들에 연연해 하며 마음을 내려놓지 못하여 바른 생각을 잃는다. 그러므로 집에서 귀신이 되어 재앙의 빌미가 되거나, 혹은 인색한 개가 되거나 뱀이 되어 가정을 지키는 것이 살아 있을 때와 흡사하니, 이것이 네 번째 관문이다.[165]

---

165 『蓮宗寶鑑』(T47, 339b);『淨土晨鐘』권7(X62, 68c). 모두 내용은 같지만 문장은 꼭 같지는 않다.

四關【慈照宗主說】

念佛之人。有此四關。不生淨土。無智之人却言。我今念佛。又有病苦。反謗彌陀。因此一念惡心。徑入地獄。此是一關也。雖則持戒念佛。緣爲口談淨土。意緣娑婆。不求出世善根。爲愛家緣長旺。以致臨終遭病。怕死貪生。信受童兒。呼神喚鬼。燒錢化馬。殺戮衆生。緣此心邪。無佛攝護。因玆流浪。墮落三塗。是二關也。或因服藥。須用酒腥。或被親情。遞相逼勸。此人無決定信。喪失善根。臨終追赴王前。任王判斷。是三關也。臨終之際。思惟活業。繫綴資財。愛戀眷屬。心放不下。失却正念。故於家舍。墮鬼趣中。已爲禍祟。[1] 或爲慳犬。或作蛇身。守護家庭。宛如在日。是四關也。

1) ㉠갑본에는 '祟'가 '崇'으로 되어 있다.

사당四當 【자운참주慈雲懺主 설】

안양安養[166]에 왕생하는 정업淨業은 빠르고 쉽게 닦을 수 있다. 모든 대승경전은 모두 이러한 요점을 열고, 시방세계의 모든 부처님은 그 아름다움을 칭찬하지 않음이 없다.

만일 비구를 비롯한 사중四衆[167]과 선남자와 선여인이 빨리 무명을 파괴하고 오역五逆[168]과 십악중죄十惡重罪와 나머지 경미한 잘못을 영원히 소멸하려고 한다면 이 법을 닦아야만 한다.

만일 청정한 대승과 소승의 계율을 얻고 일체의 모든 바라밀문을 구족하려 한다면 이 법을 배워야만 한다.

만일 임종 때에 모든 두려움을 떠나 몸과 마음이 편안하고 즐거우며, 고향에 돌아간 것처럼 기쁨이 넘치며, 빛이 집을 비추며, 기이한 향기가 나고 음악이 연주되며, 아미타불께서 여러 성인 무리와 자금대紫金臺를 보내어 손을 잡아 영접하며, 오도五道를 가로질러 구품九品으로 길이 질주하며, 뜨거운 번뇌를 떠나 시원한 곳에서 편안히 쉬며, 처음 진로塵勞[169]를 여의자마자 불퇴전의 지위에 오르며, 오랜 겁을 지나지 않고 바로 무생법

---

166 안양安養 : 아미타불의 정토인 극락세계의 다른 이름이다. 이 국토가 안심양신安心良身의 특성을 지녔음을 나타내는 말이다.
167 사중四衆 : 불교 교단을 구성하는 네 부류의 제자를 가리킨다. 곧 비구·비구니·사미·사미니이다.
168 오역五逆 : 이치에 지극히 어긋나는 다섯 가지 죄. 오무간업五無間業이라고도 한다. 소승의 오역은 어머니를 죽이는 것, 아버지를 죽이는 것, 아라한을 죽이는 것, 화합된 승가를 무너뜨리는 것, 악심惡心으로 부처님의 몸에서 피가 나게 하는 것이다. 대승의 오역은 삼보의 물건을 훼손하는 것, 성문·연각·대승법을 훼방하는 것, 출가인의 수행을 방해하는 것, 소승 오역죄 중 하나를 범하는 것, 업보가 없다고 주장하는 것이다.
169 진로塵勞 : 번뇌의 다른 이름으로 두 가지 뜻이 있다. 첫째, 진塵은 육진六塵(六境), 노勞는 노권勞倦을 말한다. 곧 객관 세계인 육진의 경계를 따라 마음의 번뇌가 일어나서 피곤하게 만들기 때문에 번뇌를 진로라고 한다. 둘째, 진塵은 오심汚心, 노勞는 근고勤苦를 말한다. 번뇌는 마음을 어지럽혀 노심초사하게 만들기 때문에 진로라고 한다.

인을 증득하려고 한다면 이 법을 배워야만 한다.

만일 적은 법을 닦아서 오묘한 과보를 얻으며, 시방세계의 모든 부처님이 동시에 칭찬하고 눈앞에서 수기를 주며, 한 생각에 무앙수無央數[170]의 부처님을 공양하며, 본국에 다시 돌아와 아미타불과 앉아서 음식을 먹으며, 관음보살과 의논하고 대세지보살과 걸어 다니며, 막힘없이 보고 사무치게 들으며, 몸의 분량이 끝이 없으며, 자유자재로 허공을 날아다니며, 숙명宿命을 분명히 알며, 오도를 두루 관찰하는 것이 거울 속의 모양을 보는 것과 같으며, 생각마다 다함없는 삼매에 증득하여 들어가려고 한다면 이 뛰어난 법을 닦아 익혀야만 한다.[171]

四當【慈雲懺主說】

安養淨業。捷徑易修。諸大乘經。皆啟斯要。十方諸佛。無不稱美。若比邱四衆。善男信女。欲得速破無明。永滅五逆十惡重罪。及餘輕過。當修此法。欲得清淨大小戒律。具足一切諸波羅蜜門者。當學此法。欲得臨終。離諸怖畏。身心安樂。喜悅如歸。光照室宅。異香音樂。阿彌陀佛與諸聖衆。送紫金臺。授手迎接。五道橫截。九品長鶩。謝去熱惱。安息清涼。初離塵勞。便登不退。不歷長劫。卽證無生者。當學此法。欲修少法而感妙報。十方諸佛俱時稱讚。現前授記。一念供養無央數佛。還至本國。與彌陀坐食。觀音議論。勢至行步。洞視徹聞。身量無際。飛空自在。宿命了了。徧觀五道。如鏡中像。念念證入無盡三昧。應當修習此之勝法。

---

[170] 무앙수無央數 : ⑤ asaṃkhya의 의역어이며, 음역어는 아승기阿僧祇이다. 지극히 큰 수를 가리킨다.
[171] 『淨土指歸集』 권하(X6, 405c).

사불퇴 四不退【우익 법사 蕅益法師 설】

정토에 왕생하여 영원히 물러나지 않는 지위를 얻는 것에 네 가지 뜻이 있다.

첫째, 염불퇴念不退란 무명을 깨트리고 불성을 드러내는 것이니, 곧바로 실보장엄토實報莊嚴土[172]에 태어나고 상적광토常寂光土[173]를 조금 증득한다.

둘째, 행불퇴行不退란 견사혹은 이미 떨어지고 진사혹도 깨트리는 것이니, 방편유여토方便有餘土[174]에 태어나고 극과極果에 나아간다.

셋째, 위불퇴位不退란 업을 짊어지고 왕생하는 것이니, 범성동거토凡聖同居土[175]에서 연꽃에 몸을 의탁하여 영원히 물러나는 인연을 떠난다.

넷째, 필경불퇴畢竟不退란 마음이 지극하거나 마음이 산란하거나 마음이 있거나 마음이 없거나 이해했거나 이해하지 못했거나 간에 아미타불의 이름이 한번 귀에 스치거나 육방六方의 부처님이나 아미타경의 이름이 한번 귀에 스치면 천만억 겁이 지나더라도 끝내 이로 인해 해탈한다. 비

---

172 실보장엄토實報莊嚴土 : 정토를 그 성격에 따라 넷으로 나눈 것 중 하나. 실보무장애토實報無障礙土·실보토實報土·과보토果報土라고도 한다. 진실한 법인 중도관中道觀으로 일부의 무명을 끊은 보살이 태어나는 곳이다. 보살만 머물고 범부·이승은 있지 않다. 곧 별교別敎의 초지初地 이상, 원교圓敎의 초주初住 이상의 보살이 머무는 과보토이다.
173 상적광토常寂光土 : 정토를 그 성격에 따라 넷으로 나눈 것 중 하나. 적광토寂光土·적광국寂光國이라고도 한다. 근본무명을 완전히 끊은 부처님이 의지하는 곳이다. 묘각의 구경과를 얻은 부처님이 머무는 국토이다.
174 방편유여토方便有餘土 : 정토를 그 성격에 따라 넷으로 나눈 것 중 하나. 방편토·유여토라고도 한다. 아라한·벽지불(연각)·지전地前의 보살이 머무는 국토이다. 이들은 방편도를 닦아서 견혹과 사혹은 끊었기 때문에 '방편'이라고 하고, 아직 중도실상을 가리는 무명의 근본혹에 가려져 있기 때문에 '유여'라고 한다.
175 범성동거토凡聖同居土 : 정토를 그 성격에 따라 넷으로 나눈 것 중 하나. 동거토同居土·염정국染淨國이라고도 한다. 인도와 천도의 범주가 성문·연각의 성자와 함께 머무는 국토이다.

유컨대 독을 바른 북소리를 들으면 멀거나 가깝거나 간에 모두 죽는 것과 같다. 또 금강은 조금만 먹어도 결정코 소화되지 않는 것과 같다.[176]

四不退【蕅益法師說】

徃生淨土。永不退轉。有四義。一念不退者。破無明。顯佛性。逕生實報。分證寂光。二行不退者。見思旣落。塵沙亦破。生方便土。進趣極果。三位不退者。帶業徃生。在同居土。蓮華托質。永離退緣。四畢竟不退者。不論至心散心有心無心。或解或不解。但令彌陀名號。一歷耳根。或六方佛名。或彌陀經名。一經於耳。假使千萬劫後。畢竟因斯度脫。譬如聞塗毒皷。遠近皆喪。又如食少金剛。決定不消也。

---

[176] 『阿彌陀經要解』(T37, 365a).

사색연화 四色蓮華【『아미타경阿彌陀經』】

극락국토極樂國土에는 일곱 가지 보배로 된 연못이 있는데, 여덟 가지 공덕을 갖춘 물[177]이 그 안에 가득 차 있다. 연못 바닥은 순전히 금모래를 깔았고, 네 둘레에 있는 계단은 금金·은銀·유리琉璃·파려玻瓈를 섞어 만들었다.

연못 가운데 있는 연꽃은 수레바퀴만큼 큰데, 푸른색에서는 푸른빛이 나며, 노란색에서는 노란빛이 나며, 붉은색에서는 붉은빛이 나며, 흰색에서는 흰빛이 난다. 그 연꽃은 더할 나위 없이 향기롭고 깨끗하다.

푸른색은 우발라優鉢羅[178]라 하고, 노란색은 구물두拘勿頭[179]라 하며, 붉은색은 발두마鉢頭摩[180]라 하고, 흰색은 분타리芬陀利[181]라 하는데, 색에는 반드시 빛이 있다. 이것은 정업으로 말미암아 감응한 것으로 이 사바세계의 꽃에 색은 있지만 빛은 없는 것과 다르다.[182]

四色蓮華【阿彌陀經】

極樂國土。有七寶池。八功德水。充滿其中。池底純以金沙布地。四邊階道。

---

177 여덟 가지~갖춘 물(八功德水):『稱讚淨土佛攝受經』(T12, 348c)에 따르면 고요하고 깨끗한 것(澄淨)·차고 맑은 것(淸冷)·맛이 단 것(甘美)·입에 부드러운 것(輕軟)·윤택한 것(潤澤)·편안하고 화평한 것(安和)·기갈 등의 한량없는 근심을 없애 주는 것(除饑渴)·여러 근근을 잘 길러 주는 것(長養諸根)이다.
178 우발라優鉢羅 : ⓢ utpala의 음역어. 의역어는 청련화青蓮花이다. 연꽃의 일종이다.
179 구물두拘勿頭 : ⓢ kumuda의 음역어로, 구모타拘某陀·구물타拘物陀·구물투拘勿投·구물두俱勿頭·구모두拘牟頭·구무두拘貿頭·구모지俱牟地·구모나拘牟那라고도 한다. 연꽃의 일종이다.
180 발두마鉢頭摩 : ⓢ padma의 음역어로, 발특망鉢特忙·발노마鉢弩摩·파두마波頭摩·발납마鉢納摩·파담마波曇摩·발담마鉢曇摩라고도 한다. 의역어는 적련화赤蓮華이다.
181 분타리芬陀利 : ⓢ puṇḍarīka의 음역어로, 분다리가分茶利迦(奔茶利迦)라고도 한다. 의역어는 백련화白蓮華 또는 인중호화人中好華·희유화稀有華·백엽화百葉華라고도 한다.
182 『阿彌陀經』(T12, 346c).

金銀琉璃玻瓈合成。池中蓮華。大如車輪。青色青光。黃色黃光。赤色赤光。白色白光。微妙香潔。青色名優鉢羅。黃色名拘勿頭。赤色名鉢頭摩。白色名芬陀利。色必有光。蓋由淨業所感。不同此方之華有色無光也。

사념주四念珠【『금강정유가념주경金剛頂瑜伽念珠經』】

염주念珠란 부처님께서 중생들이 번뇌를 없애려고 수주數珠[183]를 항상 그 몸에 휴대해서 지니고 전심專心으로 부처님의 명호에 생각을 매게 한 것이다. 그러므로 수주의 많고 적음에 따라 공덕의 우열을 설하면 네 가지가 같지 않은 것이 있다.

1,080개의 염주는 상품上品이 된다. 이 염주가 상품이 되는 것은 그 숫자가 많기 때문이다. 만일 이 염주를 지니고 부처님의 명호를 염송하면 공덕과 이익이 가장 상품이 된다.

108개의 염주는 최승最勝이 된다. 이 염주가 최승이 되는 것은 그 숫자가 상품의 뒤를 잇기 때문이다. 만일 이 염주를 지니고 부처님의 명호를 염송하면 공덕과 이익이 최승이 된다.

54개의 염주는 중품中品이 된다. 이 염주가 중품이 되는 것은 그 숫자가 최승의 뒤를 잇기 때문이다. 만일 이 염주를 지니고 부처님의 명호를 염송하면 공덕과 이익이 중품이 된다.

27개의 염주는 하품下品이 된다. 이 염주가 하품이 되는 것은 그 숫자가 또 중품의 뒤를 잇기 때문이다. 만일 이 염주를 지니고 부처님의 명호를 염송하면 공덕과 이익이 하품이 된다.

그러나 이것은 모두 구슬의 숫자가 많고 적음을 가지고 네 가지 품으로 나눈 것이다. 만일 마음을 다해 염주를 지니고 염송한다면 공덕이 평등하여 다름이 없다.[184]

---

183 수주數珠 : 염주念珠와 같은 말이다. 불보살께 예배할 때 손목에 걸거나 손으로 돌리는 법구의 하나이다. 또한 염불하는 수를 세는 데 쓰기도 한다. 108개로 한 것은 108번뇌 끊음을 표현한 것이고, 절반인 54개로 한 것은 보살 수행의 계위인 사선근·십신·십주·십행·십회향·십지를 나타낸 것이며, 또 절반인 27개로 한 것은 소승의 이십칠현성二十七賢聖을 표시한다는 것이 일반의 말이다.

184 『金剛頂瑜伽念珠經』(T17, 727c)에 취지가 동일한 글이 나오지만 문장은 다르다. 『大

四念珠【金剛頂瑜伽念珠經】

念珠者。佛令衆生。欲滅煩惱。當持數珠。常隨其身。專心繫念諸佛名號。故說數珠之多少功德之勝劣。而有四種之不同也。一千八十珠爲上品。此珠爲上品者。以其數多。若持此珠。念佛名號。則功德利益。極爲上品。一百八珠爲最勝。此珠爲最勝。以其數次於上品。若持以念佛名號。則功德利益爲最勝。五十四珠爲中品。此珠爲中品者。以其數次於前。若持以念佛名號。則功德利益爲中品。二十七珠爲下品。此珠爲下品者。以其數又次於前。若持以念佛名號。則功德利益爲下品。然此皆以珠數多寡。而分四品之別。若能專心持念。則功德平等而無異也。

明三藏法數』(P182, 2b)에서 출처가 『金剛頂瑜伽念珠經』이라고 하고 본문의 글을 실었는데 문장이 동일하다.

사부득四不得『정토신종淨土晨鐘』

큰일(大事)을 갖추려 한다면 핵심적인 것은 특히 임종 때의 한 수(一着)에 달려 있다. 예전부터 허송세월을 보내다가 여기에 이르러서도 어물어물하며 미룰 수 없으며, 예전부터 헷갈리다가 여기에 이르러서도 어리벙벙하게 있을 수는 없으며, 예전부터 겉멋만 부리다가 여기에 이르러서도 거짓으로 빌릴 수는 없으며, 예전부터 샛길로 다니다가 여기에 이르러서도 배회할 수는 없다.

단지 마음(方寸)[185] 사이에서 신령하고 밝게 일을 처리해야 할 것이니, 깨어 있으면 곧장 연대蓮臺[186]가 우뚝 나타나고, 어두우면 육도六道와 삼악도에 떨어진다. 정토와 예토가 잠깐 사이에 길을 달리하니 위태롭고 위태롭구나. 끝까지 요결要訣을 잡아 쥐고 일심의 바른 생각을 벗어나지 마라.[187]

四不得【淨土晨鐘】

欲辦大事。喫緊尤在臨時一着。從前悠忽。到此延捱不得。從前迷着。到此糊塗不得。從前浮華。到此假借不得。從前岐路。到此徘徊不得。只方寸間靈明用事。醒則立現蓮臺。昧則六道三塗有分。淨穢頃刻異路。危哉危哉。究竟把握要訣。不外一心正念。

---

[185] 마음(方寸) : '방촌方寸'은 사방일촌四方一寸이라는 뜻인데, 심장이 가슴의 방촌 사이에 있기 때문에 마음을 일컫는 말로 쓰이게 되었다.
[186] 연대蓮臺 : 정토에 왕생하는 이가 앉는 아홉 가지 연꽃의 대좌臺座이다. 정토의 행자는 임종할 때에 성중聖衆의 마중을 받아 그들이 가지고 온 연대를 타고 정토에 가는데, 그 행자의 품위品位에 상품상생上品上生에서 하품하생下品下生까지 구품이 있으므로 연대에도 또한 구품이 있다. 상상품은 금강대金剛臺, 상중품은 자금대紫金臺, 상하품은 금련대金蓮臺, 중상품은 연화대蓮花臺, 중중품은 칠보연화七寶蓮華, 중하품은 경에서 밝히지 않았고, 하상품은 보련화寶蓮華, 하중품은 연화, 하하품은 금련화유여일륜金蓮華猶如日輪에 앉아 왕생한다.
[187] 『淨土晨鐘』 권7(X62, 67c).

사문四門【자운참주慈雲懺主 설】

첫째, 예참문禮懺門은 부처님께 예배하여 참회하고 업장을 깨끗하게 제거해서 몸과 마음을 희고 깨끗하게 하는 것으로 좋은 밭을 말끔하게 정리하는 것과 같다.

둘째, 십념문十念門은 성호聖號를 집지하고 정심定心으로 수행을 이루고 서원을 세워 반드시 이루고자 하여 왕생의 정인正因을 심는 것으로 종자를 뿌리는 것과 같다.

셋째, 계연문繫緣門은 아끼고 보호하고 길러서 싹과 줄기가 자라도록 하는 것으로 제때에 물을 대어 주는 것과 같다.

넷째, 중복문衆福門은 무성해지도록 도와서 꽃과 과일을 빨리 맺게 하는 것으로 거름을 주는 것과 같다.

서로 말미암음이 그러하나 만일 시간이 없다면 한 문을 따라 닦아도 모두 왕생할 수 있다.[188]

四門【慈雲懺主說】

第一禮懺門。禮佛懺悔。淨除業障。使身心皎潔。如淨良田。第二十念門。執持聖號。定心成行。立願要期。植徃生正因。如下種子。第三繫緣門。愛護長養。滋發芽莖。如注以膏雨。第四衆福門。助成繁茂。使速成華果。如灌以肥膩。相由雖爾。若或少暇。隨修一門。皆得徃生。

---

[188] 『淨土指歸集』(X61, 384a).

사교이념 四教離念【『정토지귀집淨土指歸集』】

무릇 마음은 홀로 생기지 않고 반드시 연에 의탁하여 일어난다. 수행자가 염불할 때에 의근意根은 인이 되고, 여래의 백호상은 연이 되며, 일어난 생각이 바로 생겨난 법이다. 이 세 가지 상相이 변이하여 한 찰나도 머물지 않고 쪼개면 바야흐로 공한 것을 관찰하는 것이 바로 장교藏教[189]의 소승 염불이다.

염불할 때 마음이 일어난 것을 그대로 관찰하되, 능생能生과 소생所生이 그대로 공하지 않음이 없으니 망령되게 마음이 일으켰다고 하지만 체는 바로 공이고 관찰하는 대상인 부처의 상相은 거울에 비친 모양과 같아서 부처도 없고 생각도 없는 것이 바로 통교通教[190]의 대승 염불이다.

염불할 때 마음이 일어나면 바로 가명假名이고 가명인 마음이 한량없는 명상名相을 꿰뚫어 보는 것을 그대로 관찰하며, 이 마음에 여래장如來藏이 있어서 겁을 지나면 미혹을 끊고 깨달음을 얻음[191]을 분명히 안다. 변邊을 떠나 중中을 드러내어 부처도 없고 생각도 없는 것이 바로 별교別

---

189 장교藏教 : 삼장교三藏教의 준말로, 소승의 교법을 가리키는 말이다. '삼장'은 부처님의 가르침을 총괄하여 지칭하기도 하지만, 여기에서의 '삼장'은 부처님께서 입멸하신 후 그 제자들이 결집한 경·율·논의 삼장을 가리킨다. 좁은 세계관에 의지하여 얕은 교리를 말하고 분석해 보고서야 모든 것이 공인 줄 아는 석공析空을 근본 사상으로 하는 가르침이다.
190 통교通教 : 성문·연각·보살의 삼승이 함께 받는 법이다. 얕고 깊은 법을 함께 말한 것이므로 사람의 근성이 영리하고 둔함에 따라서 얕게도 해석하고, 깊게도 해석할 수 있는 교이다. 근기가 둔한 사람이 이 교를 얕게 해석하면 장교藏教와 같은 결과를 얻게 되고, 영리한 사람이 이 교를 높게 해석하면 별교別教와 원교圓教에 들어갈 수 있다. 이렇게 근기에 따라 앞으로는 장교로 이해할 수 있고, 뒤로는 별교와 원교로 이해할 수 있는 교이므로 통교라고 한다.
191 미혹을 끊고 깨달음을 얻음(歷劫斷證) : 『五方便念佛門』(T47, 83a)에서 "여러 겁에 걸쳐 미혹을 끊고 비로소 참되고 영원한 것을 증득한다.(歷劫斷惑。方證眞常。)"라고 한 것을 참조할 것.

敎¹⁹²의 대승 염불이다.

염불할 때 마음이 일어나면, 그대로 공空이요 그대로 가假요 그대로 중中임을 그대로 관찰한다. 주체(根)이거나 대상(塵)이거나 모두 법계여서 티끌 같은 불국토에 계신 모든 부처님이 한 생각을 나타내면 육도六道의 중생이 찰나에 두루 거기에 응하니 초심初心이 바로 후심後心인 줄 지금 비로소 안다. 마치 큰 복을 가진 사람이 돌을 집으면 보배를 이루는 것처럼 생각을 버리고 따로 생각을 떠나는 것을 구할 필요가 없다. 변邊이 그대로 중中이어서 부처도 없고 생각도 없으니 이것이 원교圓敎¹⁹³의 대승 염불이다. 『영락경瓔珞經』에서 돈오여래頓悟如來를 밝힌 것¹⁹⁴이 바로 이 법이다.¹⁹⁵

四敎離念【淨土指歸集】

夫心不孤生。必託緣起。行者。念佛之時。意根爲因。如來毫相爲緣。所起之念。卽所生法。觀此三相遷動。念念不住。分析方空。卽藏敎小乘念佛也。卽觀念佛心起。能生所生。無不卽空。妄謂心起。體之卽空。所觀佛相。如鏡中像。無佛無念。卽通敎大乘念佛也。卽觀念佛心起。卽是假名。假名之心。洞鑑無量名相。了知此心有如來藏。歷劫斷證。離邊顯中。無佛無念。卽別敎大乘念佛也。卽觀念佛心起。卽空卽假卽中。若根若塵。並是法界。塵刹諸佛。一念照明。六道衆生。刹那普應。初心卽是。今始覺知。如大福

---

192 별교別敎 : 오직 보살을 가르침의 대상으로 삼고, 이승二乘과는 함께하지 않기 때문에 불공교不共敎라고도 한다. 별교에서의 공·가·중은 점차적인 것으로 원융상즉圓融相卽에는 이르지 못한다. 뒤의 원교圓敎와 같이 융통무애融通無碍한 이치에는 이르지 못했고, 또 장교·통교·원교와는 다른 교이므로 별교라고도 한다.
193 원교圓敎 : 궁극적인 원만한 가르침이라는 뜻. 『華嚴經』(T9, 749a)에 "원만인연수다라圓滿因緣修多羅"라고 하고, 또 같은 경(T9, 750b)에 "원만경圓滿經"이라는 말이 있는 데서 기인한다. 교상판석에서 가장 최고의 가르침을 일컫는 말로 쓰인다.
194 『菩薩瓔珞本業經』 권하(T24, 1018c). 단 『本業經』에서는 '悟'를 '覺'이라고 하였다.
195 『淨土指歸集』 권1(X61, 383b). 지의의 『五方便念佛門』(T47, 83a)에도 동일한 내용이 실려 있는데 문장은 본문과 동일하지는 않다. 본문의 문장은 『淨土指歸集』과 같다.

人。執石成寶。必無捨念。別求離念。卽邊而中。無佛無念。此圓敎大乘念佛。瓔珞經明頓悟如來。卽此法也。

사가四可【『용서정토문龍舒淨土文』[196]】

이 정토 법문에 대해서 다른 사람이 아는 것을 마치 자신이 아는 것처럼 여긴다면 어찌 유쾌하지 않겠는가? 다른 사람이 모르는 것을 마치 자신이 모르는 것처럼 여긴다면 어찌 애통하지 않겠는가? 그러므로 남들에게 정토행을 닦기를 권하는 것이다. 이러한 좋은 인연으로 죄악을 녹일 수 있으며, 복과 수명을 더할 수 있으며, 왕생의 공덕을 장엄할 수 있으며, 죽은 이를 천도할 수도 있다. 다만 지극한 정성으로 주문을 외우고 소원을 일으키면 그 공과功果를 얻지 않음이 없을 것이다.[197]

四可【龍舒淨土文】

此淨土法門。人若知之。如己知之。豈不快哉。人若不知。如己不知。豈不痛哉。故能勸人修淨土。以此善緣。消釋罪惡可。增崇福壽可。莊嚴往生功德可。追薦亡者亦可。但至誠呪願。無不獲其功果。

---

[196] 『용서정토문龍舒淨土文』: 갖춘 이름은 『龍舒增廣淨土文卷』이다. 남송 때 왕일휴王日休(?~1173)가 지었다. 모두 12권으로 되어 있다.
[197] 『龍舒淨土文』(T47, 261a).

사행원四行願【자조종주慈照宗主 설】

수행은 있지만 발원이 없으면 그 수행은 반드시 외로우며, 발원은 있지만 수행이 없으면 그 발원은 반드시 공허하며, 수행도 없고 발원도 없으면 헛되이 인간세계(閻浮)[198]에 사는 것이며, 수행도 있고 발원도 있으면 곧장 무위無爲에 들어가니 이것이 바로 부처님과 조사들이 정업을 닦는 근본이 되는 것이다.[199]

四行願【慈照宗主說】
有行無願。其行必孤。有願無行。其願必虛。無行無願。空住閻浮。有行有願。直入無爲。此乃佛祖修淨業之根本也。

---

198 인간세계(閻浮) : '염부閻浮'는 ⓈJambu의 음역어로, '주洲'에 해당하는 Ⓢdvīpa의 줄인 음역어를 합쳐서 염부제閻浮提라고도 한다. 수미산須彌山(하나의 소세계小世界 중앙에 있는 높은 산)의 남쪽에 위치한 섬으로, 현재 우리가 사는 세계를 가리킨다.
199 『蓮宗寶鑑』권7(T47, 336a).

사자교조四字敎詔【대행 화상大行和尙 설】

정토에 왕생하는 데에 네 글자의 교조敎詔가 있으니, '믿음과 기억(信憶)'이라는 두 글자가 마음에서 떠나지 않고, '칭명과 공경(稱敬)'이라는 두 글자가 입에서 떠나지 않는 것을 이른다. 무릇 반드시 믿음이 있어야 하니, 천 명이 믿으면 천 명이 태어나고, 만 명이 믿으면 만 명이 태어난다. 부처님의 이름을 믿어서 마음과 입에서 떠나지 않아야 모든 부처님이 바로 구제하고, 모든 부처님이 바로 보호한다. 마음은 항상 부처님을 기억하고, 입은 항상 부처님을 부르며, 몸은 항상 부처님을 공경해야 비로소 깊은 믿음이라고 한다. 마음먹은 대로 조만간에 끝내 다시 인간세계에 사는 법이 없을 것이다.[200]

四字敎詔【大行和尙說】

徃生淨土。有四字敎詔。謂信憶二字。不離於心。稱敬二字。不離於口。大抵要須有信。信千卽千生。信萬卽萬生。信佛名字。不離心口。諸佛卽救。諸佛卽護。心常憶佛。口常稱佛。身常敬佛。始名深信。任意早晚。終無再住閻浮之法。

---

[200] 『大方廣佛華嚴經隨疏演義鈔』(T36, 667a).

사수四修【『천친론天親論』[201]】

네 가지 수법修法을 관찰하고 삼심三心[202]과 오념五念[203]의 행을 써야 빨리 왕생할 수 있다.

첫째는 공경수恭敬修이다. 저 부처님과 일체 성중聖衆을 공경하고 예배하기 때문에 공경수라고 한다. 목숨이 마칠 때를 기일로 삼아 중간에 그치지 않겠다고 맹세하니 바로 늘 닦는 것이다.

둘째는 무여수無餘修이다. 이른바 저 부처님의 이름만 오로지 부르고 오로지 생각하고 오로지 예배하며, 저 부처님과 일체 성중 등을 칭찬하여 다른 업이 섞이지 않기 때문에 무여수라고 한다. 목숨이 마칠 때를 기일로 삼아 중간에 그치지 않겠다고 맹세하니 바로 늘 닦는 것이다.

셋째는 무간수無間修이다. 이른바 계속하여 공경하고 예배하며, 이름을 부르고 찬탄하며, 기억하고 관찰하며, 회향하고 발원하여 마음마다 서로 이어져서 다른 업이 와서 섞이지 않기 때문에 무간수라고 한다. 또한 탐욕과 성냄의 번뇌가 와서 섞이지 않고 범하자마자 참회하여 한 생각도 틈이 없게 하고 한시도 틈이 없게 하며 하루도 틈이 없게 하여서 항상 청정하게 하기 때문에 또한 무간수라고 한다. 목숨이 마칠 때를 기일로 삼아 중간에 그치지 않겠다고 맹세하니 바로 늘 닦는 것이다.

넷째는 회향수迴向修이다. 보살이 생사윤회에서 벗어난 뒤에 그동안 지은 선법을 돌이켜 불과佛果를 구하는 것은 바로 자리自利요, 중생을 교화하되 미래가 다하도록 하는 것은 바로 이타利他이다. 그러나 지금의 중생들은 모두 번뇌에 속박되어 아직 악도에 태어나고 죽는 것 등의 고통에서

---

201 『천친론天親論』: 천친天親(세친世親)이 지은 『無量壽經優波提舍願生偈』를 일컫는 말. 『往生論』이라고도 한다.
202 삼심三心 : p.92 '삼심三心' 항목을 참조할 것.
203 오념五念 : p.174 '오념문五念門' 항목을 참조할 것.

벗어나지 못하였기에 연을 따라 행을 일으키고 일체의 선근을 모두 속히 회향하여 아미타불의 나라에 왕생하고 저 나라에 도달한 뒤에 다시는 두려워하는 바가 없게 될 것을 서원하는 것이다.

위와 같은 네 가지 닦음을 자연스럽게 운용하면 자리와 이타를 구족하지 않음이 없을 것이다.[204]

四修【天親論】

觀行四修法。用策三心五念之行。速得往生。一者恭敬修。恭敬禮拜彼佛一切聖衆。故名恭敬修。畢命爲期。誓不中止。卽是常時修。二者無餘修。所謂專稱彼佛名。專想專禮。讚彼佛及一切聖衆等。不雜餘業。故名無餘修。畢命爲期。誓不中止。卽是常時修。三者無間修。所謂相續恭敬禮拜。稱名讚歎。憶念觀察。廻向發願。心心相續。不以餘業來間。故名無間修。又不以貪嗔煩惱來間。隨犯隨懺。不令隔念隔時隔日。常使淸淨。亦名無間修。畢命爲期。誓不中止。卽是常時修。四者廻向修。謂菩薩已免生死。所作善法。廻求佛果。卽是自利。敎化衆生。盡未來際。卽是利他。然今時衆生。悉煩惱繫縛。未免惡道生死等苦。隨緣起行。一切善根且[1]速廻。願往生彌陀佛國。到彼國已。更無所畏。如上四修。自然任運。自利利他。無不具足。

1) ㉘『往生禮讚偈』에 따르면 '且'는 '其'이다.

---

204 선도의 『往生禮讚偈』(T47, 439a)에 실려 있다. 본서는 『天親論』을 기초로 하여 예찬법을 바로잡은 것이다.

사생四生【『연종보감蓮宗寶鑑』】

아홉 부류의 중생은 일심에 모든 것을 구족하여 짓는 대로 이루어진다. 무명에 가려지면 난생卵生이 되며, 번뇌에 싸이면 태생胎生이 되며, 애수愛水에 젖으면 습생濕生이 되며, 갑자기 망념을 일으키면 화생化生이 된다. 깨달으면 부처를 이루고, 미혹하면 중생이라고 한다. 목숨을 마치려고 할 때에 악을 지으면 나쁜 경계가 앞에 나타나고, 염불을 하면 부처의 세계에 저절로 이른다.

만일 이러한 때에 다잡아서 머물게 하지 못하면 항상 망상과 전도에 부림을 당하며, 풍화風火가 흩어지려고 하는 때를 당하여 끓는 물에 떨어진 게(螃蟹)와 비슷한 처지가 될 것이니, 또한 어찌 주재主宰가 될 수 있겠는가? 스스로 '내가 지금 정업을 수행하는 것은 본래 생사의 큰일을 해결하기 위해서이다. 부처님과 조사들께서 드리운 가르침이 어찌 나를 속이겠는가? 바른 법에 의거하여 진실로 마음에 보존하며, 아미타불만을 생각하고 모든 허망한 것을 버리며, 아침에도 생각하고 저녁에도 생각하여 생각마다 서방에 태어나길 원해야 한다.'고 생각해야 한다.

이와 같으면 번뇌의 업식業識이 당장에 기와가 깨지고 얼음이 녹듯이 될 것이다. 오히려 자기의 생사를 관찰하여도 얻을 수 없는데 또한 무엇을 중생이라고 부르겠는가? 그러므로 참懺에서 "한 생각 중에 염불삼매를 얻어 널리 시방세계의 육도六道에 있는 모든 중생들을 제도하여 각기 고통에서 벗어나 함께 정토에 난다."라고 한 것은 이것을 말한 것이다.[205]

四生【蓮宗寶鑑】

九類衆生。一心具足。隨造隨成。無明暗蔽。爲卵生。煩惱包裹。爲胎生。愛

---

[205] 『蓮宗寶鑑』(T47, 350c).

水侵潤。爲濕生。欻起妄念。爲化生。悟卽成佛。迷號衆生。臨命終時。作惡而惡境現前。念佛而佛界自至。若是時中。把捉不住。常被妄想顛倒所使。當風火散壞之時。如落湯螃蟹相似。又焉能作主宰耶。當自念言。我今修行淨業。本爲生死。佛祖垂敎。豈欺我哉。當依正法。眞實存心。專念彌陀。捨諸虛妄。朝思夕想。念念願生西方。如此則塵勞業識。當下瓦解氷消。反觀自己生死。尙不可得。又喚甚麼作衆生乎。故懺云。於一念中。得念佛三昧。普度十方六道一切衆生。各各出離苦輪。同生淨土者是也。

사여四如【『정토신종淨土晨鐘』】

중생은 우매하여 모양이 있는 행업行業이 크다는 것은 믿지만 모양이 없는 생각의 힘이 더욱 크다는 것은 믿지 않는다. 무슨 까닭인가? 생각의 힘은 행업의 근본이니 모든 사업事業은 생각이 아니면 이루어지지 않기 때문이다. 그러므로 사람이 생각을 매어 둔 것을 가장 급하게 여기는 것은 마치 물이 반드시 바다로 나아가는 것과 같고, 불이 반드시 위로 타오르는 것과 같으며, 예리한 칼이 반드시 다치게 하는 것과 같고, 독약이 반드시 죽게 하는 것과 같아서 그냥 지나치는 일이 없다. 부처님을 생각할 때의 생각도 그와 같다. 어째서 부처님을 생각하는데 부처님이 나타나지 않겠는가? 생각의 힘은 모든 법 가운데 왕이라는 것을 알아야만 한다.[206]

四如【淨土晨鐘】

衆生愚昧。信有形之行業大。不信無形之念力尤大。何以故。念力是行業根。一切事業。非念不成。故人之念頭。所係最急。如水必赴海。如火必炎上。如利刃之必傷。如毒藥之必殺。無空過者。念佛之念。亦復如是。云何念佛而佛不現。當知念力是一切法中之王。

---

[206] 『淨土晨鐘』(X62, 74a).

사효四孝 【『정토신종淨土晨鐘』】

세간의 효는 세 가지이고, 출세간의 효는 한 가지이다.

세간의 효는 첫째는 맛있는 음식[207]으로 그 어버이를 봉양하는 것이고, 둘째는 벼슬과 녹으로 그 어버이를 영화롭게 하는 것이며, 셋째는 덕을 닦고 행실에 힘써 성현을 이루어서 그 어버이를 드러내는 것이다. 이것이 세간에서 말하는 효이다.

출세간의 효는 그 어버이를 권하여 재계齋戒하고 도를 받들며, 일심으로 염불하여 왕생하기를 바라며, 아미타불을 직접 뵙고서 불퇴전의 지위를 얻게 하는 것이다. 자식이 어버이에게 보답하는 것은 이렇게 해야 크다고 할 수 있다. 부모님이 집 안에 계시면 일찍 권하여 염불하게 하며, 부모님이 돌아가셨으면 3년 동안 염불을 일과로 삼는다. 이렇게 할 수 없는 사람은 1년을 하거나 49일을 해도 모두 괜찮다.[208]

四孝【淨土晨鐘】

世間之孝三。出世間之孝一。世間之孝。一者甘旨以養其親。二者爵祿以榮其親。三者修德勵行。成聖賢以顯其親。是世間之所謂孝也。出世間之孝。勸其親齋戒奉道。一心念佛。求願往生。親覲彌陀。得不退轉。人子報親。於是爲大。父母在堂。早勸念佛。父母逝日。課佛三年。其不能者。或一週歲。或七七日皆可也。

---

207 맛있는 음식(甘旨) : 감지甘旨는 어버이가 좋아하는 맛있는 음식이다. 『禮記』「內則」에 "새벽에 어버이에게 아침 문안을 하고 좋아하는 음식을 올리며, 해가 뜨면 물러 나와 각자 일에 종사하다가 해가 지면 저녁 문안을 하고 좋아하는 음식을 올린다.(昧爽而朝。慈以旨甘。日出而退。各從其事。日入而夕。慈以旨甘。)"라는 말이 나온다.
208 『淨土晨鐘』(X62, 50c).

사행四行 【『염불직지念佛直指』】

계戒·해解·행行·향向은 반드시 발원에 따라 일어나야 정토에 태어난다.

무엇을 계라고 하는가? 수행인이 삼매는 이미 닦았으나 계율을 지니지 않는다면, 신심이 있다고 해도 저 세간의 악연에 잡다히 물들어 서로 침범하고 서로 빼앗으며 번뇌의 시달림을 버리기 어려우니, 법신을 파괴하고 삿된 앎에 들어가서 왕생할 수 없게 된다. 경에서 "만일 하루 밤낮 동안 사미계沙彌戒[209]를 지니거나 구족계具足戒(비구계·비구니계)를 지니면 왕생할 수 있다."[210]라고 하였다. 그러므로 반드시 계를 지녀야 한다.

무엇을 해라고 하는가? 수행인이 이 삼매를 닦아 극락에 태어나길 구하나 이 깊은 지혜와 오묘한 이해로 정토와 예토 두 땅이 동쪽과 서쪽에 마주하고 있어 진실로 어긋나지 않는다는 것을 모르거나, 또한 이 정토와 예토 두 땅이 나의 마음속에 온전히 갖추어져 당념當念을 떠나지 않는 것을 모른다면 무슨 법을 닦아 저기에 날 수 있겠는가? 경에서 "대승경전을 독송하여 제일의第一義[211]를 이해해야 왕생할 수 있다."[212]라고 하였다. 그러므로 반드시 바르게 이해해야 한다.

---

209 사미계沙彌戒 : 일곱 부류의 출가제자(七衆) 중 하나인 사미가 받는 열 가지 계. 사미는 7세 이상 20세 미만의 남성 출가자를 가리키는 말이다. 살생하지 않는 것·도둑질하지 않는 것·음란한 행위를 하지 않는 것·거짓말을 하지 않는 것·술을 마시지 않는 것·크고 높고 화려한 침상을 사용하지 않는 것·화만花鬘 등의 화려한 장식을 사용하지 않는 것·가무歌舞 등의 오락을 행하지 않는 것·금과 은 등의 보배를 가까이 하지 않는 것·비시식非時食(정하지 않은 때 음식을 먹는 것)을 하지 않는 것이다.

210 『觀無量壽佛經』(T12, 345b).

211 제일의第一義 : 갖추어서 제일의제第一義諦라고 한다. 가장 뛰어난 진리라는 뜻. 진제眞諦·성제聖諦·승의제勝義諦라고도 한다. 열반·진여·실상·중도·법계法界·진공眞空 등 깊고 묘한 진리를 제일의제라고 한다.

212 『觀無量壽佛經』(T12, 344c).

무엇을 행이라고 하는가? 수행인이 정토에 태어나길 구하고 혜해慧解가 이미 바르면 반드시 이해에 의거하여 행을 세워야 한다. 육시六時[213]에 도를 행해 삼업三業이 어그러짐이 없으며 곧장 나아가기만 하고 물러나지 않아 결단코 저기에 태어나길 기약해야 한다. 경에서 "육념六念[214]을 수행하여 회향하고 발원하되 하루에서 이레에 이르면 왕생할 수 있다."[215]라고 하였다. 그러므로 반드시 행을 세워야 한다.

무엇을 향이라고 하는가? 수행인이 반드시 왕생하려고 하면 이와 같은 계·해·행 등에서 발생한 공덕과 지금 온갖 시간과 장소와 시작도 없는 과거로부터의 크고 작은 선근을 낱낱이 정토에 회향해야 임종 때에 결정코 왕생할 수 있다. 경에서 "회향하여 극락국토에 태어나길 바란다."[216]라고 하였다. 비유컨대 집에서 사용할 것을 미리 준비하였다가 집에 돌아가 사용하는 것과 같다. 그러므로 반드시 회향을 일으켜야 한다.

이 네 가지 큰 법문인 한 구절의 의미가 온갖 선법을 포함한다. 비유컨대 네 계절 동안 가꾸어 과일과 곡식의 열매를 온전히 얻으려면 각기 그

---

213 육시六時 : 24시간을 여섯으로 나눈 것. 곧 아침(晨朝), 한낮(日中), 해질녘(日沒), 초저녁(初夜), 한밤중(中夜), 새벽(後夜)의 여섯 때를 말한다.

214 육념六念 : 육념법六念法·육수념六隨念이라고도 한다. 첫째는 염불念佛이다. 부처님은 열 가지 명호를 갖추고 대자대비한 광명을 놓으며 신통이 무량하여 중생의 고통을 구제하니, 나도 부처님과 같기를 염원하는 것이다. 둘째는 염법念法이다. 여래께서 설하신 법은 큰 공덕이 있어서 중생에게 좋은 약이 되니, 나도 이를 증득하여 중생에게 베풀고자 염원하는 것이다. 셋째는 염승念僧이다. 스님들은 여래의 제자로서 무루법無漏法을 얻고, 계戒·정定·혜慧를 갖추어 세간의 좋은 복전이 되니, 나도 승행을 닦으려고 염원하는 것이다. 넷째는 염계念戒이다. 모든 금계禁戒는 큰 세력이 있어서 중생의 불선不善을 없애니, 나도 정진하여 계를 호지護持하려고 염원하는 것이다. 다섯째는 염시念施이다. 보시행은 큰 공덕이 있어서 중생의 간탐이라는 중병을 없애니, 나도 보시하여 중생을 섭수하려고 염원하는 것이다. 여섯째는 염천念天이다. 욕계欲界·색계色界·무색계無色界의 하늘들이 자연히 쾌락을 받음은 일찍이 지계하고 보시하는 선근을 닦은 연유이니, 나도 공덕을 쌓아서 저 하늘에 나려고 염원하는 것이다. 만일 이 육념을 닦으면 선정을 얻어 열반에 이르게 된다.

215 『觀無量壽佛經』(T12, 344c).

216 『觀無量壽佛經』(T12, 345a).

요체를 얻어야 하고 한 계절이라도 잃으면 온전히 얻을 수 없는 것과 같다. 이 네 가지 법문도 그러하여 그중에 하나라도 잃으면 삼매는 이루어지지 않는다.[217]

四行【念佛直指】

夫戒解行向。必從願起。乃生淨土。何謂爲戒。行人旣修三昧。若不持戒。雖有信心。爲彼世間惡緣雜染。相侵相奪。塵勞難遣。毀壞法身。令解人[1]邪。不得往生。經云。若一日夜。持沙彌戒。持具足戒。卽得往生。故必當持戒也。何謂爲解。行人修此三昧。求生極樂。若不以此深慧妙解。知淨穢兩土。東西敵立。眞實不謬。又知卽此淨穢兩土。全具我心。不離當念。從何法修。可得生彼。經云。讀誦大乘。解第一義。乃得往生。故必當正解也。何謂爲行。行人求生淨土。慧解旣正。則必依解立行。六時行道。三業無虧。直進不退。決期生彼。經云。修行六念。迴向發願。一日乃至七日。卽得往生。故必當立行也。何謂爲向。行人欲必往生。於如是戒解行等所生功德。及今一切時處。與無始來。大小善根。一一回向淨土。臨終乃得決生。經云。回向願求。生極樂國。譬如辦事於家。歸家得用。故必當發廻向也。此四大法門一句之義。能攝一切善法。譬如四時成實穀果。各得其要。失一不成。此四法門亦復如是。若失其一。三昧不成。

1) ㉯『念佛直指』에 따르면 '人'은 '入'이다.

---

217 『念佛直指』(T47, 376b).

오경五敬【『감로소甘露疏』[218]】

공경하는 수행법에 다섯 가지가 있다.

첫째는 연이 있는 존불尊佛을 공경하는 것이니, 다니거나 머무르거나 앉거나 눕거나 오줌을 누거나 똥을 눌 때에도 모두 서방을 보호하는 것이다.[219] 둘째는 연이 있는 불상과 가르침을 공경하는 것이니, 아미타불의 상像을 설치하고 그 가르침을 지니는 것이다. 셋째는 연이 있는 사우師友를 공경하는 것이니, 공경하고 가까이하기 때문이다. 넷째는 동학인同學人을 공경하는 것이니, 같이 정업을 닦는 이를 서로 권하여 이롭게 하기 때문이다. 다섯째는 항상 삼보를 공경하는 것이니, 그곳에 왕생하게 하는 뛰어난 연이기 때문이다.

이와 같이 공경하는 마음을 닦으면 결정코 왕생한다.[220]

五敬【甘露疏】

恭敬修法有五。一敬有緣尊佛。行住坐臥。及便穢等。皆護西方。二敬有緣像教。設彌陀像及持其教。三敬有緣師友。恭敬親近故。四敬同學人。卽同修淨業者。互相勸益故。五常敬三寶。是彼生勝緣故。如此敬修。決定往生。

---

218 『감로소甘露疏』: 송나라 때 종탄宗坦이 지었다. 갖추어서 『觀經甘露疏』라고 하며 모두 4권으로 이루어졌다.
219 규기窺基가 지은 『西方要決釋疑通規』 권1(T47, 109c)에서는 "첫째는 연이 있는 성인을 공경하는 것이니, 다니거나 머무르거나 앉거나 누울 때에는 서방을 등지지 않고, 눈물을 흘리거나 침을 뱉거나 대소변을 볼 때에는 서방을 향하지 않는 것을 이른다.(一恭敬有緣聖人。謂行住坐臥。不背西方。涕唾便利。不向西方也。)"라고 하였다.
220 『西方要決釋疑通規』 권1(T47, 109c)에 문장은 다르지만 동일한 내용의 글이 실려 있다.

오불퇴 五不退【『정토십의론淨土十疑論』】

첫째는 대비大悲로 거두어 주어 물러나지 않는 지위에 이르는 것이니, 중생으로 정토에 나는 이는 아미타불께서 대비의 원력으로 거두어 주고 버리지 않기 때문에 물러나지 않는 지위에 이르는 것을 말한다.

둘째는 부처님의 광명이 비치어 물러나지 않는 지위에 이르는 것이니, 중생으로 정토에 나는 이는 항상 부처님의 광명에 비추이기 때문에 보리의 마음이 날마다 자라나서 물러나지 않는 지위에 이르는 것을 말한다.

셋째는 항상 법음法音을 들어 물러나지 않는 지위에 이르는 것이니, 중생으로 정토에 나는 이는 물과 새와 나무와 숲과 바람 소리와 음악 소리가 모두 고苦·공空·무아無我의 법을 설하는 것을 듣기 때문에 항상 부처님을 생각하고 법을 생각하고 승가를 생각하는 마음을 일으켜서 물러나지 않는 지위에 이르는 것을 말한다.

넷째는 선우善友가 함께 머물러 물러나지 않는 지위에 이르는 것이니, 중생으로 정토에 나는 이는 저 국토에는 오직 보살만 있는데 이들을 훌륭한 벗으로 삼아서 안으로 번뇌와 혹업惑業에 의해 얽매이는 일이 없고 밖으로 사마邪魔와 악연惡緣의 경계가 없어서 한번 태어난 뒤에는 바로 물러나지 않는 지위에 이르는 것을 말한다.

다섯째는 수명이 무량하여 물러나지 않는 지위에 이르는 것이니, 중생으로 정토에 나는 이는 수명이 무량함을 얻어 부처님이나 보살과 평등하여 다르지 않기 때문에 한번 태어난 뒤로는 물러나지 않는 지위에 이르는 것을 말한다.[221]

---

[221] 『淨土十疑論』(T47, 79b)을 정리한 것이다. 문장은 『大明三藏法數』(P182, 110b)에 실린 것과 동일하다.

五不退【淨土十疑論】

一大悲攝持不退。謂衆生得生淨土者。以阿彌陀佛大悲願力。攝持不捨。故得不退轉也。二佛光照燭不退。謂衆生得生淨土者。常被佛光照燭。故菩提之心日得增長。而不退轉也。三常聞法音不退。謂衆生得生淨土者。聞諸水鳥樹林風聲樂響。皆說苦空無我之法。是以常起念佛念法念僧之心。而不退轉也。四善友同居不退。謂衆生得生淨土者。以由彼國純諸菩薩。以爲勝友。內無煩惱惑業之累。外無邪魔惡緣之境。故一生之後。卽不退轉也。五壽命無量不退。謂諸衆生得生淨土者。卽得壽命無量。與佛菩薩。平等無二。故一生之後。卽不退轉也。

오념문五念門【『천친론天親論』】

저 나라에 왕생할 것을 소원하는 이가 있으면 오념문五念門을 닦도록 권한다. 만일 오념문을 갖춘다면 반드시 왕생할 수 있다.

첫째는 신업身業으로 예배하는 문이니, 이른바 일심으로 뜻을 오로지하여 공경하고 합장하며, 향과 꽃으로 공양하여 저 아미타불을 예배하는 것이다. 예배는 오로지 저 부처님만을 예배하니 목숨을 마칠 때를 기약해서 다른 예배는 섞이지 않기 때문이다.

둘째는 구업口業으로 찬탄하는 문이니, 이른바 마음을 오로지하여 저 부처님 신상身相의 광명과 일체 성중聖衆 신상의 광명과 저 나라 안의 일체의 보배로 장엄한 광명을 찬탄하기 때문이다.

셋째는 의업意業으로 기억하고 관찰하는 문이니, 이른바 마음을 오로지하여 저 부처님과 일체 성중의 신상의 광명과 국토의 장엄 등을 관찰하는 것이다. 예컨대『관무량수불경』에서 "잠잘 때만을 제외하고 이 일을 항상 기억하고 항상 마음에 두며 항상 생각하고 항상 관찰한다."[222] 등이라고 한 것과 같기 때문이다.

넷째는 서원을 짓는 문(作願門)이니, 이른바 마음을 오로지하여 밤이나 낮이나 어느 때 어느 곳이든 삼업三業과 사의四儀[223]로 짓는 공덕을, 처음이나 중간이나 마지막을 따지지 않고 모두 반드시 진실하게 하면서 마음 속에서 발원하여 저 나라에 태어나길 원하기 때문이다.

다섯째는 회향하는 문(回向門)이니, 이른바 마음을 오로지하여 스스로 지은 선근과 일체 삼승三乘과 오도五道에 속한 모든 범부와 성인들이 지은 선근에 대해 깊이 따라 기뻐하는 마음을 내는 것이다. 모든 부처님과

---

[222] 『觀無量壽佛經』(T12, 342a).
[223] 사의四儀 : 갖추어서 사위의四威儀라고 한다. 행行·주住·좌坐·와臥의 네 가지 몸짓, 혹은 네 가지 몸짓이 법도에 맞는 것이다. 후자의 의미가 더 크다.

보살들이 짓는 따라 기뻐하는 마음처럼 나도 이와 같이 따라 기뻐한다. 이러한 따라 기뻐하는 선근과 자기가 지은 선근을 모두 중생과 함께하여 저 나라에 회향하기 때문이다. 또 저 나라에 이른 뒤에 육신통六神通을 얻고 생사의 세계에 다시 돌아와 중생을 교화하되 후제後際가 다하도록 싫어하거나 만족하는 마음을 일으키지 않아 성불에 이르게 되니, 이것을 회향하는 문이라고 한다.²²⁴

五念門【天親論】

有願生彼國者。勸修五念門。若具定得往生。一者身業禮拜門。所謂一心專志。恭敬合掌。香花供養。禮拜彼阿彌陀佛。禮卽專禮彼佛。畢命爲期。不雜餘禮故。二者口業讚歎門。所謂專憶¹⁾讚歎彼佛身相光明。一切聖衆身相光明。及彼國中。一切寶莊嚴光明等故。三者意業憶念觀察門。所謂專意念觀彼佛及一切聖衆身相光明國土莊嚴等。如觀經說。惟除睡時。恒憶恒念恒想恒觀此事等故。四者作願門。所謂專心若晝若夜。一切時一切處。三業四儀所作功德。不問初中後。皆須眞實心中發願。願生彼國故。五者回向門。所謂專心自作善根。及一切三乘五道一一凡聖等所作善根。深生隨喜。如諸佛菩薩之所作隨喜。我亦如是隨喜。以此隨喜善根及己所作善根。皆悉與衆生共之。回向彼國故。又到彼國已。得六神通。廻入生死。敎化衆生。徹窮後際。心無厭足。乃至成佛。是名廻向門。

1) ㉯『往生禮讚偈』에 따르면 '憶'은 '意'이다.

---

224 『天親論』(T26, 231b); 『往生禮讚偈』(T47, 438c).

오혹五惑【장로 색 선사長蘆賾禪師[225] 설】

수행의 연을 갖추는 데 서방만 한 곳이 없지만 믿음이 얕은 사람들은 제멋대로 의심과 비방을 내니 한번 논해 보겠다.

이곳의 사람들은 속가의 시끄러움을 싫어하고 난야蘭若의 고요함을 사모하지 않음이 없다. 그러므로 집을 버리고 출가하는 이가 있으면 은근히 찬탄하지만 사바세계의 뭇 고통이 어찌 속가의 시끄러움에 그치고 극락의 여유로움이 어찌 난야의 고요함에 그치겠는가? 출가가 아름다운 줄 알지만 왕생을 원하지 않으니, 그 미혹이 하나이다.

만 리 고생길에 멀리 선지식을 구해 큰일을 깨달아 밝히고 생사를 결단하여 간택하지만, 아미타 세존은 색色·심心·업業은 뛰어나며, 원력은 크고 깊으며, 한번 원음圓音을 연설하면 훤하게 들어맞지 않음이 없다. 선지식을 뵙기를 원하면서 부처님을 뵙기를 바라지 않으니, 그 미혹이 둘이다.

대중이 많은 총림에는 모두가 머물기를 즐기고 무리가 적은 도량에는 붙어 있으려고 하지 않지만 극락세계에는 일생보처一生補處[226]가 그 수가 몹시 많고 여러 뛰어난 선인善人이 모두 한곳에 모여 있다. 총림을 가까이 하고자 하면서도 청정한 바다 같은 무리를 사모하지 않으니, 그 미혹이 셋이다.

이 땅의 사람들은 상수上壽[227]가 100세를 넘지 않는데, 어려서는 어리

---

225 장로 색 선사長蘆賾禪師 : 송나라 운문종雲門宗 스님. 장로사長蘆寺에 거주했기 때문에 '장로'라고도 부른다. '색'은 종색宗賾의 줄인 이름이다. 호는 자각慈覺이다. 참선과 염불 수행에 전념하였다.

226 일생보처一生補處 : [S] eka-jāti-pratibaddha. 한 번만 이 세간에 태어나면 성불할 것이 예정된 지위에 있는 보살을 가리키는 말이다. 보처補處·일생소계一生所繫(아직 한 번의 생에 계박되어 있는 것) 등이라고도 한다.

227 상수上壽 : 사람이 누릴 수 있는 수명 중 가장 장수하는 것을 말한다. 『莊子』「盜跖」에 "사람의 수명이 상수는 100세, 중수는 80세, 하수는 60세이다.(人上壽百歲。中壽八十。下壽六十。)"라고 하였다.

석고 늙어서는 가물가물하며, 질병이 잇따르고 혼침하거나 잠을 자는 시간만 하더라도 항상 절반을 넘는다. 보살도 색신色身을 달리할 때(隔陰)[228] 혼미해지고 성문조차 태에서 나올 때 어둡게 되는데, 한 자나 되는 보배보다 귀중한 짧은 시간(尺璧寸陰)[229]을 열에서 그 아홉을 잃고도 아직 물러나지 않는 지위에 오르지 못했으니 한심하다 할 만하다. 서방의 사람들은 수명이 무량하여 한번 연꽃 속에 태어나면 다시는 죽는 고통이 없고, 상속하여 잠시도 끊어짐이 없이 곧장 깨달음에 이르니, 곧 아유월치阿惟越致를 얻어 부처의 계위를 결정코 기약할 수 있다고 할 만하다. 그런데 사바세계의 촉박한 시간 속에 유전하면서 정토의 기나긴 시간에 대해 모르니, 그 미혹이 넷이다.

만일 지위가 물러나지 않는 자리에 있고 과果가 무생인을 증득하면 탐욕의 경계에 있어도 탐욕이 없고 티끌 경계에 머물러도 티끌에 물들지 않아, 무연無緣의 자비를 일으키고 동체同體의 자비를 운용하여 번뇌의 세계(塵勞)로 돌아와 오탁의 세계와 어울려 살 수 있다. 들은 것이 얕고 지혜가 짧은 이는 간혹 작은 선과 상응하면 "영원히 사류四流[230]에서 벗어나고 십지十地를 훌쩍 초월했다."라고 하면서 정토를 꾸짖고 사바세계에 탐닉하고 연연해 한다. 눈을 감고 조용히 생을 마치면 굽이굽이 생사의 고해를

---

228 색신色身을 달리할 때(隔陰) : 음陰은 색신色身으로 오온五蘊을 말하니 바로 전생에서 이생에 태어나는 것이다.

229 한 자나~짧은 시간(尺璧寸陰) : 척벽촌음尺璧寸陰은 『淮南子』「原道訓」에서 "그러므로 성인은 한 자나 되는 보배는 귀하게 여기지 않아도 한 치의 시간은 귀하게 여긴다. 시간은 얻기는 어려워도 잃는 것은 쉽다.(故聖人不貴尺之璧。而重寸之陰。時難得而易失也。)"라고 한 것에서 유래한 말이다.

230 사류四流 : 사폭류四暴流라고도 한다. '폭류'란 홍수가 나무나 가옥 따위를 떠내려 보내는 것처럼 선을 떠내려 보내는 것을 나타낸 말로 번뇌의 다른 이름이다. 첫째는 욕폭류欲暴流이니, 욕계에서 일으키는 번뇌로 오욕五欲을 가리킨다. 둘째는 유폭류有暴流이니, 색계와 무색계의 탐욕·오만·의심 등이다. 셋째는 견폭류見暴流이니, 신견身見과 변견邊見 등의 그릇된 견해이다. 넷째는 무명폭류無明暴流이니, 어리석음과 상응하는 번뇌이다.

떠돌아다니며, 소나 말과 어깨를 나란히 하고, 줄줄이 이리泥犂[231]에 늘어설 것인데도, 자신이 어떤 사람인 줄 모르고 큰 방편을 가진 보살에 견주니, 그 미혹이 다섯이다.[232]

五惑【長蘆賾禪師說】

修行緣具。無若西方。淺信之人。橫生疑謗。竊嘗論之。此方之人。無不厭俗舍之喧煩。慕蘭若之寂靜。故有捨家出家。則殷勤讚歎。而娑婆衆苦。何止俗舍之喧煩。極樂優游。豈直蘭若之寂靜。知出家爲美。而不願往生。其惑一也。萬里辛勤。遠求知識。發明大事。決擇死生。而彌陀世尊色心業勝。願力洪深。一演圓音。無不明契。願叅知識。而不欲見佛。其惑二也。叢林廣衆皆樂棲遲。少衆道場。不欲依附。而極樂世界。一生補處。其數甚多。諸上善人。俱會一處。旣欲親近叢林。而不慕淸淨海衆。其惑三也。此土之人。上壽不過百歲。而童癡老耄。疾病相仍。昏沈睡眠。常居太半。菩薩猶昏隔陰。聲聞尙昧出胎。則尺璧寸陰。十喪其九。而未登不退。可謂寒心。西方之人。壽命無量。一託蓮苞。更無死苦。相續無間。直至菩提。可謂便獲阿惟越致。佛階決定可期。而流轉娑婆促景。迷於淨土長年。其惑四也。若乃位居不退。果證無生。在欲無欲。居塵不塵。方能興無緣慈。運同體悲。廻入塵勞。和光五濁。其有淺聞單慧。或與少善相應。便謂永出四流。高超十地。詆訶淨土。耽戀娑婆。掩目空歸。宛然流浪。並肩牛馬。接武泥犂。不知自是何人。擬比大權菩薩。其惑五也。

---

231 이리泥犂: ⓢ naraka의 줄인 음역어로 갖추어서 니라야尼囉耶·날락가捺洛迦라고 한다. 의역어는 불락不樂·가염可厭·고구苦具·지옥地獄이다. 윤회의 여섯 가지 길 중 가장 하위에 속하는 곳이다.
232 『樂邦文類』(T47, 177c); 『淨土指歸集』(X61, 395a).

오불가사의 五不可思議【우익 법사蕅益法師 설】

믿음과 발원과 명호를 지니는 것으로 곧장 물러나지 않는 지위에 오르는 데 다섯 가지 불가사의不可思議한 뜻이 있다.

첫째는 삼계를 가로질러 초월하니, 미혹을 끊기를 기다리지 않기 때문이다. 둘째는 바로 서방에서 사토四土를 가로질러 갖추니, 점차적으로 증득하는 것이 아니기 때문이다. 셋째는 명호만을 지니니, 선관禪觀과 여러 방편을 빌리지 않기 때문이다. 넷째는 이레를 기약으로 삼으니, 많은 겁과 많은 삶과 많은 해와 많은 달을 빌리지 않기 때문이다. 다섯째는 한 부처님의 이름을 지니면 모든 부처님의 호념護念을 받으니, 일체 부처님들의 이름을 지니는 것과 다르지 않기 때문이다.[233]

五不可思議【蕅益法師說】

信願持名。徑登不退。有五不可思議之意。一橫超三界。不俟斷惑故。二卽於西方。橫具四土。非由漸證故。三但持名號。不假禪觀。諸方便故。四一七爲期。不藉多劫多生多年月故。五持一佛名。卽爲諸佛護念。不異持一切佛名故。

---

[233] 『阿彌陀經要解』(T37, 372c).

오소부득 五少不得【『정토신종淨土晨鐘』】

지금 다행히 일이 뜻대로 되는 때를 만나 염불하려 하지 않지만 뜻대로 되지 않는 때에 이르면 염불하지 않을 수 없다.

일이 마음대로 될 때에는 염불하려 하지 않지만 일이 마음대로 되지 않을 때에는 염불하지 않을 수 없다.

질병의 고통이 없을 때에는 염불하려 하지 않지만 병이 위독하여 죽게 될 때에 이르면 염불하지 않을 수 없다.

건강할 때에는 염불하려 하지 않지만 노쇠한 때에 이르면 염불하지 않을 수 없다.

안광眼光이 꺼질 때에는 염불하려 하지 않지만 몸을 굴려 관에 넣고 매장하여 천도薦度[234]할 때에 이르면 염불하지 않을 수 없다.

호흡이 아직 붙어 있어 미처 깨닫지도 못하는 사이에 홀연히 입에서 염불이 나오면 부처님이 오셔서 다시 셈하여 부처님과 연이 있게 된다. 단지 7척의 몸이 홀연히 관 속에 가로눕게 되고 세 치의 호흡이 쉽게 끊어짐을 두려워하라. 이 말을 부처님이 반드시 생각하도록 하였으나 끝내 귀에 이르지 못하였다. 그런 까닭에 임종에 이르러 십념을 하면 곧 왕생할 수 있다.[235]

五少不得【淨土晨鐘】
今幸値得意時。不肯念。到失意時。少不得念。順境時。不肯念。到逆境時。少不得念。無疾痛時。不肯念。到病篤垂死時。少不得念。强壯時。不肯念。到衰暮時。少不得念。縱眼光垂瞑時。不肯念。到轉身入木。殯埋薦度時。

---

234 천도薦度 : 죽은 사람의 넋을 극락정토로 인도하는 일을 가리키는 말이다.
235 『淨土晨鐘』(X62, 51b).

少不得念。呼吸尚存。不知不覺。忽然口中念出。佛來還算。與佛有緣。只怕七尺忽橫。三寸易斷。這句佛要念。竟不及耳。所以臨終十念。卽得徃生。

오선五禪【지자대사智者大師 설】

수행자가 부처님을 관하여 마음을 한 경계에 쏟는 것을 응심선凝心禪이라고 하니, 여래의 옥호玉毫의 금빛 나는 모양을 분명히 관하여 응연히 적정寂靜하고 훤히 사무치기 때문이다.

또한 앞에서 마음을 모았지만 익힌 것이 아직 익숙하지 않아 저도 모르게 달아나 흩어진다. 지금 그런 마음을 제어하여 돌아오게 해서 금빛 나는 모양을 분명히 관하는 것을 제심선制心禪이라고 한다.

또한 마음을 제어하여 선정을 얻었지만 이미 이관理觀[236]이 아니고 모두 사수事修에 속한다. 지금 그것이 본래 공이니 누가 모으고 누가 제어하는가, 부처도 없고 생각도 없다고 체득하는 것을 체진선體眞禪이라고 한다.

또한 앞에서 참됨을 체득했지만 여전히 공적空寂에 막혀 한량없는 명상名相에 대해 어두워 알지 못한다. 지금 얻을 바 없는 것으로 방편을 삼아 공空에서 가假로 들어가면 온갖 법이 훤히 밝아져 공의 티끌에 의해 미혹되거나 어지럽혀지지 않는 것을 방편선方便禪이라고 한다.

또한 앞에서 참됨을 체득하고 방편을 사용하나 각기 공空과 유有에 의거하여 이변二邊을 떠나지 않았다. 지금 고요함과 어지러움을 분명히 관하여 본래 모양이 없고 언어의 길이 끊어졌으며 상념을 모두 잊는 것을 식이변분별선息二邊分別禪이라고 한다.[237]

五禪【智者大師說】

行者觀佛。住心一境。名凝心禪。諦觀如來。玉毫金相。凝然寂靜。了亮洞微[1])故也。復次前雖凝心。所習未慣。不覺馳散。今制之令還。諦觀金相。名

---

[236] 이관理觀 : 무생평등無生平等의 추상적 진리를 관찰하는 것, 곧 진여眞如·실상實相·불성佛性 등을 관찰하는 것이다.
[237] 『五方便念佛門』(T47, 81c);『淨土指歸集』(X61, 383a).

制心禪。復次制心得定。旣非理觀。皆屬事修。今體之本空。誰凝誰制。無佛無念。名體眞禪。復次前雖體眞。猶滯空寂。無量名相。昧然不知。今以無所得而爲方便。從空入假。萬法洞明。不爲空塵之所惑亂。名方便禪。復次前雖體眞。及以方便。各據空有。不離二邊。今諦觀靜亂。本無相貌。名言路絶。想念都忘。名息二邊分別禪。

1) ㉮ '微'는 '徹'의 오기인 것 같다.

오필五必【『정토신종淨土晨鐘』】

지금 사람은 아침이 오면 반드시 저녁이 되며, 더위가 오면 반드시 추위지며, 어리면 반드시 장성하게 되며, 장성하면 반드시 늙게 되며, 늙으면 반드시 죽게 되니, 옛날부터 지금까지 이러하다.

만일 사람이 아침이 되었는데 저녁에 대한 대비를 하지 않고, 더위가 왔는데 추위에 대한 대비를 하지 않으면 반드시 많은 이들이 그의 어리석음을 꾸짖을 것이다. 더구나 어렸다가 장성하고 늙어 죽게 되었는데 그에 대한 대비를 하지 않는다면 그 어리석음이 또한 심하지 않겠는가? 쑥쑥 태어나고 꿈틀꿈틀 자라다가 시들시들 늙어 죽게 되는데도 벙긋벙긋 웃다가 어느새 깜짝 놀라게 된다.

애욕의 강물과 욕망의 바다에 빠져도 누구도 그만둔 적이 없고, 명예의 고삐와 이익의 수갑에 끌려다녀도 누구도 그만둔 적이 없다. 하루아침에 재가 식어지면 불이 새로운 땔나무로 옮겨 가는데, 한 생애를 마칠 시기에 이르면 어떤 사람이 면할 수 있겠는가? 이후로는 육도六道와 삼도三塗에서 마치 녹로轆轤를 돌리는 것처럼 생멸을 거듭할 것이다. 날마다 생사의 업을 찾으면서 해탈할 방법을 구하지 않으니, 가엾게도 죽음을 두려워하지 않는다고 할 만하다. 진실로 죽음을 두려워하는 이는 반드시 생사에서 해탈할 방법을 구한다. 만일 해탈을 구한다면 염불을 버리고 무슨 길을 따르겠으며, 정토를 버리고 내가 어디로 돌아가겠는가?[238]

五必【淨土晨鐘】

今夫人之朝而必夕也。暑而必寒也。幼而必壯。壯而必老。老而必死。自古及今如是。苟夫人之朝而不爲夕謀。暑而不爲寒謀。必羣誚其愚。獨自幼

---

[238] 『淨土晨鐘』(X62, 32a).

至壯。且老而濱死。不知爲之謀。其愚不又甚乎。當其蠢焉而生。蠢焉而長。
頹焉而老以死。栩栩焉。蘧蘧[1]焉。而愛河慾海之溺人無已時。名韁利鎖之
牽人無已時。一旦灰寒。火傳薪換。臨了一局。誰人能免。自玆以徃。滅滅
生生。六道三塗。如轉轆轤。日相尋于生死之業。而不求解脫之方。謂之憨
不畏死可也。眞能畏死者。必求解脫生死之方。若求解脫。則舍念佛。何途
之從。舍淨土。吾誰與歸。

---

1) ㉠갑본에는 '蘧蘧'가 '籧籧'로 되어 있다.

오부정 五不正【『정토신종淨土晨鐘』】

사람의 삶은 물거품과 같아서 생멸生滅이 무상한데 하물며 세간은 고통 아님이 없음에랴. 만일 수명이 다하는 날(大限)에 갑자기 이르면 평생의 죄악을 어찌 전부 없앨 수 있겠는가? 우선 눈앞에 있는 일로 말해 보자. 한 가지 바르지 않은 생각을 일으키며, 한 가지 바르지 않은 말을 하며, 한 가지 바르지 않은 색깔을 보며, 한 가지 바르지 않은 소리를 들으며, 한 가지 바르지 않은 일을 하더라도 죄악이 아님이 없는데, 하물며 먹는 것은 중생의 고기이고 입는 것도 중생을 죽여서 얻는 것이겠는가. 게다가 지은 죄악이 고기를 먹고 비단을 입는 것에만 그치지 않으니, 그것을 생각하면 진실로 두려워할 만하다. 눈을 감은 뒤에 업연業緣을 따라감을 면하지 못할 것이니 벗어날 기약이 없다. 서방정토만이 가장 빨리 벗어날 수 있는 지름길이 된다. 색신色身은 얻기 어려우니 건강할 때에 이 큰일을 갖추어라.[239]

五不正【淨土晨鐘】

人生如水泡。生滅無常。況世間無非是苦。若大限忽至。平生罪惡。豈得全無。且以目前言之。起一不正念。說一不正話。視一不正色。聽一不正聲。爲一不正事。無非過惡。況所食者衆生之肉。所衣者亦殺衆生而得。又況所有過惡。不止於食肉衣帛。思之誠可畏也。閉眼之後。不免隨業緣去。無有出期。唯西方淨土。最爲超脫捷徑。色身難得。趁康健時。辦此大事。

---

[239] 『淨土晨鐘』(X62, 48c).

오의 五義【『보왕론寶王論』】

무릇 산란함을 물리치는 요체는 소리에 달려 있다. 소리가 엄정하지 않으면 마음이 똑똑한 체하면서 우쭐거려 안정됨이 없다. 소리가 엄정하면 띠를 뽑으면 뿌리까지 따라 뽑히듯 하고 수레에 타고서 말에 채찍질을 하듯 하여 목숨을 마치도록 한번 마주하여 영원히 온갖 근심을 떠나니, 그 뜻이 하나이다.

가까운 것을 들어 말하자면, 소리와 광명이 미치는 곳은 온갖 재앙이 영원히 소멸하고 공덕이 우거진 숲과 같으며 산마다 소나무가 무성하니, 그 뜻이 둘이다.

먼 것을 들어 말하자면, 금빛 얼굴이 휘황찬란하게 빛을 흩뿌리고 보배 꽃이 주룩주룩 공중에서 내리는 것이 손바닥을 가리키듯 쉬운데 이 모든 것이 소리가 불러오는 것이니, 그 뜻이 셋이다.

나무나 돌을 끌 때 무거워 앞으로 나가지 못할 경우 큰 소리로 호령을 하면 거뜬히 가볍게 들리는 것과 같으니, 그 뜻이 넷이다.

마군魔軍과 싸울 때 깃발을 세우고 북을 두드리며 서로 대치하고 전차에서 소리의 음률을 사용하여 강한 적을 반드시 무너뜨리는 것과 같으니, 그 뜻이 다섯이다.

이러한 여러 뜻을 갖추면 다시 무엇을 싫어하겠는가? 시끄러움과 고요함, 이 두 가지를 온전히 하고 지止와 관觀을 함께 닦는 것만 못하지만 부처님 뜻에 맞는다면 또한 괜찮지 않겠는가?[240]

五義【寶王論】

夫辟散之要。要存於聲。聲之不厲。心竊竊然飄飄然無定。聲之厲也。拔茅

---

[240] 『寶王論』(T47, 139c).

連茹。乘策其後。畢命一對。長謝百憂。其義一也。近而取之。聲光所及。萬禍氷消。功德蓊林。千山松茂。其義二也。遠而說之。金容熒煌以散彩。寶華淅瀝而雨空。若指諸掌。皆聲致焉。其義三也。如牽木石。重而不前。洪音發號。飄然輕擧。其義四也。與魔軍相戰。旗皷相望。用聲律於戎軒。以定破於强敵。其義五也。具斯衆義。復何厭哉。未若喧靜兩全。止觀雙運。叶夫佛意。不亦可乎。

육도六度 『연종보감蓮宗寶鑑』

아미타불 한 구절을 집지執持하여 한 생각에 이치와 상응하면 모든 법이 앞에 나타나 육도六度[241]를 갖춘다. 보시를 갖추면 마음에 물들거나 집착이 없으며, 지계를 갖추면 허망한 연을 일으키지 않으며, 인욕을 갖추면 주체와 대상(能所)을 모두 잊으며, 정진을 갖추면 마음에 잠시라도 끊어짐이 없으며, 선정을 갖추면 동정動靜이 모두 고요하며, 지혜를 갖추면 실낱만 한 미혹도 세우지 않는다.[242]

六度【蓮宗寶鑑】

執持一句阿彌陀佛。一念之中。與理相應。諸法現前。六度具足。布施則心無染着。持戒則不起妄緣。忍辱則能所俱忘。精進則心無間斷。禪定則動靜俱寂。智慧則不立絲毫。

---

241 육도六度 : 보살 수행의 여섯 가지 덕목. 도度는 ⑤ pāramitā의 의역어로, 음역어는 바라밀波羅蜜이다. 따라서 육도는 육바라밀이라고도 한다. 여섯 가지는 보시布施·지계持戒·인욕忍辱·정진精進·선정禪定·지혜智慧이다.
242 『蓮宗寶鑑』(T47, 333a).

육도 六度 【우익 법사 蕅益法師 설】

진실하게 염불할 수 있으면 몸과 마음과 세계를 내려놓으니 바로 큰 보시요, 진실하게 염불할 수 있으면 다시는 탐욕과 성냄과 어리석음을 일으키지 않으니 바로 큰 지계요, 진실하게 염불할 수 있으면 옳다 그르다 하거나 남이니 나니 따지지 않으니 바로 큰 인욕이요, 진실하게 염불할 수 있으면 조금도 잠시 끊어짐이나 뒤섞임이 없으니 바로 큰 정진이요, 진실하게 염불할 수 있으면 다시는 허망한 생각에 쫓기지 않으니 바로 큰 선정이요, 진실하게 염불할 수 있으면 다른 갈림길에 미혹되지 않으니 바로 큰 지혜이다.

한번 스스로 점검해 보라. 만일 몸과 마음과 세계를 아직도 내려놓지 못하며, 탐욕과 성냄과 어리석은 생각이 아직도 저절로 일어나며, 옳다 그르다 하거나 남이니 나니 하는 것이 아직도 저절로 가슴에 걸려 있으며, 잠시 끊어짐과 뒤섞임을 아직도 다 없애지 못하였으며, 허망한 생각에 쫓김을 아직도 영원히 없애지 못하였으며, 갖가지 다른 갈림길에서 아직도 뜻이 미혹된 상태에 있다면 진실하게 염불하는 것이 아니다.[243]

六度【蕅益法師說】

眞能念佛。放下身心世界。卽大布施。眞能念佛。不復起貪瞋癡。卽[1]大持戒。眞能念佛。不計是非人我。卽大忍辱。眞能念佛。不稍間斷夾雜。卽大精進。眞能念佛。不復妄想馳逐。卽大禪定。眞能念佛。不爲他歧所惑。卽大智慧。試自簡點。若身心世界。猶未放下。貪瞋癡念。猶自現起。是非人我。猶自挂懷。間斷夾雜。猶未除盡。妄想馳逐。猶未永滅。種種他歧。猶能惑志。便不爲眞念佛也。

1) ㉯ 갑본에는 '卽'이 '師'로 되어 있다.

---

243 『重訂西方公據』(X62, 301c).

육종념 六種念【『정토신종淨土晨鐘』】

참되고 간절한 염불은 반드시 여섯 가지 생각을 갖추어야 한다.

하나는 용맹한 생각이다. 실천하는 힘이 너무 약해서는 안 되니, 효자가 부모의 깊은 원수를 갚기 위해 높은 절벽과 깊은 계곡물과 도깨비 소굴과 호랑이 굴일지라도 반드시 겁내지 않고 가는 것과 같아야 하기 때문이다. 하나는 슬퍼하는 생각이다. 너무 초연해서는 안 되니, 한 번 부처님을 생각할 때마다 몸의 털이 모두 곤두서고 오장육부가 찢어지는 것이 어려서 돌아가신 인자한 어머니를 생각하고 슬기롭던 죽은 아이를 생각하는 것과 같아야 하기 때문이다. 하나는 분함이 깃든 생각이다. 너무 평온해서는 안 되니, 미천하고 가난한 선비가 재주를 자부하다가 낙제하여 적막하게 되어 한 번 생각이 미칠 때마다 거의 살기를 바라지 않는 것과 같아야 하기 때문이다. 하나는 사랑하여 그리는 생각이다. 너무 무덤덤해서는 안 되니, 자기가 깊이 사랑하는 물건은 꿈속에서도 정이 곡진하여 행여 잃을까 염려하는 것과 같아야 하기 때문이다. 하나는 즐거운 일이 앞에 나타날 때 껑충껑충 뛰면서 기뻐하는 생각이다. 추위에 옷을 얻고 굶주릴 때에 음식을 얻는 것과 같아야 하기 때문이다. 하나는 악연이 눈앞에 닥쳤을 때 뉘우침이 격렬하고 절절한 생각이다. 사지에서 살려고 도망하는 것과 같아야 하기 때문이다.

총괄하면 마음과 입이 서로 하나가 되어 글자마다 간과 골수에서 흘러나와야 염불의 참된 경지에 이른다.[244]

六種念【淨土晨鐘】

眞切念佛。須具六種念。一勇猛念。太文弱來不得。如孝子報父母深讎。縱

---

[244] 『淨土晨鐘』(X62, 54a).

高崖深澗。燐途虎窟。必徃不怯故。一悲傷念。太灑落來不得。每一想佛。身毛皆竪。五內若裂。如憶少背之慈母。及多慧之亡兒故。一感憤念。太和平來不得。如落第孤寒。負才寂寞。每一念及。殆不欲生故。一戀慕念。太淡泊來不得。如己所深愛物。魂夢繾綣。惟[1]恐或失故。一樂事現前踴躍歡喜念。如寒得衣。飢得食故。一惡緣照面。悔恨激切念。如死裏逃生故。總之心口相一。字字從肝髓中流出。方是念佛眞境。

---

1) ㉙ 갑본에는 '惟'가 '帷'로 되어 있다.

육근六根【『용서정토문龍舒淨土文』】

천 가지 장식은 단지 반 치(半寸)의 눈을 위한 것이며, 백 가지 음악은 단지 한 짝의 귀를 위한 것이며, 침단향과 용뇌와 사향은 단지 두 구멍의 코를 위한 것이며, 사방 열 자짜리 상에 잘 차린 음식은 단지 세 치의 혀를 위한 것이며, 아름다운 미인은 단지 썩은 냄새나는 몸을 위한 것이며, 남의 뜻을 따르고 비위를 맞추는 것은 단지 방탕한 뜻을 위한 것이다. 만일 이러한 점을 꿰뚫어 볼 수 있다면 번뇌의 원인이 없을 것이다. 이러한 육근이 있기 때문에 한량없는 일이 생겨 한량없는 업을 짓는다. 그러므로 겁화劫火가 모든 세계를 태우는 것과 같다. 만일 이 이치를 깨닫는다면 정토에 아직 태어나지 못하였더라도 이미 태어난 것과 같을 것이다.[245]

六根【龍舒淨土文】

千般裝點。只爲半寸之眼。百種音樂。只爲一豆之耳。沈檀腦麝。只爲兩竅之鼻。食前方丈。只爲三寸之舌。妙麗嬌嬈。只爲臭腐之身。隨順逢迎。只爲狂蕩之意。若能識破。便無煩惱因。有此六根。故生無量事。造無量業。是故如劫火。燒諸世界。若悟此理。雖未生淨土。已如生矣。

---

245 『龍舒淨土文』(T47, 281c).

육신六信【우익 법사蕅益法師 설】

첫째, 자신을 믿는다는 것은 나의 현재 한 생각 마음이 본래 육단肉團[246]도 아니고 또한 연영緣影[247]도 아니며, 시간적으로 시작과 끝이 없고 공간적으로도 끝이 없으며, 하루 종일 연을 따르고도 하루 종일 변하지 않으며, 시방세계의 허공과 티끌 같은 국토가 원래 내 한 생각 마음속에 나타난 물건이며, 내가 지금 혼미하고 전도되고 미혹했지만 한 생각에 마음을 돌이킬 수 있다면 결정코 자기의 마음속에 본래 갖추어진 극락에 태어날 수 있다고 믿어 다시는 의심하는 생각이 없는 것을 자신을 믿는다고 한다.

둘째, 남을 믿는다는 것은 저 석가여래는 결코 속이는 말이 없으며, 아미타 세존은 결코 헛되게 발원하는 일이 없으며, 육방六方의 부처님들이 광장설廣長舌을 내신 것은 결코 두 말이 없음을 믿고서 부처님들의 진실한 가르침을 따라 결정코 왕생하길 뜻하여 다시는 의혹이 없는 것을 남을 믿는다고 한다.

셋째, 인을 믿는다는 것은 산란한 마음으로 이름을 불러도 부처를 이루는 씨앗이 되는데 하물며 마음을 오로지하여 어지럽지 않으면 어찌 정토의 원인이 아니겠는가 하고 깊이 믿는 것을 인을 믿는다고 한다.

넷째, 과를 믿는다는 것은 정토에 훌륭한 선인들이 모인 것이 모두 염불삼매에서 생겨난 것이니 비유컨대 오이를 심으면 오이를 얻고 콩을 심으면 콩을 얻으며, 또한 그림자는 반드시 형체를 따르고 메아리는 반드시 소리에 응하는 것과 같아 결코 헛되이 버려짐이 없음을 깊이 믿는 것을

---

246 육단肉團 : 육단심肉團心의 준말로 심장心臟을 가리킨다.
247 연영緣影 : 심식心識이 인식 작용을 일으킬 때 그와 동시에 인지할 영상을 마음 가운데 떠오르게 하여 대상으로 삼는데 바로 이 인식 대상인 영상을 가리킨다. 이것을 상분相分이라고도 한다.

과를 믿는다고 한다.

다섯째, 일을 믿는다는 것은 지금 현재 한 생각이 다하지 않기 때문에 마음에 의해 나타난 온갖 시방세계도 다할 수 없으며, 실로 극락국토가 십만억 국토 밖에 있는데 너무나 깨끗하게 장엄하여 장자의 우언寓言과 같지 않다[248]고 깊이 믿는 것을 일을 믿는다고 한다.

여섯째, 이치를 믿는다는 것은 극락국토가 십만억 국토의 밖에 있으나 실로 나의 지금 현재 잠깐(介爾) 일어나는 한 생각의 마음 밖으로 벗어나지 않으니, 나의 현재 한 생각의 심성은 실로 밖이 없기 때문이라는 것을 깊이 믿고, 또한 서방의 의보거나 정보거나 주인이거나 짝이거나 모두 나의 현재 한 생각이 오묘하고 밝은 참된 마음속에 나타난 그림자여서 온갖 일이 그대로 이치이며 온갖 허망이 그대로 진실이며, 온갖 닦음이 그대로 성품이며, 온갖 다른 이가 그대로 자신이며, 나의 마음이 두루하기 때문에 부처님의 마음도 두루하며, 부처님의 마음이 두루하기 때문에 온갖 중생의 심성도 두루하니, 비유컨대 한 방에 천 개의 등불이 빛마다 서로 두루 비추고 거듭하여 서로 교섭하되 서로 방해하지 않는 것과 같다고 깊이 믿는 것을 이치를 믿는다고 한다.[249]

六信【蕅益法師說】

一信自者。信我現前一念之心。本非肉團。亦非緣影。堅無初後。橫絶邊涯。終日隨緣。終日不變。十方虛空。微塵國土。元我一念心中所現之物。我今雖復昏迷倒惑。苟能一念回心。決定得生。自己心中。本具極樂。更無疑慮。是名信自。二信他者。信彼釋迦如來。決無誑語。彌陀世尊。決無虛願。六方諸佛。出廣長舌。決無二言。隨順諸佛眞實教誨。決志求生。更無疑惑。

---

248 장자莊子의 우언寓言과 같지 않다 : 장자가 말한 우언은 그에 상응하는 일이 진실로 존재하지 않지만 극락정토는 진실로 존재한다는 말이다.
249 『阿彌陀經要解』(T37, 364b).

是名信他。三信因者。深信散亂稱名。猶爲成佛種子。何況一心不亂。安得非淨土因。是名信因。四信果者。深信淨土上善聚會。皆從念佛三昧得生。譬如種苽得苽。種荳得荳。亦如影必隨形。響必應聲。決無虛棄。是名信果。五信事者。深信只今現前一念不可盡故。所以依心所現。一切十方世界。亦不可盡。實有極樂國土。在於十萬億土之外。最極淸淨莊嚴。不同莊生寓言。是名信事。六信理者。深信極樂國土。雖在十萬億土之遠。而實不出我只今現前介爾一念心外。以吾現前一念心性。實無外故。又復深信西方。若依若正。若主若伴。皆吾現前一念妙明眞心中所現影。全事卽理。全妄卽眞。全修卽性。全他卽自。我心徧故。佛心亦徧。佛心徧故。一切衆生心性亦徧。譬如一室千燈。光光互徧。重重交攝。不相妨礙。是名信理。

육부득 六不得 【『정토혹문淨土或問』】

일생 동안 나쁜 짓만 하다가 죽을 때에 염불하여 업을 짊어진 채 왕생하는 것은 바로 전생에 심은 선근과 복덕의 인연으로 비로소 선지식을 만나 그의 권유로 염불을 할 수 있게 된 것인데, 이러한 요행은 만 명 중에 한 명도 만나기 어렵다.

만일 병을 얻어 죽게 될 때에 풍대의 칼[250]이 몸을 해체하여 사대四大가 흩어지면 뭇 고통이 핍박하고 다급한 두려움이 더욱 커져서 염불할 수 없을 것이다.

네가 병이 없이 죽더라도 또한 세상의 인연이 끝나지 않고 세상에 대한 생각이 그치지 않아 삶을 탐하고 죽음을 두려워하니 마음이 어지러울 것이다. 만일 속인이라면 아울러 집안일을 명백하게 정리하지 못하고 뒷일을 준비하지 못했는데 아내는 울고 자식은 곡을 하며 갖가지 근심으로 애를 태워 염불할 수 없을 것이다.

네가 죽기 전이라도 단지 사소한 병에 의한 아픔이 몸에 있으면 저림과 아픔을 참느라 소리를 지르고 신음을 하며, 약을 묻고 의원을 구하며, 기도하고 참회하면서 잡된 생각이 어지럽게 일어나 염불할 수 없을 것이다.

네가 병이 나기 전이라도 단지 늙어 쇠한 모양이 앞에 나타나면 피곤하여 비틀거리며, 시름에 탄식하고 근심에 괴로워하며, 노쇠한 몸에만 이리저리 안배를 하여 염불할 수 없을 것이다.

네가 늙기 전이라도 젊었을 때는 바로 염불하기 좋을 때지만 문득 미친 마음이 아직 쉬지 않고 세속의 업무에 서로 관계를 맺어 이리저리 반연하고 허튼 생각을 하여 업식業識이 망망하니 염불할 수 없을 것이다.

---

[250] 풍대의 칼(風刀) : 풍도風刀는 사람이 죽을 때에 몸 안의 풍대風大가 요동하여 몸의 마디마디를 분해하는 것을 칼에 비유한 것이다. 그 고통이 마치 날카로운 칼로 찌르는 것과 같은데, 이를 풍도고風刀苦라고 한다.

네가 한가하고 자재하여 수행에 뜻을 두었더라도 갑자기 세간의 상相 가운데에 비추어 무너뜨리지도 못하고 내려놓지도 못하며, 붙잡아 안정시키지도 못하고 깔고 앉아 끊어버리지도 못하는 것이 있으면 홀연히 조그만 경계가 앞에 나타나고 주인이 저것을 따라 전도되어 염불할 수 없을 것이다.

시험 삼아 잠시 늙고 병들었을 때와 젊고 한가한 날을 살펴보아도 조금이라도 한 가지 일이 마음에 걸려 있으면 벌써 염불할 수 없는데 하물며 임종을 마주했을 때이겠는가?[251]

六不得【淨土或問】

一生造惡。臨終念佛。帶業往生。乃是宿有善根福德因緣。方遇知識。勸得念佛。此等僥倖。萬中無一。若得病臨死。風刀解體。四大分離。衆苦逼迫。忙怖張皇。不得念佛。叓饒你無病而死。又或世緣未了。世念未休。貪生怕死。擾亂胸懷。若是俗人。兼以家私未明。後事未辦。妻啼子哭。百種憂煎。不得念佛。叓饒你未死以前。只有些少病痛在身。忍疼忍苦。叫喚呻吟。問藥求醫。祈禱懺悔。雜念紛飛。不得念佛。叓饒你未病以前。只是年紀老大。衰相現前。困頓龍鍾。愁嘆憂惱。只向個衰老身上。左右安排。不得念佛。叓饒你未老以前。正是少壯。正好念佛之時。稍或狂心未歇。俗務相關。東攀西緣。胡思亂想。業識茫茫。不得念佛。叓饒你淸閒自在。有志修行。稍於世相之中。照不破。放不下。把不定。坐不斷。忽然些子。境界現前。一個主人。隨他顚倒。不得念佛。試看老病之時。少壯淸閒之日。稍有一事在心。早是不得念佛。況待臨終時哉。

---

251 『淨土或問』(T47, 299c).

육정 六淨【『정토지귀집淨土指歸集』】

구계九界[252]의 중생은 본각本覺이 깨끗하나 원돈圓頓[253]의 큰 법을 듣지 못하여 모두 마음이 더럽혀지고 국토가 더럽혀진다.

만일 중생이 깨끗한 신심으로 왕생을 발원하면 마음을 다 쏟기 때문에 당념當念을 떠나지 않고 극락(樂邦)의 꽃이 핀 연못과 보배 나무 등의 청정한 경계를 볼 수 있다. 이는 명자위名字位[254]와 관행위觀行位[255]의 사람으로 마음이 깨끗하고 국토가 깨끗하다. 그러므로 경에서 "내가 수명이 장구하다고 설하는 것을 듣고 깊은 마음으로 믿고 이해하면 부처님께서 항상 기사굴산耆闍崛山에서 큰 보살과 여러 성문들에게 둘러싸여 설법하는 것을 볼 것이다."[256]라고 하였으니, 방편토方便土가 깨끗한 것이다.

만일 근본무명을 파괴하고 십주十住의 자리에 올라 무생법인無生法忍을 증득하였다면 이는 분진위分眞位[257]의 사람으로 마음이 깨끗하고 국토가

---

[252] 구계九界 : 미혹과 깨달음의 세계를 열 가지로 분류한 것 중 하위에 속하는 아홉 가지 세계를 통틀어서 일컫는 말. 열 가지 세계란 지옥계·아귀계·축생계·아수라계·인간계·천상계·성문계·연각계·보살계·불계이다. 이 가운데 앞의 여섯 가지 세계는 범부가 속한 미혹의 세계이고, 뒤의 네 가지 세계는 성자가 속한 깨달음의 세계이다. 불계는 궁극적으로 도달해야 할 과이기 때문에 앞의 아홉 가지 세계가 원인이고, 뒤의 한 가지 세계는 과라고 하여 구인일과九因一果라고 하기도 한다.
[253] 원돈圓頓 : 원만하고 단박에 궁극적 결과를 이루는 것 혹은 그러한 가르침. 곧 최상의 가르침을 형용하는 말로 각 종파에서 자신의 가르침을 원돈교라고 이른다.
[254] 명자위名字位 : 천태종에서 시설한 육즉六卽(보살이 궁극적 진리를 얻는 수행 과정을 여섯 단계로 나눈 것)의 두 번째에 해당하는 것. 명자즉名字卽이라고도 한다. 모든 중생이 불성여래장에 머물러 있는 이치를 듣고 아는 지위이다.
[255] 관행위觀行位 : 천태종에서 시설한 육즉의 세 번째에 해당하는 것. 관행즉觀行卽이라고도 한다. 이미 이치를 알고 나서 관행을 일으켜서 마음으로 관찰함이 분명해지고 이치와 지혜가 상응하는 지위이다.
[256] 『法華經』 권5(T9, 45b).
[257] 분진위分眞位 : 천태종에서 시설한 육즉의 다섯 번째에 해당하는 것. 분진즉分眞卽·분증즉分證卽이라고도 한다. 무명을 부분적으로 끊어서 진여의 일부가 나타나는 지위이다.

깨끗하다. 경에서 "또 이 사바세계가 그 땅은 유리로 되어 있고 평탄하여 고르고 바르며 보살들의 무리가 모두 그 안에 머무는 것을 볼 것이다."[258]라고 하였으니, 실보토實報土가 깨끗한 것이다.

만일 지위가 묘각妙覺[259]에 올라 지덕智德[260]과 단덕斷德[261]이 원만해졌다면 이는 극과極果의 성인으로 마음이 깨끗하고 국토가 깨끗하다. 경에서 "오직 부처님과 부처님만이 제법의 실상을 궁구하여 다할 수 있다."[262]라고 하였고, (또 경에서) "석가모니를 비로자나毗盧遮那라고 하니 온갖 곳에 두루한다. 그 부처님이 머무는 곳을 상적광常寂光이라 하니 항상하고 즐거우며 나(我)가 있고 깨끗한 곳이다."[263]라고 하였다. 세 가지 덕[264]을 갖춘 열반에 들고 모든 부처님·여래께서 노닐며 머무는 곳이라야 구경이라고 하니, 마음이 깨끗하고 국토가 깨끗하다.

어리석고 속되고 무지한 박지범부博地凡夫[265]로서 수행과 증득을 더하지 않고 부처님과 동일하게 청정하다고 한다면 비유컨대 서민이 함부로

---

258 『法華經』 권5(T9, 45b).
259 묘각妙覺 : 천태종에서 시설한 육즉의 여섯 번째에 해당하는 것. 묘각즉妙覺卽·구경즉究竟卽이라고 한다. 구경즉이란 완전하게 깨달음을 이루어 진심眞心의 모든 것이 나타나는 것을 가리키는데, 이것은 보살의 수행 계위 중 묘각위妙覺位에 해당하기 때문에 묘각즉이라고 한다.
260 지덕智德 : 불과佛果를 성취함으로써 얻는 세 가지 덕의 하나. 부처님의 입장에서 모든 법을 비추는 지혜이다. 나머지 두 가지는 단덕斷德과 은덕恩德이다. 단덕은 모든 번뇌를 유발하는 미혹의 업을 소멸한 것이다. 은덕은 중생을 구제하려는 서원의 힘으로 말미암아 중생에게 두루 은혜를 베푸는 것이다.
261 단덕斷德 : 불과의 지위에서 구족하는 세 가지 덕의 하나. 앞의 각주 '지덕'을 참조할 것.
262 『法華經』 권1(T9, 5c).
263 『觀普賢菩薩行法經』(T9, 392c).
264 세 가지 덕 : 법신·반야·해탈을 가리킨다. 법신이란 공덕법을 완성한 몸을 가리키고, 반야란 깨달음의 지혜를 가리키며, 해탈이란 번뇌의 속박에서 벗어난 것을 나타낸다.
265 박지범부博地凡夫 : 번뇌망상에 결박되어 있는 범부라는 뜻이다. 구박범부具縛凡夫라고도 한다.

제왕이라고 호칭했다가 스스로 죽음을 초래하는 것과 같으니, 법을 비방한 죄가 무엇이 이것보다 크겠는가?[266]

六淨【淨土指歸集】

九界衆生。本覺雖淨。未聞圓頓大法。皆爲心垢土垢。若衆生以淨信心。發願往生。心專注故。不離當念。得見樂邦。華池寶樹。淸淨境界。此名字觀行位人。心淨土淨。故經曰。聞我說壽命長遠。深心信解。則爲見佛。常在耆闍崛山。共大菩薩諸聲聞衆。圍繞說法。方便土淨也。若破根本無明。登十住位。證無生法忍。此分眞位人。心淨土淨。經云。又見此娑婆世界。其地琉璃坦然平正。諸菩薩衆咸處其中。實報土淨也。若位登妙覺。智斷圓滿。此極果聖人。心淨土淨。經曰。唯佛與佛。乃能究盡諸法實[1)]相。釋迦牟尼名毗盧遮那。遍一切處。其佛所住。名常寂光。常樂我淨。三德涅槃。諸佛如來所遊居處。方名究竟。心淨土淨也。愚俗無知。以博地凡夫。不加修證。同佛淸淨。譬如庶民。妄號帝王。自取誅滅。謗法之罪。孰大於是哉。

1) ㉮ 갑본에는 '實'이 '寶'로 되어 있다.

266 『淨土指歸集』 권상(X61, 380c).

육수六修【정청지鄭清之[267]의 『권수정토문勸修淨土文』】

염불할 때 입으로 외고 마음으로 생각하여 모든 악행을 짓지 않는다면 어찌 계율이 아니겠는가? 생각을 청정한 경계에 매어 허깨비 같은 대상(塵)이 모두 사라진다면 어찌 선정이 아니겠는가? 생각하되 진실로 생각이 없어 마음의 꽃(心華)[268]이 맑다면 어찌 지혜가 아니겠는가? 사람이 온갖 염려를 없애고 한결같이 서방에 뜻을 두면 몽둥이찜질을 하거나 큰소리로 꾸짖지 않아도 원돈의 기틀을 깨달으며, 대장경을 열람하지 않아도 정법의 눈을 얻으며, 네 가지 위의를 지니지 않아도 대자재大自在를 얻어 더럽지도 않고 깨끗하지도 않으며, 속박도 없고 벗어남도 없다. 이런 때를 당하여 무엇이 계戒·정定·혜慧가 되며, 무엇이 선禪·교敎·율律이 되겠는가? 나의 마음과 부처님의 마음이 조금도 차별이 없으니, 이것이 정토를 수행함에 있어서 가장 훌륭한 경지이다.[269]

六修【鄭清之勸修淨土文】

方念佛時。口誦心惟。諸惡莫作。豈非戒。繫念淨境。幻塵俱滅。豈非定。念實無念。心華湛然。豈非慧。人能屏除萬慮。一意西方。則不施棒喝。而悟圓頓機。不閱大藏經。而得正法眼。不持四威儀中。而得大自在。不垢不淨。無縛無脫。當是時也。孰爲戒定慧。孰爲禪敎律。我心佛心。一無差別。此修淨土之極致也。

---

[267] 정청지鄭清之 : 송나라 때 사람으로 자는 문숙文叔(1176~1251)이다. 나중에는 자를 덕원德源이라 하였고, 호는 안만安晚이다. 경원도慶元道 근현鄞縣 사람이다. 가태嘉泰 2년(1202)에 진사에 급제하고, 광록대부光祿大夫, 좌·우승상左右丞相, 태부太傅, 위국공衛國公 등을 역임했다. 원나라 병사가 대거 송나라를 침입하자 『十龜元吉箴』을 바쳐 황제에게 정신을 분발하여 다스리기를 도모하라고 권했으나 받아들여지지 않자 벼슬에서 물러나 은거하였다.
[268] 마음의 꽃(心華) : 심화心華는 본래 깨끗한 마음을 꽃에 비유한 말이다.
[269] 『龍舒淨土文』(T47, 285b).

육약六藥 [『복보지남福報指南』[270]]

염불은 '일심불란'에만 있고 다시 다른 법이 없다. 비유컨대 약으로 병을 다스릴 때 병자가 단지 눈으로 약을 보고 손으로 약을 잡기만 하며, 혹은 가까운 곳에 사람이 있다면 코로 약을 냄새 맡게 하거나 먼 곳에 사람이 있다면 그릇에 약을 담거나 물에 약을 담그거나 불로 약을 달이게만 하면서 모두 말하기를 "나는 약으로 병을 다스리는데 이 병을 어떻게 다스릴 수 있겠는가? 지극한 병은 낫지 않는다."라고 하고, 또 말하기를 "이 약은 신통하지 않다. 다시 처방전을 선택해야 하니 참으로 원통하고 답답하구나."라고 말하는 것과 같다. 그러나 남이 또한 그를 대신해 마실 수가 없으니 장차 그 병을 어찌하겠는가?

게다가 염불할 때 몇 만의 숫자를 완전하게 하려는 것은 약을 사려고만 하고 절대로 약을 먹지 않으려고 하는 것이니, 이 약이 산더미처럼 쌓여도 병이 나을 수 있겠는가? 약을 마시는 것은 입으로 하고, 염불은 마음으로 한다.

약은 반드시 방울마다 자신의 입속으로 들어가야 하고, 염불은 반드시 소리마다 자신의 마음속에서 나와야 하니, 이것이 참으로 마음을 안정시키는 방법이다.

六藥 [福報指南]

念佛只在一心不亂。夏無別法。譬如以藥治病。病者但用目視藥手執藥。或有近者。以鼻聞藥。夏有遠者。以器貯藥。以水浸藥。以火烹藥。皆曰。吾以藥治病。此病如何得治。至病不愈。又言。此藥不靈。再選方書。眞可痛憫。然他人又不能代爲之飮。亦奈之何哉。且要完幾萬之數。是又只要買藥。絶

---

270 『복보지남福報指南』: 순양자純陽子 여암呂巖이 지은 책이다.

不服藥。卽將此藥。積如邱陵。病能愈否。飮藥以口。念佛以心。藥必滴滴自口中入。佛必聲聲自心中出。此眞定心之方也。

칠종승 七種勝 【『감로소甘露疏』】

염불의 공덕에는 일곱 가지 훌륭함이 있다.

첫째는 말이 적고 행하기 쉬운 훌륭함이다. 나무아미타불 한 구절만을 부르니 온갖 사람들이 염송할 수 있기 때문이다. 둘째는 생각의 대상이 되는 부처님과 세계의 훌륭함이다. 일심으로 부처님 몸의 상호를 생각하고 정토를 경계로 삼아 반연하고 생각하기 때문이다. 셋째는 어려움을 떠나고 편안함을 얻는 훌륭함이다. 모든 부처님과 보살들이 염불하는 이를 보호하여 모든 환란이 없게 하고 편안하고 경사로우며 축복하기 때문이다. 넷째는 이름을 불러 죄를 없애는 훌륭함이다. 염불하는 한 소리는 80억 겁의 생사의 무거운 죄를 없앤다. 다섯째는 염불을 지녀 복을 얻는 훌륭함이다. 부처님을 부르는 한 소리는 사천하의 일곱 가지 보배로 부처님과 아라한을 공양하는 것보다 뛰어나다. 여섯째는 과보로 부처님을 뵙는 훌륭함이다. 중생들이 부처님을 생각하면 반드시 부처님을 뵙는다. 일곱째는 직접 맞이하여 왕생하는 훌륭함이다. 변화한 부처님과 보살이 빛을 놓아 수행자를 영접하여 불토佛土에 왕생한다.[271]

七種勝【甘露疏】

念佛功德有七種勝。一詞少易行勝。惟稱一句南無阿彌陀佛。一切人可念故。二念緣佛境勝。一心緣念。佛身相好。淨國爲境故。三離難獲安勝。諸佛菩薩加護念佛者。無諸患難。安慶吉祥。四稱名滅罪勝。念佛一聲。滅八十億劫生死重罪。五持念獲福勝。稱佛一聲。勝四天下七寶供佛及阿羅漢。六果感見佛勝。衆生念佛必定見佛。七親迎往生勝。化佛菩薩放光。迎接行者。往生佛土。

---

[271] 『蓮宗寶鑑』(T47, 310b).

칠정념 七正念【연지 대사蓮池大師 설】

참으로 생사를 위하여 출가했다면 곧장 일생에 끝내려고 하여 시시각각 일곱 가지 일로써 자신을 경책하고 힘써서 지켜야 한다.

첫째, 재물을 쌓거나 집을 짓거나 땅을 사거나 온갖 정밀하고 모든 좋은 물건들, 곧 경전이나 불상 등을 두지 마라. 옛적부터 전해 내려온 것과 명가로부터 나온 것에 대해 모두 미련을 두지 말고 일심으로 바르게 염불하라.

둘째는 갖가지 긴요하지 않은 복을 짓는 일을 하지 마라. 우선 다른 날을 기다렸다가 큰일을 밝힌 뒤에 해도 늦지 않다. 지금은 우선 방편으로 만행문萬行門을 내버려 두고 일심으로 바르게 염불하라.

셋째는 좋은 빛깔과 좋은 맛 등에 탐내고 애착하는 마음을 일으키지 말며, 좋은 말로 자신을 칭찬하는 이에 대해 탐내고 애착하는 마음을 일으키지 말며, 나쁜 빛깔과 나쁜 맛 등에 화내고 괴로워하는 마음을 일으키지 말며, 나쁜 말로 자신을 헐뜯거나 자신을 모욕하거나 갖가지로 자신을 거스르는 이에 대해 화내고 괴로워하는 마음을 일으키지 마라. 나아가 과거나 미래의 일이 순조롭거나 거스르거나 모두 다 물리치고 성벽을 견고히 하듯 굳건히 지키고 일심으로 바르게 염불하라.

넷째는 시문을 읊고 짓거나 진서眞書[272]와 초서草書[273]를 쓰거나 표제와 대련對聯[274]을 짓거나 멋진 편지를 쓰거나 외서外書를 두루 보거나 다른 사람의 잘잘못과 장단점을 논의하지 말라. 나아가 가르침을 빙자하여 억

---

272 진서眞書 : 한자의 서체의 하나. 해서楷書라고도 한다. 글씨를 흘려 쓰지 않고 정자로 바르게 쓴 것이다.
273 초서草書 : 한자의 서체의 하나. 짜임새와 필획을 생략하여 곡선 위주로 흘려 쓴 것이다.
274 대련對聯 : 시문 등에서 의미는 다르지만 동일한 형식으로 나란히 있는 문구를 가리킨다. 혹은 문이나 기둥에 써 붙이는 대구對句를 가리킨다.

측하고 교만한 마음으로 저술을 하거나 선을 깨달아 통하지 않았는데도 망령된 생각으로 공안을 제시하고 평가하지 마라. 입을 다물고 혀를 묶어 일심으로 바르게 염불하라.

다섯째는 친구를 사귀고 초청하면 응하여 달려가며, 산을 노닐면서 경치를 감상하며, 잡다한 말을 하며 한가하게 대화하지 마라. 무릇 갖가지 세제世諦의 일은 이치상 마땅히 해야 하여 결단코 그만둘 수 없는 일을 제외하고는 다 그만두고 일심으로 바르게 염불하라.

여섯째는 방일에 탐착하거나 수면에 방종하지 마라. 큰일을 밝히지 못했으니 수고로움을 참고 일심으로 바르게 염불하라.

일곱째는 세상 사람들과 재주를 다투거나 능력을 다투거나 명성을 다투거나 세력을 다투지 마라. 아직 얻지 못했는데 얻었다고 하고 아직 증득하지 못했는데 증득했다고 하거나 속임수로 선지식이라고 칭하며 함부로 스스로를 높이지 마라. 오직 비천함을 잡고 어리석음을 지키며, 종신토록 배움의 지위에 머물러 스스로를 단련하고 항상 정진하며 일심으로 바르게 염불하라.[275]

七正念【蓮池大師說】

眞爲生死出家。直欲一生了辦。時時以七事自警。務力守之。一不得畜資財。造房屋。買田地。置一切精緻好物。卽經像等。傳自太古。出自名家。皆勿留戀。一心正念。二不得作種種非緊要福緣事。姑俟他日大事已明。作之未晩。今且權置萬行門。一心正念。三不得於好色好味等。起貪愛心。於好言讚譽我者。起貪愛心。不得於惡色惡味等。起嗔惱心。於惡言譏毀我者。罵辱我者。種種拂逆我者。起嗔惱心。乃至過去未來事。或順或違。皆悉屛絶。堅壁固守。一心正念。四不得吟作詩文。書寫眞草。題帖對聯。修飾尺

---

[275] 『雲棲法彙』(J33, 151a).

牘。泛覽外書。論議他人。得失長短。乃至敎憑臆見。而高心著述。禪未悟徹。而妄意拈評。緘口結舌。一心正念。五不得交結親朋。應赴請召。遊山玩景。雜話閒談。凡種種世諦中事。除理所當爲。決不可已者。餘悉休罷。一心正念。六不得貪着放逸。恣縱睡眠。大事未明。捍勞[1]忍苦。一心正念。七不得與世人競才競能。爭名爭勢。未得言得。未證言證。[2] 詿稱知識。妄自尊高。惟應執卑守愚。終身居學地。而自鍛鍊。常精常進。一心正念。

1) ㉮ 갑본에는 '勞'가 '勢'로 되어 있다. 2) ㉮ 갑본에는 '證'이 '詿'으로 되어 있다.

칠보七寶【『아미타경阿彌陀經』】

첫째는 금金이고, 둘째는 은銀이며, 셋째는 유리瑠璃이고, 넷째는 파려玻瓈이며, 다섯째는 차거玒磲이고, 여섯째는 적주赤珠이며, 일곱째는 마노瑪瑙이다. 극락국토에 칠보로 된 연못이 있는데, 그 위에는 누각이 있고 역시 이 칠보로 장엄하게 꾸며져 있다. 이는 모두 아미타불의 대원大願과 대행大行이 성품의 공덕에 걸맞게 이루어진 것이다. 그러므로 두루 네 가지 정토를 장엄하고 두루 시방삼세의 온갖 범부와 성인을 거두어 왕생하게 할 수 있다.[276]

七寶【阿彌陀經】

一金。二銀。三瑠璃。四玻瓈。五玒磲。六赤珠。七瑪瑙。極樂國土有七寶池。上有樓閣。亦以此七寶嚴飾之。皆是阿彌陀佛大願大行稱性功德之所成就。故能普徧莊嚴四種淨土。普攝十方三世一切凡聖。令得往生也。

---

[276] 『阿彌陀經』(T12, 346c).

칠불방七不妨『귀원직지歸元直指』

아미타불은 염송하기 아주 쉽고, 정토는 태어나기 아주 쉬워 사람들이 모두 통행할 수 있다. 관료의 경우는 직업에 방해되지 않으며, 선비의 경우는 독서를 하는 데 방해되지 않으며, 상인의 경우는 판매에 방해되지 않으며, 농부의 경우는 경작에 방해되지 않으며, 부인의 경우는 가사일에 방해되지 않으며, 공직에 있는 경우는 윗사람을 섬기는 데 방해되지 않으며, 승도僧徒의 경우는 참선에 방해되지 않는다. 무릇 온갖 하는 일이 모두 서로 방해하지 않으니, 새벽이나 저녁에는 예념禮念을 하고 바쁜 속에서는 짬을 내어 회향하고 발원하여 서방에 태어나길 원하기만 한다면 결정코 왕생할 것이다.[277]

七不妨【歸元直指】

彌陀甚易念。淨土甚易生。人皆可以通行。在官不妨職業。在士不妨修讀。在商賈不妨販賣。在農夫不妨耕種。在婦人不妨女工。在公門不妨事上。在僧徒不妨叅禪。凡一切所爲皆不相妨。或在晨昏禮念。或在忙裏偸閒。唯要回向發願。願生西方。決定徃生矣。

---

[277] 『歸元直指集』(X61, 428a).

팔법 八法【『유마힐경維摩詰經』】

보살은 여덟 가지 법을 성취해야 이 세계에서 행동에 허물이 없어 정토에 태어나게 된다. (첫째는) 중생을 유익하게 하되 보답을 바라지 않고 온갖 중생을 대신하여 그들의 모든 고뇌를 받고 지은 공덕을 다 그들에게 베푸는 것이요, (둘째는) 중생을 평등한 마음으로 대하여 겸손히 낮춤에 걸림이 없는 것이요, (셋째는) 모든 보살들을 부처님처럼 보는 것이요, (넷째는) 아직 듣지 못한 경전을 듣고 의심하지 않는 것이요, (다섯째는) 성문들과 서로 등지지 않는 것이요, (여섯째는) 남이 받는 공양을 질투하지 않고 자기의 이익을 높이지 않아서 그 속에서 마음을 조복하는 것이요, (일곱째는) 항상 자기의 허물을 살피고 남들의 단점을 들추지 않는 것이요, (여덟째는) 언제나 일심으로 모든 공덕을 구하는 것이다.[278]

八法【維摩詰經】

菩薩成就八法。於此世界。行無瘡疣。生于淨土。饒益衆生。而不望報。代一切衆生。受諸苦惱。所作功德。盡以施之。等心衆生。謙下無閡。於諸菩薩。視之如佛。所未聞經。聞之不疑。不與聲聞而相違背。不嫉彼供。不高己利。而於其中。調伏其心。常省己過。不訟彼短。恒以一心。求諸功德。

---

[278] 『維摩詰經』 제10 「香積佛品」(T14, 553a). 단 해석하면서 여덟 가지 법을 단락을 지어 구분한 것은 『注維摩詰經』 권8(T38, 402b)에서 주석한 내용을 따랐다.

팔신염불 八信念佛【『정토신종淨土晨鐘』】

무릇 염불하고자 하면 반드시 신심을 일으켜야 한다. 염불하면 결정코 정토에 태어남을 믿으며, 염불하면 결정코 모든 죄를 없앰을 믿으며, 염불하면 결정코 부처님의 보호를 얻음을 믿으며, 염불하면 결정코 부처님의 증명을 얻음을 믿으며, 염불하면 임종할 때 결정코 부처님이 오셔서 영접함을 믿으며, 염불하면 함께 믿는 사람들이 모두 왕생함을 믿으며, 염불하면 왕생하여 결정코 불퇴지를 얻음을 믿으며, 염불하면 정토에 태어나 결정코 삼악도에 떨어지지 않음을 믿는다.[279]

八信念佛【淨土晨鐘】

凡欲念佛。要起信心。信念佛定生淨土。信念佛定滅諸罪。信念佛定得佛護。信念佛定得佛證。信念佛臨終定得佛來迎接。信念佛同信之人皆得往生。信念佛徃生定得不退地。信念佛生淨土定不墮三惡道。

---

[279] 『淨土晨鐘』(X62, 45a).

팔공덕수 八功德水【『아미타경阿彌陀經』】

극락국토에는 일곱 가지 보배로 된 연못이 있는데 여덟 가지 공덕을 갖춘 물이 그 안에 가득하다. 무엇을 여덟 가지 공덕이라고 하는가?

첫째는 맑고 깨끗함이다. 그 물이 맑고 깨끗한 것을 이르니, 이것이 맑고 깨끗한 공덕이 된다. 둘째는 맑고 시원함이다. 그 물이 맑고 시원한 것을 이르니, 이것이 맑고 시원한 공덕이 된다. 셋째는 달고 맛있음이다. 그 물이 달고 맛이 좋은 것을 이르니, 이것이 달고 맛있는 공덕이 된다. 넷째는 가볍고 부드러움이다. 그 물이 가볍고 부드러운 것을 이르니, 이것이 가볍고 부드러운 공덕이 된다. 다섯째는 윤택함이다. 그 물이 축축이 적셔 사물을 윤택하게 하는 것을 이르니, 이것이 윤택하게 하는 공덕이 된다. 여섯째는 편안하고 조화로움이다. 그 물을 사람들이 마셨을 때에 몸과 마음이 곧 편안하고 조화됨을 이르니, 이것이 편안하고 조화로운 공덕이 된다. 일곱째는 근심을 없앰이다. 그 물을 사람들이 마셨을 때에 곧 굶주림과 목마름 등 근심을 없앨 수 있는 것을 이르니, 이것이 근심을 없애는 공덕이 된다. 여덟째는 증익함이다. 그 물을 사람들이 마셨을 때에 곧 선근을 기르고 사대四大를 증익할 수 있는 것을 이르니, 이것이 증익하는 공덕이 된다.[280]

八功德水【阿彌陀經】

極樂國土有七寶池。八功德水。充滿其中。何謂八功德。一澄淨。謂其水澄淳潔淨。是爲澄淨功德。二淸冷。謂其水淸瀅凉冷。是爲淸冷功德。三甘美。謂其水甘甜嘉美。是爲甘美功德。四輕輭。謂其水輕浮柔輭。是爲輕輭功德。五潤澤。謂其水滋潤澤物。是爲潤澤功德。六安和。謂其水人若飮時。

---

280 『阿彌陀經』(T12, 346c);『稱讚淨土佛攝受經』(T12, 348c).

身心卽得安隱調和。是爲安和功德。七除患。謂其水人若飮時。卽能除飢渴等患。是爲除患功德。八增益。謂其水人若飮時。卽能長養善根。增益四大。是爲增益功德。

팔용八用【고음 선사古音禪師[281] 설】

부처님은 고통의 바다에서 중생을 위한 배가 되어
그대에게 빨리 저 언덕으로 건너가길 권하시니
첫째는 재계齋戒를 우선으로 삼는 걸 쓰는 것이요,
둘째는 악을 고치고 선을 행하는 걸 쓰는 것이라네.

셋째는 눈 밝은 스승과 선우를 쓰는 것이요,
넷째는 해탈의 바른 원을 쓰는 것이요,
다섯째는 인을 알고 과를 아는 걸 쓰는 것이요,
여섯째는 모든 방편을 지니는 걸 쓰는 것이라네.

일곱째는 공을 쌓고 덕을 쌓는 걸 쓰는 것이요,
여덟째는 복된 연을 서로 주는 걸 쓰는 것이라네.
다니거나 머물거나 앉거나 누울 때에
아미타불 한 구절을 끊지 마라.

모름지기 인도 깊고 과도 깊음을 믿어
염송하지 않아도 저절로 염송하게 하라.
만일 염송마다 헛되지 않다면
반드시 염송과 일체를 이루리라.

당념當念에서 염송하는 사람을 간파하면

---

[281] 고음 선사古音禪師 : 명나라 때 스님 고음 법금古音法琴을 가리킨다. 속성은 채蔡씨이고, 호는 옥천노인玉泉老人이다. 수당송壽堂鬆 선사의 법을 이었다. 25세에 동봉 선사東峰禪師에게 출가하여 구족계를 받은 뒤에 제방을 다니면서 참학하였다.

아미타불과 내가 함께 나타나리니
곧장 염불삼매에 들어
직접 극락의 안뜰을 증득하리라.

연태蓮胎에 표시된 이름을
공이 지극한 사람은 스스로 볼 것이니
직접 아미타불을 뵙고 수기를 받으며
보살들과 함께 짝을 이루리라.

곧장 무상보리無上菩提에 이르러
영겁토록 마음대로 소요자재하리니
이 도에 의거하여 돌아가면
결정코 부처를 이루기에 부족하지 않으리라.[282]

八用【古音禪師說】

佛爲苦海舟航　勸君早渡彼岸
一用齋戒爲先　二用改惡行善
三用明師善友　四用解脫正願
五用知因識果　六用有諸方便
七用積功累德　八用福緣相贈
行住坐臥之中　一句彌陀莫斷
須信因深果深　直敎不念自念
若能念念不空　管取念成一片
當念認得念人　彌陀與我同現

---

282 『歸元直指集』 권상(X61, 437c).

便入念佛三昧　親證極樂內院
蓮胎標的姓名　極功之人自見
親見彌陀受記　便同菩薩作伴
直至無上菩提　永劫隨心散誕
依得此道歸來　決定成佛不欠

팔념 八念【『전가보傳家寶』²⁸³】

정성껏 염불하는 것이 바로 단丹이니
백팔 염주를 굴리고 굴리면
염불이 사리를 이루어 생사를 초월하고
염불이 보리를 맺어 범성聖凡을 깨우치리라.

염불하는 뜻은 흐르는 물을 따라 가지 않고
염불하는 마음은 항상 흰 구름과 짝하여 한가하며
염불은 오묘한 구멍(妙竅)을 열어 신령한 지혜에 통하니
염불 게송을 지금 남겨 그대에게 줄 것이니 참구하라.²⁸⁴

이 게송은 여조呂祖²⁸⁵가 계시한 것이니, 불교와 도교가 어찌 둘이었던 적이 있던가? 대저 염불삼매는 지위를 건너지 않고 계단과 사다리에 떨어지지 않으며 한꺼번에 뛰어넘어 곧장 여래의 실상의 법문에 들어가니, 이른바 억겁 동안 내려온 나의 전도된 생각을 녹여 아승기겁을 거치지 않고 법신을 얻는다는 것이다.

八念【傳家寶】

念佛虔誠便是丹　念珠百八轉循環
念成舍利超生死　念結菩提了聖凡
念意不隨流水去　念心常伴白雲閒

---

283 『전가보傳家寶』: 청나라 때 문인 석성금石成金(1659~1736)이 지은 책이다. 석성금의 자는 천기天基이고, 호는 성재惺齋이다.
284 『蓮修必讀』(X62, 851a).
285 여조呂祖: 여선조呂仙祖라고도 한다. 각주 78 '순양 조사'를 참조할 것.

念開妙竅通靈慧　念偈今留與汝叅

此偈是呂祖乩示。則釋道兩教。何嘗有二乎。大抵念佛三昧。不涉地位。不落階梯。一超直入如來實相法門。所謂銷我億劫顛倒想。不歷僧祇獲法身也。

팔이생 八易生 『정토십의론淨土十疑論』

아미타불의 광명이 법계를 두루 비추어 염불하는 중생을 거두어들이고 버리지 않는다. 성인과 범부가 한 몸이니 근기에 따라 교화를 감수하면서 서로 응한다. 여러 부처님의 마음속 중생은 티끌마다 극락이고, 중생의 마음속 정토는 생각마다 아미타불이다.

이런 이치로 살펴본다면, 지혜로운 이가 왕생하기 쉬운 것은 의심을 잘 끊기 때문이며, 선정을 닦는 이가 왕생하기 쉬운 것은 산란하지 않기 때문이며, 계율을 지키는 이가 왕생하기 쉬운 것은 모든 더러움을 멀리하기 때문이며, 보시하는 이가 왕생하기 쉬운 것은 내 것을 두지 않기 때문이며, 인욕하는 이가 왕생하기 쉬운 것은 성내지 않기 때문이며, 정진하는 이가 왕생하기 쉬운 것은 물러나지 않기 때문이며, 착한 일도 하지 않고 나쁜 일도 하지 않는 이가 왕생하기 쉬운 것은 생각이 한결같기 때문이며, 나쁜 일을 짓고서 업보가 이미 나타난 이가 왕생하기 쉬운 것은 참으로 부끄러워하고 두려워하기 때문이다.

여러 가지 착함이 있더라도 정성스럽고 믿는 마음이 없고 깊은 마음이 없으며 회향하고 발원하는 마음이 없는 이는 상상품上上品으로 왕생하지 못한다. 아, 아미타불의 명호는 지니기 아주 쉽고 정토는 왕생하기 아주 쉬운데 중생이 지니지 못하고 왕생하지 못하니, 부처님인들 중생을 어찌 할 것인가?[286]

八易生【淨土十疑論】

盖彌陀光明。徧照法界。念佛衆生。攝受不捨。聖凡一體。機感相應。諸佛心內衆生。塵塵極樂。衆生心中淨土。念念彌陀。以是觀之。智慧者易生。

---

[286] 『淨土十疑論』(T47, 77a).

能斷疑故。禪定者易生。不散亂故。持戒者易生。遠諸染故。布施者易生。不我有故。忍辱者易生。不瞋恚故。精進者易生。不退轉故。不造善不作惡者易生。念能一故。諸惡已作業報已現者易生。實慚懼故。雖有衆善。若無誠信心。無深心。無迴向發願心者。則不得上上品生矣。噫。彌陀甚易持。淨土甚易徃。衆生不能持不能徃。佛如衆生何。

구품九品【『십육관경十六觀經』[287]】

상품상생上品上生하는 이라는 것은 저 나라에 태어나고자 원하는 어떤 중생이 세 가지 마음을 일으키면 곧 왕생하는 것이다. 무엇이 세 가지인가? 첫째는 지극히 정성스러운 마음이며, 둘째는 깊은 마음이며, 셋째는 회향하고 발원하는 마음이다. 이 세 가지 마음을 갖추는 이는 반드시 저 나라에 태어난다.

또 세 부류의 중생이 왕생할 수 있으니, 무엇이 세 가지인가? 첫째는 자비심이 있어 살생하지 않고 모든 계행戒行을 갖춘 사람이다. 둘째는 대승의 방등경전方等經典[288]을 독송하는 사람이다. 셋째는 육념六念을 수행하고 회향하고 발원하여 저 나라에 태어나고자 원하는 사람이다. 이러한 공덕을 갖추면 하루에서 나아가 이레에 이르면 곧 왕생할 수 있다.

저 나라에 태어날 때 이 사람은 용맹스럽게 정진했기 때문에 아미타여래께서 관세음보살과 대세지보살과 헤아릴 수 없는 화신불化身佛과 백천의 비구와 성문 대중과 한량없는 천신과 칠보로 된 궁전과 함께 나타난다.

관세음보살은 금강대를 잡고서 대세지보살과 함께 수행자의 앞에 이르며, 아미타불께서는 큰 광명을 놓아 수행자의 몸을 비추고 여러 보살들과 함께 손을 내밀어 영접하신다. 관세음보살과 대세지보살은 헤아릴 수 없는 보살들과 함께 수행자를 찬탄하고 그 마음을 권유하여 선에 나아가게 한다. 수행자가 이것을 본 뒤에 기뻐 뛰며 자신의 몸을 돌아다보면 금강대를 타고 부처님 뒤를 따르는데, 손가락을 튕기는 사이에 저 나라에 왕

---

287 『십육관경十六觀經』: 『觀無量壽佛經』의 다른 이름. 본경에서 정토 왕생을 위한 열여섯 가지 관법을 설한 데서 붙여진 이름이다.
288 대승의 방등경전方等經典 : 『華嚴經』·『法華經』 등의 대승경전을 말한다. 방등方等이란 방정方正, 평등의 뜻이다. 가로로 시방十方에 뻗치는 것을 방方이라 하고, 세로로 범부와 성인에 통한 것을 등等이라 한다.

생한다.

저 나라에 태어난 뒤에 부처님 색신色身의 뭇 상호가 구족한 것을 보고 모든 보살들의 색상色相이 구족한 것을 본다. 광명이 찬란한 보배 나무 숲에서 미묘한 법을 연설하면 그것을 듣고는 곧 무생법인을 깨닫는다. 잠깐 사이에 시방세계가 다하도록 모든 부처님을 낱낱이 섬기며, 모든 부처님 앞에서 차례로 수기를 받으며, 본국에 다시 돌아와 한량없는 백천 다라니문陀羅尼門을 얻으니, 이것을 상품상생上品上生하는 이라고 한다.

상품중생上品中生하는 이라는 것은 반드시 방등경전을 수지 독송하지는 않더라도 그 뜻을 잘 이해하며, 제일의第一義에 대해 마음이 놀라거나 두려워하지 않으며, 인과를 깊이 믿고 대승을 비방하지 않으며, 이러한 공덕을 회향하여 극락국에 태어나길 바라는 것이다.

이러한 수행을 행하는 사람은 목숨을 마치려고 할 때에 아미타불께서 관세음보살과 대세지보살과 한량없는 대중 권속들에 둘러싸여 자금대를 잡고서 수행자의 앞에 이르러 다음과 같이 칭찬하신다.

"법자여, 그대는 대승을 행하여 제일의를 이해하였다. 따라서 내가 지금 와서 그대를 맞이하노라."

그리고는 천 명의 화신불과 동시에 손을 내민다.

수행자가 자신을 돌아보면 자금대에 앉아서 합장하고 모든 부처님을 찬탄하며, 한 생각 사이에 곧 저 나라의 칠보로 된 연못 안에 태어난다. 이 자금대는 큰 보배 꽃만 하고 하룻밤이 지나면 피어나는데, 수행자의 몸은 자마금색이 되고 발 아래에도 칠보로 된 연꽃이 있다.

부처님과 보살들이 동시에 빛을 놓아 수행자의 몸을 비추면 눈이 바로 밝아지며, 이전 세상에서 익힌 것으로 인하여 널리 뭇 소리가 순전히 깊고도 깊은 제일의를 설하는 것을 듣는다.

그는 곧 금대에서 내려와 부처님께 합장 예배하고 세존을 찬탄한다. 이레가 지나면 바로 아뇩다라삼먁삼보리阿耨多羅三藐三菩提[289]에서 불퇴전하는 지위를 얻는다. 그러고는 곧바로 날아다니며 두루 시방세계에 이르러 모든 부처님을 낱낱이 섬기며, 부처님들이 계신 곳에서 모든 삼매를 닦으며, 1소겁小劫이 지나면 무생법인을 얻고 바로 그 자리에서 수기를 받으니, 이것을 상품중생하는 이라고 한다.

상품하생上品下生하는 이라는 것은 역시 인과를 믿고 대승을 비방하지 않되 다만 위없는 도심道心을 일으키고 이러한 공덕을 회향하여 극락국에 태어나길 바라는 것이다.

수행자가 목숨을 마치려고 할 때에 아미타불과 관세음보살과 대세지보살이 여러 보살들과 함께 금련화金蓮華를 잡고서 오백 명의 화신불을 나타내어 이 사람을 맞이한다.

오백 명의 화신불께서 동시에 손을 내밀면서 다음과 같이 칭찬하신다.

"법자여, 그대는 지금 청정하게 위없는 도심을 일으켰기에 내가 와서 그대를 맞이하노라."

수행자가 이러한 일을 볼 때에 곧 자신의 몸이 금련화에 앉아 있는 것을 보게 된다. 앉고 나면 꽃이 닫히면서 세존의 뒤를 따라 칠보로 된 연못 가운데에 왕생한다.

하루 밤낮을 지나서 연꽃이 피고 이레 중에 부처님을 뵐 수 있다. 부처님 몸을 볼 수 있으나 여러 상호들에 대해서는 마음이 명료하지 않아 스무하루가 지난 뒤에야 분명하게 본다. 그리고 들려오는 모든 소리는 모두 미묘한 법을 연설한다.

그는 시방세계를 두루 다니면서 모든 부처님을 공양하고, 모든 부처님

---

[289] 아뇩다라삼먁삼보리阿耨多羅三藐三菩提 : ⓢ anuttara-samyaksaṃbodhi의 음역어. 최상의 완전한 깨달음. 곧 부처님께서 증득하신 깨달음을 지칭하는 말이다. 대승의 보살도菩薩道를 닦는 이들이 증득해야 할 궁극적인 깨달음이기도 하다. 의역어는 무상정등정각無上正等正覺이다. 줄여서 아뇩삼보리·아뇩보리라고도 한다.

앞에서 깊고도 깊은 법을 들으며, 3소겁을 지나면 백법명문百法明門[290]을 얻어 환희지歡喜地[291]에 머무르니, 이것을 상품하생하는 이라고 한다.

중품상생中品上生하는 이라는 것은 어떤 중생이 오계를 받아 지니고, 팔계재八戒齋[292]를 지니며, 모든 계율을 수행하고, 오역五逆을 짓지 않으며, 여러 허물을 없애고, 이러한 선근을 회향하여 서방의 극락세계에 태어나길 바라는 것이다.

그가 목숨을 마치려고 할 때에 아미타불께서 여러 비구 권속들에 둘러싸여 금빛 광명을 놓으면서 이 사람이 있는 곳에 이르러 고苦·공空·무상·무아를 연설하고 출가하여 뭇 고통을 여의는 일을 찬탄하신다.

수행자는 이러한 일을 보고 난 뒤에 마음으로 몹시 기뻐하며 자신의 몸이 연화대에 앉아 있는 것을 스스로 보게 된다. 무릎을 꿇고 합장하고 부처님에게 예배를 하는데, 머리를 들기도 전에 곧 극락세계에 왕생한다. 연꽃은 바로 피어나고, 연꽃이 필 때에 들리는 뭇 소리는 사제四諦를 찬탄한다. 바로 그때 아라한도阿羅漢道[293]와 삼명三明[294]과 육통六通[295]을 얻고

---

290 백법명문百法明門 : 온갖 법을 밝게 통달하는 지혜의 문. 보살 수행의 계위 중 초지初地인 환희지歡喜地에서 얻는다.

291 환희지歡喜地 : 보살 수행 52계위 중 제41~제50에 해당하는 십지 중 첫 번째 계위. 처음으로 진여평등眞如平等의 성성聖性을 증득하고, 이공二空의 이치를 모두 증득하며, 자리이타自利利他의 행을 성취하여, 마음에 환희가 생겨나는 것에서 유래한 이름이다.

292 팔계재八戒齋 : 팔재계八齋戒·팔관재계八關齋戒·팔계八戒·팔지재법八支齋法·팔소응리八所應離라고도 한다. 재가자가 하루 동안 받아 지키는 계율로 구체적인 내용은 다음과 같다. ① 중생을 죽이지 말라.(不殺生) ② 훔치지 말라.(不偸盜) ③ 음행하지 말라.(不婬) ④ 거짓말하지 말라.(不妄語) ⑤ 술 먹지 말라.(不飮酒) ⑥ 꽃다발 쓰거나 향 바르고 노래하고 풍류를 즐기지 말며, 가서 구경하지 말라.(不以華鬘裝飾自身.不歌舞觀聽.) ⑦ 높고 넓고 잘 꾸민 평상에 앉지 말라.(不坐臥高廣華麗床座) ⑧ 때 아닌 때에 먹지 말라.(不非時食)

293 아라한도阿羅漢道 : 성문승이 수행하여 도달하는 네 가지 과果 중 최종의 지위를 획득하는 도리를 가리킨다.

294 삼명三明 : 아라한의 지혜에 갖추어 있는 자재하고 묘한 작용이다. 지혜가 분명히 대경을 아는 것을 명明이라 한다. 첫째는 숙주수념지작증명宿住隨念智作證明으로, 줄

팔해탈八解脫[296]을 갖추니, 이것을 중품상생하는 이라고 한다.

　중품중생中品中生하는 이라는 것은 어떤 중생이 하루 밤낮을 팔계재를 지니거나 하루 밤낮을 사미계를 지니거나 하루 밤낮을 구족계를 지니어 행동거지에 결함이 없는데, 이러한 공덕을 회향하여 극락국에 태어나길 바라는 것이다.

　계의 향기가 몸에 밴 이와 같은 수행자는 목숨을 마치려 할 때에 아미

여서 숙명명宿命明이라 하는데, 자기와 남의 지난 세상에 생활하던 상태를 아는 것이다. 둘째는 천안지작증명天眼智作證明 또는 사생지작증명死生智作證明으로, 줄여서 천안명天眼明이라 하는데, 자기나 다른 이의 다음 세상의 생활 상태를 아는 것이다. 셋째는 누진지작증명漏盡智作證明으로, 누진명漏盡明이라 하는데, 지금 세상의 고통을 알아 번뇌를 끊는 지혜이다.

295 육통六通 : 육종신통력六種神通力·육신통六神通이라고도 한다. 여섯 가지 부사의한 공덕 작용을 말한다. 첫째, 천안통天眼通은 육안으로 볼 수 없는 것을 보는 신통이다. 둘째, 천이통天耳通은 보통 귀로는 듣지 못할 음성을 듣는 신통이다. 셋째, 타심통他心通은 다른 사람의 의사를 자재하게 아는 신통이다. 넷째, 숙명통宿命通은 지나간 세상의 생사를 자재하게 아는 신통이다. 다섯째, 신족통神足通은 여의통如意通이라고도 하여 부사의하게 경계를 변하여 나타내기도 하고 마음대로 날아다니기도 하는 신통이다. 여섯째, 누진통漏盡通은 자재하게 번뇌를 끊는 힘이다.

296 팔해탈八解脫 : 팔배사八背捨라고도 한다. 이 관념에 의하여 다섯 가지 욕망의 경계를 등지고 그것에 탐하고 고집하는 마음을 버림으로 배사라 하고, 또 이것으로 말미암아 삼계三界(욕계·색계·무색계, 곧 윤회의 세계를 통틀어서 일컫는 말)의 번뇌를 끊고 아라한과를 증득하므로 해탈이라고 한다. 첫째, 내유색상관외색해탈內有色想觀外色解脫은 안으로 색욕色欲을 탐하는 생각이 있으므로 이 탐심을 없애기 위하여 밖의 부정인 퍼렇게 어혈든(靑瘀) 빛 등을 관하여 탐심을 일어나지 못하게 하는 것이다. 둘째, 내무색상관외색해탈內無色想觀外色解脫은 안으로 색욕을 탐내는 생각은 이미 없어졌으나 이것을 더욱 굳게 하기 위하여 밖의 부정인 퍼렇게 어혈든 빛 등을 관하여 탐심을 다시 일으키지 않게 하는 것이다. 셋째, 정해탈신작증구족주淨解脫身作證具足住는 깨끗한 색을 관하여 탐심을 일으키지 못하게 함을 정해탈淨解脫이라 하는데, 이 정해탈을 몸 안에 완전하고 원만하게 증득하여 정定에 들어 있음을 신작증구족주라 한다. 넷째는 공무변처해탈空無邊處解脫이고, 다섯째는 식무변처해탈識無邊處解脫이며, 여섯째는 무소유처해탈無所有處解脫이고, 일곱째는 비상비비상처해탈非想非非想處解脫인데, 이 네 가지는 각각 능히 그 아랫자리의 탐심을 버리기 때문에 해탈이라 한다. 여덟째, 멸수상정해탈신작증구족주滅受想定解脫身作證具足住는 멸진정滅盡定이니, 멸진정은 수수·상상 등의 마음을 싫어하여 길이 무심無心에 머물기 때문에 해탈이라 한다.

타불께서 여러 권속들과 함께 금빛 광명을 놓으면서 칠보로 된 연화를 잡고서 수행자 앞에 이르는 것을 본다. 수행자는 공중에서 어떤 목소리가 다음과 같이 찬탄하는 것을 저절로 듣는다.

"선남자여, 그대와 같은 착한 사람은 삼세의 모든 부처님의 가르침을 따르기 때문에 내가 와서 그대를 맞이하노라."

수행자가 자신을 돌아보면 연꽃 위에 앉아 있으며, 연꽃은 바로 닫혀 서방 극락세계의 보배 연못 안에 태어난다. 이레가 지나면 연꽃이 피고, 연꽃이 피고 나면 눈이 열려 합장을 하며, 세존을 찬탄하고, 법을 듣고 기뻐하여 수다원須陀洹[297]을 얻으며, 반 겁이 지난 뒤에는 아라한을 이루니, 이것을 중품중생하는 이라고 한다.

중품하생中品下生하는 이라는 것은 어떤 선남자 선여인이 효도로 부모를 봉양하고 세상에 인자함을 행하는 것이다. 이 사람이 목숨을 마치려 할 때에 선지식이 그를 위해 아미타불 국토의 즐거운 일을 널리 설하고 또한 법장비구法藏比丘[298]의 사십팔원四十八願을 설한다. 이 일을 들은 뒤에 곧 목숨을 마치는데 비유컨대 장사가 팔을 굽혔다가 펴는 것과 같은 짧은 시간에 서방 극락세계에 왕생한다.

이레가 지난 뒤에 관세음보살과 대세지보살을 만나 법을 듣고 기뻐하여 수다원을 얻으며, 1소겁이 지나면 아라한을 이루니, 이것을 중품하생하는 이라고 한다.

하품상생下品上生하는 이라는 것은 어떤 중생이 방등경전을 비방하지

---

[297] 수다원須陀洹 : ⓈSrota의 음역어. 성문의 수행 계위를 여덟 단계로 분류한 사향사과四向四果 중 첫 번째 과果에 해당하는 것. 의역어는 예류預流이다. 이 계위에 도달한 성자는 아직 번뇌를 모두 끊지는 못했기 때문에 가장 오래 걸리는 경우에는 인계人界와 천계天界를 왕복하면서 일곱 차례 태어나야 비로소 열반에 들어갈 수 있는데 이를 극칠반유極七返有라고 한다.

[298] 법장비구法藏比丘 : 법장은 ⓈDharmākara의 의역어로 무량수불께서 인위因位(성불 이전의 수행 계위)에서 수행했을 때의 이름이다. 법적法積이라고도 한다.

않더라도 뭇 악업을 짓는 것이다. 이와 같이 어리석은 사람은 악업을 많이 짓더라도 부끄러워함이 없는데, 목숨을 마치려 할 때에 선지식이 그를 위해 대승 십이부경十二部經[299]의 제목을 설해 주면 이와 같은 여러 경전의 제목을 들었기 때문에 천겁 동안의 극히 무거운 악업을 없앤다.

지혜 있는 이가 다시 그로 하여금 합장하고 나무아미타불을 부르게 하면 부처님 이름을 불렀기 때문에 50억 겁 생사의 죄를 없앤다.

그때 저 부처님께서 곧 화신불과 화신 관세음보살과 화신 대세지보살을 보내어 수행자 앞에 이르러 다음과 같이 찬탄한다.

"선남자여, 그대가 부처님 이름을 불렀기 때문에 모든 죄가 소멸되어 내가 와서 그대를 맞이하노라."

이 말을 하고 나면 수행자는 곧 화신불의 광명이 그 방에 가득한 것을 본다. 이것을 본 뒤에 기뻐하고 목숨을 마치자마자 보련화를 타고 화신불의 뒤를 따라 보배 연못 안에 태어난다. 49일이 지나면 연꽃이 피는데, 연꽃이 필 때에 대비관세음보살과 대세지보살이 큰 광명을 놓아 그 사람 앞에 머무르며, 그를 위해 깊고도 깊은 십이부경을 설한다.

수행자는 그것을 들은 뒤에 믿고 이해하여 위없는 도심을 일으키며, 10소겁이 지나면 백법명문을 갖추어 초지初地에 들어가니, 이것을 하품상생하는 이라고 한다.

하품중생下品中生하는 이라는 것은 어떤 중생이 오계와 팔계와 구족계를 범하는 것이다. 이와 같이 어리석은 사람은 승기물僧祇物[300]을 도둑질

---

299 십이부경十二部經 : 부처님께서 설한 법을 그 서술 형식과 내용에 따라 열두 가지로 분류한 것. 열두 가지는 계契·가歌·기記·게偈·소인所因·법구法句·비유譬喩·소응所應·생生·방등方等·미증未曾·법설法說이다.
300 승기물僧祇物 : '승기'는 ⑤ sāmghika의 음역어로, 승가僧伽라고도 하고, 줄여서 승僧이라고도 한다. 승기물은 곧 승가의 공유물을 가리킨다. 승물은 두 가지 혹은 네 가지로 나눈다. 두 가지로 나눌 경우, 첫째는 현전승물現前僧物로, 한 절에 있는 현존한 스님에게 딸린 재물을 가리킨다. 둘째는 사방승물四方僧物로, 시방승물十方僧物이라

하고 현전승물現前僧物을 훔치며 부정설법不淨說法[301]을 하면서도 부끄러움이 없고 모든 악업으로써 자신을 장엄한다. 이와 같은 죄인은 악업 때문에 응당 지옥에 떨어질 것이다.

그가 목숨을 마치려 할 때에 지옥의 뭇 불이 동시에 함께 이르는데, 선지식이 큰 자비로 그를 위해 아미타불의 십력十力[302]의 위덕威德을 칭찬하며, 저 부처님의 광명의 신비한 힘을 널리 칭찬하며, 또한 계·정·혜·해탈·해탈지견解脫知見을 칭찬하면, 이 사람은 이것을 들은 뒤에 80억 겁 생사의 죄를 없애고, 지옥의 맹렬한 불은 시원한 바람으로 변하여 하늘 꽃들을 불어 날린다.

그 꽃 위에는 모두 화신불과 화신보살이 있어서 이 사람을 영접하여 한 생각 사이에 곧 칠보로 된 연못 안의 연꽃 속에 왕생한다. 6겁이 지나면 연꽃이 피는데, 관세음보살과 대세지보살이 청정한 음성으로 저 사람을 편안히 위로하며, 그를 위해 대승의 깊고도 깊은 경전을 설한다. 그 사람은 이 법을 들은 뒤에 바로 위없는 도심을 일으키니, 이것을 하품중생하는 이라고 한다.

고도 하며, 다른 데서 오는 스님과 함께 공양하는 곡식이나 자구資具 따위이다. 네 가지로 나눌 경우, 첫째는 상주상주승물常住常住僧物로, 절에 딸린 건물·논·밭·잡구雜具 등 그 절에 상주하는 스님들만이 쓰는 것을 가리킨다. 둘째는 시방상주승물十方常住僧物로, 시주施主가 거리에 나와서 오고 가는 스님에게 주는 죽이나 밥 따위를 가리킨다. 셋째는 현전현전승물現前現前僧物로, 시주가 절에 가서 거기 있는 스님에게 나누어 주는 시물施物이다. 넷째는 시방현전승물十方現前僧物로, 시주가 절에 가서 여러 곳의 스님들을 초청하여 오는 스님들에게 나누어 주는 시물이다.

301 부정설법不淨說法 : 사명설법邪命說法이라고도 한다. 사교邪敎의 법을 말하거나 부처님의 정법을 말하면서도 명예와 이익 따위를 바라고 법을 말해 주는 것이다.
302 십력十力 : 부처님만 갖추고 있는 열 가지 지혜의 힘이다. 첫째는 처비처지력處非處智力이고, 둘째는 업이숙지력業異熟智力이며, 셋째는 정려해탈등지등지지력靜慮解脫等持等至智力이고, 넷째는 근상하지력根上下智力이며, 다섯째는 종종승해지력種種勝解智力이고, 여섯째는 종종계지력種種界智力이며, 일곱째는 변취행지력遍趣行智力이고, 여덟째는 숙주수념지력宿住隨念智力이며, 아홉째는 사생지력死生智力이고, 열째는 누진지력漏盡智力이다.

하품하생下品下生하는 이라는 것은 어떤 중생이 불선업과 오역과 십악을 지어 모든 착하지 못한 일을 갖추는 것이다. 이와 같은 어리석은 사람은 악업 때문에 응당 악도에 떨어져 많은 겁이 지나도록 끝없는 고통을 받을 것이다.

이와 같은 어리석은 사람이 목숨을 마치려 할 때에 선지식이 갖가지로 편안히 위로하고 그를 위해 미묘한 법을 설하며 부처님을 생각하게 한다. 저 사람은 고통 때문에 부처님을 생각할 겨를이 없으면 선우는 다음과 같이 말한다.

"그대가 저 부처님을 생각할 수 없다면 무량수불을 불러야만 한다."

이와 같이 지극한 마음으로 소리가 끊이지 않게 하되 십념을 채우도록 나무아미타불을 부르면 부처님 이름을 불렀기 때문에 생각 생각마다 80억 겁 생사의 죄를 없앤다.

그가 목숨을 마칠 때에 금련화를 보는데 해처럼 그 사람 앞에 머물며 한 생각 사이에 곧 극락세계에 왕생한다. 연꽃 속에서 12대겁이 차면 연꽃이 피는데, 관세음보살과 대세지보살이 대비의 음성으로 그를 위해 제법의 실상과 죄를 없애는 법을 널리 설한다. 그는 그것을 들은 뒤에 기뻐하여 곧 보리심을 일으키니, 이것을 하품하생하는 이라고 한다.[303]

九品【十六觀經】
上品上生者。若有衆生。願生彼國者。發三種心。卽便往生。何等爲三。一者至誠心。二者深心。三者廻向發願心。具三心者。必生彼國。復有三種衆生。當得往生。何等爲三。一者慈心不殺。具諸戒行。二者讀誦大乘方等經典。三者修行六念。廻向發願。願生彼國。具此功德。一日乃至七日。卽得往生。生彼國時。此人精進勇猛故。阿彌陀如來與觀世音大勢至。無數化

---

[303] 『觀無量壽佛經』(T12, 344c).

佛。百千比邱。聲聞大衆。無量諸天。七寶宮殿。觀世音菩薩執金剛臺。與大勢至菩薩。至行者前。阿彌陀佛放大光明。照行者身。與諸菩薩。授手迎接。觀世音大勢至。與無數菩薩。讚歎行者。勸進其心。行者見已。歡喜踴躍。自見其身。乘金剛臺。隨從佛後。如彈指頃。往生彼國。生彼國已。見佛色身衆相具足。見諸菩薩色相具足。光明寶林。演說妙法。聞已即悟無生法忍。經須臾間。歷事諸佛。徧十方界。於諸佛前。次第受記。還至本國。得無量百千陀羅尼門。是名上品上生者。上品中生者。不必受持讀誦方等經典。善解義趣。於第一義。心不驚動。深信因果。不謗大乘。以此功德回向。願求生極樂國。行此行者。命欲終時。阿彌陀佛與觀世音大勢至無量大衆眷屬圍繞。持紫金臺。至行者前。讚言法子。汝行大乘。解第一義。是故我今來迎接汝。與千化佛。一時授手。行者自見坐紫金臺。合掌叉手。讚歎諸佛。如一念頃。即生彼國。七寶池中。此紫金臺。如大寶華。經宿則開。行者身作紫磨金色。足下亦有七寶蓮華。佛及菩薩。俱時放光。照行者身。目即開明。因前宿習。普聞衆聲。純說甚深第一義諦。即下金臺。禮佛合掌。讚歎世尊。經於七日。應時即於阿耨多羅三藐三菩提。得不退轉。應時即能飛行。徧至十方。歷事諸佛。於諸佛所。修諸三昧。經一小劫。得無生忍。現前受記。是名上品中生者。上品下生者。亦信因果。不謗大乘。但發無上道心。以此功德回向。願求生極樂國。行者命欲終時。阿彌陀佛及觀世音大勢至。與諸菩薩。持金蓮華。化作五百佛。來迎此人。五百化佛一時授手。讚言法子。汝今清淨。發無上道心。我來迎汝。見此事時。即自見身。坐金蓮華。坐已華合。隨世尊後。即得往生。七寶池中。一日一夜。蓮華乃開。七日之中。乃得見佛。雖見佛身。於衆相好。心不明了。於三七日後。乃了了見。聞衆音聲。皆演妙法。遊歷十方。供養諸佛。於諸佛前。聞甚深法。經三小劫。得百法明門。住歡喜地。是名上品下生者。中品上生者。若有衆生。受持五戒。持八戒齋。修行諸戒。不造五逆。無衆過患。以此善根回向。願求生於西方極樂世界。臨命終時。阿彌陀佛與諸比邱眷屬圍繞。放金色光。至其人所。

演說苦空無常無我。讚歎出家。得離衆苦。行者見已。心大歡喜。自見己身
坐蓮華臺。長跪合掌。爲佛作禮。未擧頭頃。卽得往生極樂世界。蓮華尋開。
當華敷時。聞衆音聲。讚歎四諦。應時卽得阿羅漢道。三明六通。具八解脫。
是名中品上生者。中品中生者。若有衆生。若一日一夜。持八戒齋。若一日
一夜。持沙彌戒。若一日一夜。持具足戒。威儀無缺。以此功德回向。願求
生極樂國。戒香熏修。如此行者。命欲終時。見阿彌陀佛與諸眷屬。放金色
光。持七寶蓮華。至行者前。行者自聞。空中有聲。讚言。善男子。如汝善人。
隨順三世諸佛敎故。我來迎汝。行者自見坐蓮華上。蓮華卽合。生於西方
極樂世界。在寶池中。經於七日。蓮華乃敷。華旣敷已。開目合掌。讚歎世
尊。聞法歡喜。得須陀洹。經半劫已。成阿羅漢。是名中品中生者。中品下
生者。若有善男子善女人。孝養父母。行世仁慈。此人命欲終時。遇善知識。
爲其廣說阿彌陀佛國土樂事。亦說法藏比邱[1]四十八願。聞此事已。尋卽命
終。譬如壯士屈伸臂頃。卽生西方極樂世界。經七日已。遇觀世音及大勢
至。聞法歡喜。得須陀洹。過一小劫。成阿羅漢。是名中品下生者。下品上
生者。或有衆生。作衆惡業。雖不誹謗方等經典。如此愚人多造惡法。無有
慚愧。命欲終時。遇善知識。爲說大乘十二部經首題名字。以聞如是諸經名
故。除却千劫極重惡業。智者復敎合掌叉手。稱南無阿彌陀佛。稱佛名故。
除五十億劫生死之罪。爾時彼佛卽遣化佛。化觀世音。化大勢至。至行者
前。讚言。善男子。以汝稱佛名故。諸罪消滅。我來迎汝。作是語已。行者卽
見化佛光明。徧滿其室。見已歡喜。卽便命終。乘寶蓮華。隨化佛後。生寶
池中。經七七日。蓮華乃敷。當華敷時。大悲觀世音菩薩及大勢至菩薩。放
大光明。住其人前。爲說甚深十二部經。聞已信解。發無上道心。經十小劫。
具百法明門。得入初地。是名下品上生者。下品中生者。或有衆生。毀犯五
戒八戒及具足戒。如此愚人。偸僧祇物。盜現前僧物。不淨說法。無有慚愧。
以諸惡業。而自莊嚴。如此罪人。以惡業故。應墮地獄。命欲終時。地獄衆
火。一時俱至。遇善知識。以大慈悲。卽爲讚說阿彌陀佛十力威德。廣讚彼

佛光明神力。亦讚戒定慧解脫解脫知見。此人聞已。除八十億劫生死之罪。地獄猛火。化爲淸凉風。吹諸天華。華上皆有化佛菩薩。迎接此人。如一念頃。卽得徃生七寶池中蓮華之內。經於六劫。蓮華乃敷。觀世音大勢至。以梵音聲。安慰彼人。爲說大乘甚深經典。聞此法已。應時卽發無上道心。是名下品中生者。下品下生者。或有衆生。作不善業。五逆十惡。具諸不善。如此愚人。以惡業故。應墮惡道。經歷多劫。受苦無窮。如此愚人。臨命終時。遇善知識。種種安慰。爲說妙法。敎令念佛。彼人苦逼。不遑念佛。善友告言。汝若不能念彼佛者。應稱無量壽佛。如是至心。令聲不絶。具足十念。稱南無阿彌陀佛。稱佛名故。於念念中。除八十億劫生死之罪。命終之時。見金蓮華。猶如日輪。住其人前。如一念頃。卽得徃生極樂世界。於蓮華中。滿十二大劫。蓮華方開。觀世音大勢至。以大悲音聲。爲其廣說。諸法實相。除滅罪法。門[2]已歡喜。應時卽發菩提之心。是名下品下生者。

1) ㉺『觀無量壽佛經』에 따르면 '邱'는 '丘'이다. 2) ㉺『觀無量壽佛經』에 따르면 '門'은 '聞'이다.

구품九品 『서방공거西方公據』

세 가지 마음을 원만히 일으키고
이치를 깨달음이 깊고 밝으면
금대를 따라 왕생하여
곧바로 무생법인을 증득하니
상품상생이로다.

모든 법이 공함을 통달하여
조금도 놀라거나 움직임이 없으면
원하면 바로 왕생하고
경전을 독송할 필요 없으니
상품중생이로다.

도의 마음만 일으키고
미묘한 이치를 궁구하지 못했더라도
저기에 이르면 눈이 열리고
보살의 수기를 얻으니
상품하생이로다.

모든 계율을 오랫동안 지니면
원하는 대로 왕생하여
고와 공을 설하는 걸 듣고
아라한을 얻으니
중품상생이로다.

하룻낮과 하룻밤을
계율을 받들어 왕생을 바라면
연꽃이 열려 부처님 뵙고
곧 성인의 무리에 참여하니
중품중생이로다.

효도하고 우애 있고 인자하여
선지식이 깨우쳐 주면
두 보살님을 만나
법을 듣고 제도되니
중품하생이로다.

평생 나쁜 짓만 하고
좋은 스승을 만나지 못하다가
한번 부처님의 이름을 부르면
연화지에 태어나니
하품상생이로다.

계율을 무너뜨린 업이 깊으면
지옥불이 함께 이르는데
법을 듣고 마음을 돌리면
뭇 성인들이 맞이하여 가니
하품중생이로다.

십악과 오역으로
임종 때에 고통을 당해도

십념을 부르게 하면

꽃이 열려 금빛이 되니

하품하생이로다.[304]

시방 삼세에

이 일승一乘만이

문에 들어가기에

모자란 것도 없고 남는 것도 없으니

구품이 함께 돌아가리라.[305]

九品【西方公據】

三心圓發　諦理深明

金臺隨徃　卽證無生

上品上生

達諸法空　了無驚動

有願卽生　不必讀誦

上品中生

但發道心　未窮妙理

到彼開明　獲菩提記

上品下生

諸戒久持　徃生如願

聞說苦空　得阿羅漢

中品上生

---

304 여기까지는 『樂邦文類』 권5(T47, 219a)에서 대지율사大智律師 원조元照(1048~1116)의 〈十六觀頌〉을 실었는데 이 중 제14관, 제15관, 제16관과 일치한다.
305 이상의 글은 『增訂西方公據』(X62, 268a)에 그림과 함께 실려 있다.

一日一夜　奉戒願求

蓮開見佛　即預聖流

中品中生

孝友仁慈　知識開悟

遇二菩薩　聞法得度

中品下生

生平積惡　未遇良師

一稱佛號　生蓮華池

下品上生

毀戒業深　獄火俱至

聞法回心　衆聖迎去

下品中生

十惡五逆　臨終苦逼

教稱十念　華開金色

下品下生

十方三世　唯此一乘

入得門來　無欠無賸

九品同歸

구조九祖【석지 효石芝曉[306] 법사 설】

연사蓮社의 설립은 이미 여산의 원공遠公(혜원)을 시조로 삼은 뒤에 수백 년 동안 이 도를 이은 이가 어느 시대에나 없지 않아서 부처님의 자비를 우러러 살펴서 제도의 문을 크게 열지 않음이 없었다. 세대는 다르지만 궤적은 같아서 모두 무리의 좋은 인도자이니 전기에 실릴 만하여 진실로 덮어 버릴 수가 없었다. 그러므로 역대의 역사를 기술하는 이들이 그것을 기록하여 시조를 잇게 하였다. 그 뒤에 어떤 사람이 자각慈覺을 8조로 삼고, 연지蓮池를 9조로 삼았다.

시조는 여산 변각대사辨覺大師로 휘는 혜원慧遠이요, 2조는 장안 광명 법사光明法師로 휘는 선도善導요, 3조는 남악南嶽 반주 화상般舟和尙으로 휘는 승원承遠[307]이요, 4조는 운봉雲峯 오회 국사五會國師로 휘는 법조法照[308]요, 5조는 신정新定 대암 법사臺巖法師로 휘는 소강少康이요, 6조는 영

---

306 석지 효石芝曉 : 남송 때의 천태종 스님 석지 종효石芝宗曉(1151~1214)를 가리킨다. 속성은 왕王씨이고, 석지는 자호이다. 저술로는 『法華顯應錄』・『樂邦文類』・『明良崇釋志』・『樂邦遺稿』・『四明敎行錄』등이 있다.
307 승원承遠(712~802) : 당나라 때의 스님. 정토종의 제3조이다. 처음에 형산 서남쪽 바위 아래에 살았는데 사람들이 음식을 보내 주면 먹고 보내 주지 않으면 진흙을 먹었다. 살고 있던 초가집을 미타대彌陀臺라고 하고, 여기에서 반주염불般舟念佛만 닦았다. 정원 18년에 입적하였는데, 유종원이 그를 위하여 비문을 짓고 비석을 절문의 오른쪽에 세웠다. 문하의 제자는 천여 명으로 그중에 법조法照・일오日悟・혜전惠詮・지명知明・초명超明 등이 가장 두드러졌다.
308 법조法照 : 당나라 때의 스님. 정토종의 제4조이다. 오회법사五會法師라고도 한다. 혜원의 고풍을 흠모하여 여산에 들어가 염불삼매를 닦다가 어느 날 선정 가운데에서 부처님의 계시를 받았고, 마침내 남악南嶽으로 가서 승원承遠의 제자가 되었다. 766년 미타대에서 매년 반주삼매를 닦겠다는 서원을 세웠다. 같은 해에 오회염불송경五會念佛誦經하는 법을 받았다. 다음 해에 형주衡州 운봉사雲峰寺에 머물며 부지런히 수행하였다. 어느 날 발우 안에서 홀연히 상서로운 구름이 일어나고 구름 속에 대성 죽림사大聖竹林寺가 나타났고, 어느 날에는 또 발우 속에서 오대산五臺山의 여러 절과 정토의 뛰어난 형상이 나타났다. 호동사湖東寺의 고루대高樓臺에서 오회염불五會念佛을 닦았고, 또 아미타불과 문수와 보현 등의 성중을 친견하였다. 오대산 불광사

명永明 지각선사智覺禪師로 휘는 연수延壽요, 7조는 소경昭慶 원정법사圓淨法師로 휘는 성상省常[309]이요, 8조는 장로長蘆 자각 선사慈覺禪師로 휘는 종색宗賾[310]이요, 9조는 운서雲棲 연지 대사蓮池大師로 휘는 주굉袾宏[311]이다.[312]

九祖【石芝曉法師說】

蓮社之立。旣以廬山遠公爲始祖。數百年來。繼此道者。代不乏人。莫不仰體佛慈大啟度門。異世同風。皆衆良導。傳記所載。誠不可掩。故歷代之紀述者。錄之而爲繼祖焉。其後有人。以慈覺爲八祖。蓮池爲九祖。始祖廬山辨覺大師。諱慧遠。二祖長安光明法師。諱善導。三祖南嶽般舟和尙。諱承遠。四祖雲峯五會國師。諱法照。五祖新定臺巖法師。諱少康。六祖永明智

에서 발우에 나타난 형상을 직접 친견하고 염불의 요문을 전수받았다. 시호는 대오大悟선사이다. 저서로는 『五會法師議』 3권·『五會法師贊』 등이 있다.

309 성상省常(959~1020) : 송나라 때의 스님. 정토종의 제7조이다. 속성은 안顔씨이고, 자는 조미造微이다. 7세에 세속을 싫어하여 출가하고, 17세에 구족계를 받았다. 순화淳化 연간(990~994)에 항주 서호西湖 소경사昭慶寺에 머무르면서 여산 백련사의 유풍을 사모하여 백련사를 결성하고 정업을 전수하였다. 『華嚴經』 「淨行品」을 혈서로 쓰고 백련사를 정행사淨行社로 바꾸었다. 재상 왕단王旦이 결사의 수장이었으며 사대부로 그 모임에 참여한 자가 전후로 123인이었고, 비구로 참여한 자가 천여 명이었다. 천희天禧 4년에 입적하였다. 세상에서는 그를 전당 백련사주錢塘白蓮社主 또는 소경 원정법사라고 불렀다.

310 종색宗賾 : 송나라 때의 스님. 정토종의 제8조이다. 생몰년대는 미상이다. 속성은 손孫씨이고, 시호는 자각대사慈覺大師이다. 29세에 진주眞州 장로사長蘆寺 원통 법수圓通法秀에게 출가하고 구족계를 받았다. 원우元祐 연간에 장로사에 머물면서 어머니를 방장의 동실에 모시고 출가하여 아미타불을 염송하게 하였다. 어머니가 돌아가시자 『勸孝文』 130편을 지어 세간과 출세간의 효도를 찬술하였다. 원우 4년(1089)에 여산의 백련사를 본받아 연화승회蓮華勝會를 세우고 스님과 속인에게 염불할 것을 권하였다. 저서로는 『禪苑淸規』 10권·『葦江集』 등이 있다.

311 주굉袾宏(1532~1612) : 명나라 때의 스님. 자는 불혜佛慧이고, 호는 연지蓮池이다. 처음에 유생儒生으로 30세에 출가하여 행각行脚 생활을 하다가 운서사雲棲寺의 옛 터에 선실禪室을 짓고 염불하며 계율을 실천하였다. 저서로는 『雲棲法彙』 등이 있다.

312 『淨土指歸集』(X61, 372b).

覺禪師。諱延壽。七祖昭慶圓淨法師。諱省常。八祖長蘆慈覺禪師。諱宗賾。九祖雲棲蓮池大師。諱袾宏。

구조九祖【보광 거사葆光居士[313] 설】

동림사東林寺[314]의 모임에서 거사의 몸을 나타내어 선정 중에 수기를 받아 바로 상품을 증득한 이는 유유민劉遺民[315]이 으뜸이 된다. 그러므로 연지蓮池는 "『관무량수경』에서 정업의 정인正因을 서술하면서 어버이에게 효도하는 것을 제일로 삼았다."[316]라고 하였다. 지금 유민은 어려서는 부모에 대한 봉양을 다하고 다시 염불삼매에 깊이 들어가 상서로운 응험을 자주 느꼈으니, 그가 상품에 왕생함은 마땅하다. 거사로 정업을 닦는 이들에게 만대萬代의 사법師法이 될 만하기에 연사蓮社에서 시조를 세우는 뜻을 본받아 유민을 초조初祖로 삼고, 또한 행업行業이 밝게 드러난 이를 이어가면서 9조를 정하였다.

초조는 유정지劉程之로 자는 중사仲思이고, 호는 유민이다. 2조는 백거이白居易[317]로 자는 낙천樂天이고, 호는 향산거사香山居士이다. 3조는 왕일휴王日休[318]로 자는 허중虛中이고, 호는 용서거사龍舒居士이다. 4조는 갈번

---

313 보광 거사葆光居士 : 보광(1821~1884)은 법호이고, 법명은 보원普元이다. 속명은 유성종劉聖鍾이다. 조선 말기 이루어진 감로사甘露社와 정원사淨願社 등 염불결사에서 주도적 역할을 하였다.
314 동림사東林寺 : 중국 강서성江西省 구강현九江縣 여산 서북쪽 기슭에 있는 절. 중국 정토교의 발원지이다.
315 유유민劉遺民(352~410) : 동진 때의 정토 수행자. 한나라 초원왕楚元王의 후예이다. 이름은 정지程之이고, 자는 중사仲思다. 처음에 관직을 두루 거쳤으나 나중에는 관직을 버리고 부름에 응하지 않았다. 여산에 들어가 혜원의 제자가 되었으며 산에 방을 지어 선법을 닦았다. 또 혜원과 동림사에서 백련사를 결사하여 정토에 왕생할 것을 서원하면서 「廬山白蓮社誓文」을 지었다. 의희義熙 6년 죽음을 미리 알고 분향하고 예불한 뒤에 서쪽을 향해 단정히 앉아서 입적하였다.
316 『往生集』(T51, 138c).
317 백거이白居易(772~846) : 당나라 때의 시인으로 취음선생醉吟先生이라고도 한다. 중년에 불교에 귀의하여 고승들을 가까이하고 정계淨戒를 받고 선법을 익혔다. 대화大和 6년(832)에 낙양洛陽 향산사香山寺를 중수하고 아울러 낙양 불광사佛光寺의 스님 여만如滿과 향화사香火社를 결성하여 불사를 닦고 서방에 왕생하기를 발원하였다.
318 왕일휴王日休(?~1173) : 남송 때의 용서龍舒 사람이다. 원래는 국학 진사國學進士였

葛繁³¹⁹으로 자는 ○○이다. 5조는 왕고王古³²⁰로 자는 민중敏仲이다. 6조는 양걸楊傑³²¹로 자는 차공次公이고, 호는 무위자無爲子이다. 7조는 풍즙馮檝³²²으로 호는 부동거사不動居士이다. 8조는 전상조錢象祖³²³로 호는 지암

는데 하루아침에 버리고 서방정토의 업만을 닦아 베옷을 입고 채식을 하며 하루에 천 배하는 것을 일과로 삼았다. 소흥 30년(1160)에 『大阿彌陀經』을 교정 편집했고, 『淨土文』 10권을 지었다.

319 갈번葛繁 : 송나라 때 징강澄江 사람이다. 젊어서 급제하여 직위가 조산朝散에 이르렀다. 공무를 보는 곳이든 사가私家이든 반드시 정실淨室을 짓고 불상을 모셨다. 방에 들어가 예송禮誦할 때마다 사리가 허공에서 떨어졌다. 스님과 속인에게 정업을 닦을 것을 권하여 많은 사람을 교화하였다. 어떤 스님이 선정에 든 가운데 정토를 노닐었는데 갈번이 왕고王古와 함께 보배 연못의 나무 사이에 있는 것을 보았다고 한다. 나중에 병이 없이 서쪽을 향해 단정히 앉은 채 입적하였다.

320 왕고王古 : 송나라 때 개봉開封 사람이다. 자는 민중敏仲이다. 송나라 휘종徽宗 때 예부 시랑禮部侍郞이 되어 신법新法을 숭상하였는데 재상인 채경蔡京과 의견이 어긋나서 좌천되었다. 수도에 머물 때에 선문의 덕망 있는 이들과 교우 관계를 맺었고, 강서江西에 노닐 때도 황룡黃龍·취암翠巖·회당晦堂·양기楊岐 등 여러 스님들과 교류하였다. 그 뒤에 양걸楊傑과 함께 정토 법문의 훌륭한 뜻을 깨달아 여러 경을 널리 고증하고 『往生淨土傳』과 『直指淨土決疑集』을 지어 선정일치禪淨一致의 뜻을 제창하였고 염불 수행에 정진하였다. 임종에 이르러 고통이 없이 광명이 방을 가득 채운 가운데 단정히 앉아 입적하였다.

321 양걸楊傑 : 북송 때의 무위無爲 사람이다. 재주와 지혜가 뛰어나 어려서 과거에 급제하였다. 선禪을 좋아하여 여러 산의 이름난 스님들을 두루 방문하였고, 천의 의회天衣義懷를 참알하였는데 의회는 매번 방거사龐居士의 기어機語를 인용하여 지도하였다. 하루는 태산에서 제사를 받들다가 해가 소반처럼 솟아나는 것을 보고 대오大悟하여 게송을 지어 의회에게 바치고 마침내 인가를 받았다. 신종神宗 희령熙寧(1068~1077) 말년에 귀향하여 어머니를 모시며 한가히 살면서 대장경을 열람하고 마침내 마음을 정토에 귀의하였다. 만년에는 정업만을 오로지 닦았다. 저서에는 『釋氏別集』·『輔道集』 등이 있다.

322 풍즙馮檝(?~1153) : 송나라 때 수령遂寧 사람이다. 호는 제천濟川이다. 태학을 거쳐 과거에 올랐다. 처음에는 선림禪林을 찾아다녔으나 만년에는 정업만을 숭상하여 『西方文』과 『彌陀懺儀』를 지었다. 나중에 급사중給事中으로 노주瀘州에 출정했다가 스님과 속인을 모아 염불회를 만들었다. 공주邛州를 다스릴 때, 뒷마루에는 높은 자리를 만들고 대궐을 향해 절하고는 승복을 입고 자리에 올라 주장자를 무릎 위에 비껴 얹고 죽었다.

323 전상조錢象祖(1145~1211) : 송나라 때의 관리이다. 자는 백동伯同이고, 호는 지암止菴이다. 금릉金陵을 다스릴 때는 날마다 정토를 더 충실히 수행치 못하는 것을 한탄하였다. 향주鄕州에 접대십처接待十處를 만들어 모두 정토·극락 등의 이름을 붙였

거사止菴居士이다. 9조는 정명등丁明登[324]으로 호는 연려蓮侶이다.

九祖【葆光居士說】

東林之會。現居士身。定中受苪。卽證上品。劉遺民爲首。故蓮池曰。觀經
敍淨業正因。以孝親爲第一。今遺民少盡孝養。而復深入念佛三昧。屢感
瑞應。其往生上品宜矣。足爲居士。修淨業者。萬代師法。倣蓮社立祖之意。
以遺民爲初祖。又以行業昭著者。繼定九祖。初祖劉程之。字仲思。號遺民。
二祖白居易。字樂天。號香山居士。三祖王日休。字虛中。號龍舒居士。四
祖葛繁。字。[1] 五祖王古。字敏仲。六祖楊傑。字次公。號無爲子。七祖馮檝。
號不動居士。八祖錢象祖。號止菴居士。九祖丁明登。號蓮侶。

1) ㉮ '字' 뒤에 두 자의 공백이 있다.(편자) ㉯ 생략된 글자가 있는 것 같다.

고, 지암고승료止菴高僧寮를 지어 스님들을 맞이하여 도를 담론하는 장소를 만들었
다. 좌상左相을 사직하고 돌아와서는 더욱 정업에 힘썼다.
324 정명등丁明登 : 명나라 때의 강포江浦 출신의 관리이다. 자는 검홍劍虹이고, 호는 연
려이다.

십심 十心 『대보적경大寶積經』

어떤 중생이 열 가지 마음을 일으켜 저 부처님을 오로지 생각하면 이 사람은 목숨을 마칠 때에 왕생한다.

첫째, 손해를 가하지 않는 마음이다. 염불하는 사람은 모든 중생에 대하여 항상 대비의 마음을 일으켜 손해를 가하지 않고 쾌락을 얻게 하니, 이것을 손해를 가하지 않는 마음이라고 한다.

둘째, 괴롭히지 않는 마음이다. 염불하는 사람은 몸과 마음이 안정되어 모든 중생에 대하여 항상 대비의 마음을 일으켜 깊이 불쌍히 여기고 고통에서 벗어나게 하니, 이것을 괴롭히지 않는 마음이라고 한다.

셋째, 기꺼이 수호하는 마음이다. 염불하는 사람은 부처님께서 말씀하신 정법에 대해 몸과 목숨을 아끼지 않고 수호하고 아껴야 하니, 이것을 기꺼이 수호하는 마음이라고 한다.

넷째, 집착하지 않는 마음이다. 염불하는 사람은 항상 지혜로써 관찰하여 일체법에 대해 집착을 내지 않으니, 이것을 집착하지 않는 마음이라고 한다.

다섯째, 깨끗한 뜻을 일으키는 마음이다. 염불하는 사람은 세간의 잡다히 물드는 법을 여의고 또 이양利養 등의 일에 대하여 항상 만족할 줄 아는 마음을 내니, 이것을 깨끗한 뜻을 일으키는 마음이라고 한다.

여섯째, 잊어버리지 않는 마음이다. 염불하는 사람은 정토에 태어나 불종지佛種智를 이루기를 구하여 언제나 생각마다 버리지 않으니, 이것을 잊어버리지 않는 마음이라고 한다.

일곱째, 경시하지 않는 마음이다. 염불하는 사람은 항상 평등한 마음을 행하여 모든 중생에 대하여 존중하고 공경하며 경시하거나 교만한 마음을 내지 않으니, 이것을 경시하지 않는 마음이라고 한다.

여덟째, 결정을 내는 마음이다. 염불하는 사람은 세간에서 하는 말에 집착하지 않아 위없는 보리의 도에 대하여 깊이 바른 믿음을 내고 끝내 의혹을 일으키지 않으니, 이것을 결정을 내는 마음이라고 한다.

아홉째, 잡다히 물들지 않는 마음이다. 염불하는 사람은 공행功行을 닦아 익히고 모든 선근을 심어 마음이 항상 온갖 번뇌에 잡다히 물드는 것을 멀리 떠나니, 이것을 잡다히 물들지 않는 마음이라고 한다.

열째, 이치에 수순하는 생각을 일으키는 마음이다. 염불하는 사람은 여래의 상호를 관찰하나 애착하는 마음을 내지 않고 무념 중에 항상 저 부처님을 생각하니, 이것을 이치에 수순하는 생각을 일으키는 마음이라고 한다.³²⁵

十心【大寶積經】

若有衆生。發十種心。專念彼佛。是人命終。當得往生。一無損¹⁾害心。念佛之人。於諸衆生。常起大慈之心。不加損害。令得快樂。是名無損害心。二無逼惱心。念佛之人。身心安靜。於諸衆生。常起大悲之心。深加愍傷。令得脫苦。是名無逼惱心。三樂守護心。念佛之人。於佛所說正法。當須不惜身命。守護愛惜。是名樂守護心。四無執著心。念佛之人。常以智慧。觀察於一切法。不生執著。是名無執著心。五起淨意心。念佛之人。能離世間雜染之法。復於利養等事。常生知足之心。是名起淨意心。六無忘失心。念佛之人。求生淨土。成佛種智。於一切時。念念不捨。是名無忘失心。七無下劣心。念佛之人。常行平等之心。於諸衆生。尊重恭敬。不生輕慢。是名無下劣心。八生決定心。念佛之人。不著世間言論。於無上菩提之道。深生正信。畢竟不惑。是名生決定心。九無雜染心。念佛之人。修習功行。種諸善根。心常遠離一切煩惱雜染。是名無雜染心。十起隨念心。念佛之人。雖觀如來相好。而不生愛著之心。於無念中。常念彼佛。是名起隨念心。

1) ㉮ 갑본에는 '損'이 '捐'으로 되어 있다.

---

325 『大寶積經』 권92(T11, 528b);『大明三藏法數』(P182, 745a). 문장은 후자와 일치한다.

십신심 十信心 『정토지귀집淨土指歸集』

생사를 끝마치려고 정업을 수행하는 이는 열 가지 믿는 마음을 일으켜 생각마다 잊지 않아야 결정코 정토에 태어날 수 있다.

첫째, 부처님께서 설한 법은 금구金口(부처님의 입)에서 나온 진실한 말씀으로 진실하여 헛되지 않음을 믿는 것이다.

둘째, 범부는 미혹 속에 있고 식신識神[326]은 없어지지 않아 육취六趣에 순환함이 그치지 않음을 믿는 것이다.

셋째, 이 세계에서의 수행은 도과道果를 얻지 못하여 윤회를 면하지 못함을 믿는 것이다.

넷째, 윤회를 벗어나지 못하면 천상에 태어나도 나쁜 세계로 떨어짐을 면하지 못함을 믿는 것이다.

다섯째, 극락세계에 중생이 태어나면 영원히 물러남이 없는 지위를 얻음을 믿는 것이다.

여섯째, 중생이 발원하여 정토에 태어나길 바란다면 결정코 왕생함을 믿는 것이다.

일곱째, 한번 부처님의 이름을 부르면 80억 겁 동안 지어 온 생사의 무거운 죄를 없앨 수 있음을 믿는 것이다.

여덟째, 염불하는 사람을 아미타불께서 신통한 광명으로 거두어들이고 버리지 않음을 믿는 것이다.

아홉째, 염불하는 사람을 시방세계에 계시는 갠지스강의 모래알 같은 모든 부처님께서 함께 신력神力으로 항상 호념護念함을 믿는 것이다.

열째, 정토에 태어난 뒤에는 수명이 무량하고 한번 태어나면 반드시 위없는 보리를 얻음을 믿는 것이다.[327]

---

326 식신識神 : 분별하고 인식하는 정신이란 뜻으로, '마음' 또는 '영혼'을 이르는 말이다.
327 『淨土指歸集』(X61, 388c).

十信心【淨土指歸集】

欲了生死。修行淨業。當發十種信心。念念不忘。決生淨土。一信。佛所說法。金口誠言。眞實不虛。二信。凡夫在迷。識神不滅。六趣循環不息。三信。此土修行。未得道果。不免輪廻。四信。未出輪廻。雖生天上。不免墮落。五信。極樂世界。衆生生者。永無退轉。六信。衆生發願。願生淨土。決定往生。七信。一稱佛名。能滅八十億劫生死重罪。八信。念佛之人。阿彌陀佛神通光明。攝取不捨。九信。念佛之人。十方世界。恒沙諸佛。同以神力。時常護念。十信。旣生淨土。壽命無量。一生當得無上菩提。

십무애十無礙【『정토지귀집淨土指歸集』】

마음으로 부처를 보고 경계에 의탁하여 성품을 드러내면 마음마다 대립을 초월하고 법마다 온전히 참이 되는데, 이것을 통달하지 못한 이는 제멋대로 의심과 비방을 낸다. 그러므로 지금 열 가지의 걸림이 없음을 가지고 정토의 원융함을 드러내어 집착한 마음을 씻어내고 바른 믿음을 드러내어 밝히겠다.

첫째, 마음과 경계는 하나이다. 수행인의 한 생각은 능관能觀의 마음이고, 아미타불의 정토는 소관所觀의 경계이다. 마음 밖에 법이 없기 때문에 모든 부처님의 정토는 온전히 자신의 마음이며, 법 밖에 마음이 없기 때문에 이 마음이 온전히 모든 부처님의 법체法體이다. 마음과 경계는 얻을 수 없기도 하고 마음과 경계는 뚜렷하게 존재하기도 하여, 서로 없애기도 하고 서로 보존하기도 하며, 생각할 수도 없고 의론할 수도 없다. 그러므로 경에서 "너희들이 마음에 부처님을 생각할 때에 이 마음이 바로 삼십이상三十二相 팔십수형호八十隨形好[328]이다."[329]라고 하였다.

둘째, 수행과 성품은 둘이 아니다. 유심정토는 본래 갖추어져 있는 이치로 온전한 수행은 본성에 있으며, 왕생을 발원하는 것은 연을 따르는 일로 온전한 성품이 수행을 이룬다. 수행과 성품이 둘이 아니기 때문에 모든 부처님의 정토는 본래 이루어져 나타나 있지만 반드시 정업을 성취해야만 왕생할 수 있다. 그러므로 경에서 "이 마음이 부처를 이루고 이 마

---

[328] 삼십이상三十二相 팔십수형호八十隨形好 : 부처님과 보살이 몸에 갖추고 있는 특별한 모습을 가리키는 말. '삼십이상'은 주로 밖으로 드러나 보기 쉬운 것, 곧 눈이 감청색인 것, 정수리가 보이지 않는 것 등을 가리킨다. '팔십수형호'는 주로 은밀하여 보기 어려운 것, 곧 발의 복사뼈가 노출되지 않은 것, 목소리가 코끼리나 우레와 같은 것 등을 가리킨다.
[329] 『觀無量壽佛經』(T12, 343a).

음이 바로 부처이다. 모든 부처님의 바다와 같은 정변지正遍知[330]는 마음에서 생긴다."[331]라고 하였다.

셋째, 원인과 결과는 이치가 같다. 중생과 모든 부처님은 하나의 체體를 공유하기 때문에 모든 부처님은 이미 깨달았고 중생은 미혹 속에 있다. 미혹과 깨달음은 다르지만 성품은 항상 평등하다. 그러므로 염불한다는 것은 바로 일체중생의 본성을 생각하는 것이다. 그리하여 경에서 "마음과 같이 부처도 그러하며, 부처와 같이 중생도 그러하다. 마음과 부처와 중생, 이 세 가지는 차별이 없다."[332]라고 하였다.

넷째, 진제와 속제가 함께 사라진다. 모든 법은 본래 공하여 티끌만큼도 얻을 수 없지만 연에 따라 건립되면 법마다 뚜렷이 존재하게 된다. 온갖 법은 공하기 때문에 마음과 부처는 얻을 수 없으며, 온갖 법은 임시로 있기 때문에 마음과 부처는 뚜렷이 존재하며, 온갖 법은 중도이기 때문에 마음과 부처는 둘이 아니고, 있는 것도 아니고 공한 것도 아니며, 생각할 수도 의론할 수도 없다. 그러므로 경에서 "무량수부처님의 몸은 끝이 없어 범부의 마음의 힘으로는 미칠 바가 아니다. 그러나 저 여래의 과거 숙세에 세우신 원력 때문에 부처님의 몸을 생각하는 이는 반드시 성취할 수 있다."[333]라고 하였으며, 또 경에서 "색신은 부처님이 아니고 음성도 그러하나 색신과 음성을 떠나서 부처님의 신통력을 보는 것도 아니다."[334]라고 하였다.

---

330 정변지正遍知 : ⓢ samyak-saṃbuddha의 의역어로 정등각正等覺·정등정각正等正覺 등이라고도 하며, 음역어는 삼먁삼불타三藐三佛陀이다. 부처님의 열 가지 명호 중 하나. '삼먁'은 정正의 뜻이고, '삼'은 변遍의 뜻이며, '불타'는 지知·각覺의 뜻이다. 일체법을 진실되고 바르게 아는 분이라는 뜻에서 붙여진 이름이다.
331 『觀無量壽佛經』(T12, 343a).
332 『華嚴經』 권10(T9, 465c).
333 『觀無量壽佛經』(T12, 344b).
334 『華嚴經』 권23(T10, 121c).

다섯째, 의보와 정보는 서로 융합한다. 국토 장엄은 의보이고, 부처님과 보살은 정보이다. 한 마음에 온갖 국토를 갖추고 낱낱의 티끌마다 온갖 부처님과 아홉 종류의 중생을 나타내니, 체성體性이 본래 같기 때문이다. 그러므로 떨어지는 해와 얼음 국토의 장엄은 오직 마음이 발현된 것이요, 물과 새와 나무와 숲이 모두 미묘한 법을 연설한다.

여섯째, 뛰어난 것과 못난 것은 체를 함께 한다. 모든 부처님의 법신은 진여로부터 응현應現을 일으키니, 거울에 모양이 나타나는 것에서 고움과 미움이 근기에 달려 있는 것과 같고, 물이 파도를 일으키는 것에서 크기가 바람에 달려 있는 것과 같다. 근기에 영리함과 둔함이 있기 때문에 응함에 뛰어남과 못남이 있으나 법신의 체體는 본래 움직이지 않는다. 그러므로 경에서 "아미타불께서는 신통력이 자재하여 시방국토에 마음대로 변화하여 나타나시는데, 큰 몸을 나타내어 허공에 가득 차거나 작은 몸을 나타내어 일 장 육 척이나 팔 척쯤 된다."[335]라고 하였다.

일곱째, 하나와 많음은 상즉한다. 하나가 바로 많음이기 때문에 한 마음과 한 티끌은 온갖 부처님 국토에 두루하며, 많음이 바로 하나이기 때문에 온갖 부처님 국토는 온전히 한 마음과 한 티끌에 있다. 마음을 전일하게 하고 쉽게 성취하게 하려고 한 부처님만을 생각하게 하나 한 부처님이 바로 온갖 부처님이다. 그러므로 경에서 "무량수부처님을 보는 이는 곧 시방세계의 온갖 부처님을 본다."[336]라고 하였다.

여덟째, 넓음과 좁음이 자재하다. 시방의 법계는 한 티끌을 떠나지 않기 때문에 한 티끌은 지극히 작으나 양은 법계와 같으며, 부처님 국토는 광대하지만 한 티끌을 떠나지 않아 10만의 먼 거리도 마음을 벗어나지 않는다. 그러므로 경에서 "아미타불은 여기에서 멀지 않다."[337]라고 하고,

---
335 『觀無量壽佛經』(T12, 344c).
336 『觀無量壽佛經』(T12, 343b).
337 『觀無量壽佛經』(T12, 341c).

(또) "거울에서 자신의 얼굴을 보는 것과 같다."[338]라고 하였다.

아홉째, 옛날과 지금은 사이가 없다. 삼제三際[339]는 한 생각을 떠나지 않기 때문이다. 전제前際를 얻을 수 없기 때문에 과거가 없으며, 후제後際를 얻을 수 없기 때문에 미래가 없으며, 중제中際를 얻을 수 없기 때문에 현재가 없으니, 세상은 변화하나 본성은 항상 머무르기 때문이다. 그러므로 경에서 "그렇게 오래 된 일을 오늘의 일인 것처럼 본다."[340]라고 하고, (또) "잠깐 동안에 모든 부처님을 낱낱이 섬기며 시방세계를 두루 다닌다."[341]라고 하였다.

열째, 고요함과 작용이 걸림이 없다. 치성하게 작용 중에 있으나 본제本際[342]를 움직이지 않으니, 물이 파도를 일으키지만 파도는 전체가 물인 것과 같다. 『정명경淨名經』에서 "멸진정에서 일어나지 않고 모든 행동거지를 나타낸다."[343]라고 하였고, 『주역』에서 "조용히 움직이지 않고 있다가 감응하여 마침내 통달한다."[344]라고 하였다. 고요함 그대로 작용이기 때문에 더러움을 버려 끝까지 다하고 깨끗함을 취하여 근원을 다하며, 작용하되 항상 고요하기 때문에 취하거나 버림이 있지만 실로 취하거나 버림이 없다. 그러므로 치성하게 부처님을 생각함은 생각하지 않는 것과 같으며, 치성하게 왕생함은 왕생하지 않는 것과 같다. 볼 것이 없는 것에서 부처를 보는 것에 걸림이 없고, 왕생할 것이 없는 곳에 마음대로 왕생하니, 원돈圓頓[345]의 수행인은 말하거나 침묵하거나 움직이거나 조용히 있거나 간

---

338 『觀無量壽佛經』(T12, 343a).
339 삼제三際 : 전제前際·중제中際·후제後際로 삼세三世와 같다.
340 『法華經』(T9, 22b).
341 『觀無量壽佛經』(T12, 345a).
342 본제本際 : 근본 구경의 맨 끝이라는 뜻으로 진여·열반의 다른 이름이다.
343 『維摩經』(T14, 539c).
344 『周易』「繫辭傳 上」에 "조용히 움직이지 않고 있다가 감응하여 천하의 모든 일에 마침내 통달하게 된다.(寂然不動. 感而遂通天下之故.)"라고 하였다.
345 원돈圓頓 : 원교圓敎이면서 돈교頓敎란 뜻이다.

에 모든 때에 모두 실제實際[346]와 같기 때문이다. 그러므로 경에서 "부처님 국토를 장엄함은 바로 장엄이 아니며, 한량없는 중생을 멸도했으나 실로 중생으로 멸도를 얻은 이는 없다."[347]라고 한 것은 이것을 이른다.[348]

十無礙【淨土指歸集】

卽心觀佛。託境顯性。心心絶待。法法全眞。有不達者。橫生疑謗。故今以十種無礙。顯淨土之圓融。蕩滌執情。發明正信。一心境一如。行人一念。是能觀之心。彌陀淨土。是所觀之境。以心外無法故。諸佛淨土全是自心。以法外無心故。此心全是諸佛法體。心境叵得。心境宛然。互泯互存。絶思絶議。故經云。汝等心想佛時。是心卽是三十二相八十隨形好。二修性不二。惟心淨土。是本具之理。全修在性也。發願往生。是隨緣之事。全性成修也。以修性不二故。諸佛淨土。雖本來成現。必由淨業成就。乃可往生。故經云。是心作佛。是心是佛。諸佛正遍知海。從心想生。三因果理同。以衆生諸佛同一體故。諸佛已悟。衆生在迷。迷悟雖殊。性常平等。是故念佛者。卽是念一切衆生之本性。故經云。如心佛亦爾。如佛衆生然。心佛及衆生。是三無差別。四眞俗雙泯。諸法本空。纖塵叵得。隨緣建立。法法宛然。以一切法空故。心佛叵得。以一切法假故。心佛宛然。以一切法中故。心佛不二。非有非空。絶思絶議。故經云。無量壽佛身量無邊。非是凡夫心力所及。然彼如來宿願力故。有憶想者。必得成就。又經云。色身非是佛。音聲亦復然。亦不離色聲。見佛神通力。五依正互融。國土莊嚴依報也。佛及菩薩正報也。一心具一切刹。一一微塵現一切佛及九界衆生。以體性本同故。是故落日及氷國土莊嚴。惟心發現。水鳥樹林。皆演妙法。六勝劣同體。諸

---

346 실제實際 : 진여법성眞如法性을 말한다. 이는 온갖 법의 끝이 되는 곳이므로 실제, 또는 진여의 실리實理를 증득하여 그 궁극窮極에 이르므로 이렇게 이름한다.
347 앞의 구절은 『金剛經』(T8, 749c)에 나오고, 뒤의 구절은 『金剛經』(T8, 749a)에 나온다.
348 『淨土指歸集』(X61, 376a).

佛法身。從眞起應。如鏡現像。妍醜在機。如水起波。隨風大小。由機有利鈍故。應有勝劣。而法身之體。本來不動。故經云。阿彌陀佛。神通如意。於十方國。變現自在。或現大身。滿虛空中。或現小身。丈六八尺。七一多相卽。一卽多故。一心一塵。遍一切佛刹。多卽一故。一切佛刹全在一心一塵。爲令心專一故。易成就故。故令專念一佛。而一佛卽一切佛。故經云。見無量壽佛者。卽見十方一切諸佛。八廣狹自在。以十方法界不離一微塵故。一塵至微。量同法界。佛刹雖廣。不離一塵。十萬遐程。不逾方寸。故經云。阿彌陀佛。去此不遠。如於鏡中。自見面像。九古今無間。以三際不離一念故。前際不可得故。無過去。後際不可得故。無未來。中際不可得故。無現在。以世相遷流。本常住。故經云。觀彼久遠。猶若今日。經須臾間。歷事諸佛。遍十方界。十寂用無礙。謂熾然在用。不動本際。如水起波。波全是水。淨名云。不起滅定。現諸威儀。易曰。寂然不動。感而遂通。卽寂而用。故捨穢究盡。取淨窮源。用而常寂。故雖有取捨。而實無取捨。是故熾然念佛。與無念等。熾然往生。與無生等。於無見處。不礙見佛。於無生處。任運往生。以圓頓行人。語默動靜。一切時中。皆如實際。故經云。莊嚴佛土者。卽非莊嚴。滅度無量衆生。實無衆生得滅度者。此之謂也。

십승十勝【『미타참법彌陀懺法』】

아미타불에게는 열 가지 훌륭함이 있다.

첫째, 구하는 것을 만족시키는 훌륭함이다. 둘째, 직접 맞이하여 왕생하게 하는 훌륭함이다. 셋째, 빛을 입으면 세상을 초월하는 훌륭함이다. 넷째, 이름을 들으면 법을 얻는 훌륭함이다. 다섯째. 이름을 들으면 본질이 변화하는 훌륭함이다. 여섯째, 이름을 들으면 공경을 닦는 훌륭함이다. 일곱째, 이름을 들으면 과를 증득하는 훌륭함이다. 여덟째, 이름을 들으면 왕생을 누리는 훌륭함이다. 아홉째, 이름을 들으면 덕을 갖추는 훌륭함이다. 열째, 이름을 들으면 물러나지 않는 지위를 얻는 훌륭함이다.[349]

十勝【彌陀懺法】

阿彌陀佛有十勝。一能滿所求勝。二親迎往生勝。三蒙光超世勝。四聞名得法勝。五聞名轉質勝。六聞名修敬勝。七聞名證果勝。八聞名受生勝。九聞名具德勝。十聞名不退勝。

---

[349] 『彌陀懺法』(X74, 89a).

십승十勝【『자은통찬慈恩通讚』[350]】

안양安養은 모든 천궁天宮에 비교하여 열 가지 훌륭함이 있다.

첫째, 화주化主가 거주하는 곳의 훌륭함이다. 둘째, 교화하는 대상의 수명이 장구한 훌륭함이다. 셋째, 국토가 계계界에 매이지[351] 않은 훌륭함이다. 넷째, 깨끗하고 방정하여 욕망이 없는 훌륭함이다. 다섯째, 여인이 살지 않는 훌륭함이다. 여섯째, 수행이 물러나지 않는 지위를 얻는 훌륭함이다. 일곱째, 깨끗하고 방정하여 더러움이 없는 훌륭함이다. 여덟째, 국토의 장엄이 훌륭함이다. 아홉째, 부처님을 생각하면 중생을 거두어들이는 훌륭함이다. 열째, 십념하면 왕생하는 훌륭함이다.[352]

十勝【慈恩通讚】

安養比諸天宮。有十勝。一化主所居勝。二所化命長勝。三國非界繫勝。四淨方無欲勝。五女人不居勝。六修行不退勝。七淨方非穢勝。八國土莊嚴勝。九念佛攝情勝。十十念往生勝。

---

350 『자은통찬慈恩通讚』: 본래 이름은 『阿彌陀經通贊疏』(3권)이다. 자은慈恩은 당나라 때의 스님 규기窺基(632~682)의 다른 이름이다.

351 계계에 매이지(界繫): 계계界繫는 그 지계地界에 속박된다는 뜻이다. 여기에는 욕계계欲界繫·색계계色界繫·무색계계無色界繫가 있다. 욕계의 번뇌에 속박됨을 욕계계, 색계의 번뇌에 속박됨을 색계계, 무색계의 번뇌에 속박됨을 무색계계라 한다.

352 『慈恩通讚』 권중(T37, 343a).

십승十勝【『미타참법彌陀懺法』】

정토에는 열 가지 훌륭함이 있다.

첫째, 태어나면 삼보를 만나는 훌륭함이다. 둘째, 빨리 뛰어난 법을 얻는 훌륭함이다. 셋째, 태어나면 32가지 신체의 모습을 얻는 훌륭함이다.[353] 넷째, 악은 없고 선만 있는 훌륭함이다. 다섯째, 고통은 없고 순전히 즐거움만 있는 훌륭함이다. 여섯째, 필요한 것은 생각대로 얻는 훌륭함이다. 일곱째, 수명이 장구한 훌륭함이다. 여덟째, 수행이 물러나지 않는 지위에 오르는 훌륭함이다. 아홉째, 국토가 계界에 매이지 않는 훌륭함이다. 열째, 국토의 장엄이 훌륭함이다.[354]

十勝【彌陀懺法】

淨土有十勝。一生值三寶勝。二速得勝法勝。三生得身相勝。四無惡惟善勝。五無苦純樂勝。六所須隨念勝。七壽命長遠勝。八修行不退勝。九國非界繫勝。十國土莊嚴勝。

---

353 『無量壽經』(T12, 273b).
354 『彌陀懺法』(X74, 89a).

십승十勝【『미타참법彌陀懺法』】

서방에 왕생하는 데에 열 가지 훌륭함이 있다.

첫째, 경에서 왕생하기 쉽다고 설하는 훌륭함이다. 둘째, 시간을 단지 적게 들여서 닦아도 되는 훌륭함이다. 셋째, 성인의 무리가 염려하여 지켜 주는 훌륭함이다. 넷째, 광명이 거두어들이는 훌륭함이다. 다섯째, 부처님의 원력을 타는 훌륭함이다. 여섯째, 화주가 친히 맞이하는 훌륭함이다. 일곱째, 모든 부처님이 증명하는 훌륭함이다. 여덟째, 뭇 죄를 없애는 훌륭함이다. 아홉째, 뭇 경에서 함께 칭찬하는 훌륭함이다. 열째, 법이 사라져도 홀로 행해지는 훌륭함이다.[355]

十勝【彌陀懺法】

往生西方有十勝。一經說易生勝。二時但少修勝。三聖衆護念勝。四光明攝受勝。五乘佛願力勝。六化主親迎勝。七諸佛證明勝。八能滅衆罪勝。九衆經共讚勝。十法滅獨行勝。

---

[355] 『彌陀懺法』(X74, 89a).

십승리 十勝利【『칭찬정토법문경稱讚淨土法門經』】

부처님의 이름을 수지하는 이는 현세에 열 가지 훌륭한 이익을 얻는다. 첫째, 항상 온갖 하늘의 대력신大力神이 몸을 숨기고 수호한다. 둘째, 항상 온갖 보살들이 늘 따라다니며 수호한다. 셋째, 항상 모든 부처님이 밤낮으로 염려하여 지켜 주고 아미타불께서 항상 광명을 놓아 이 사람을 거두어들인다. 넷째, 온갖 악귀가 다 해치지 못하고 온갖 뱀·용·독약이 다 듣지 않는다. 다섯째, 물·불·원수·도적·칼·화살·감옥에 의해 비명횡사하는 것을 모두 다 받지 않는다. 여섯째, 앞서 지은 재앙은 다 소멸하고, 죽인 원수의 목숨은 저들이 해탈을 입어 다시는 적대함이 없다. 일곱째, 밤에 바르고 곧은 것을 꿈꾸거나 혹은 꿈에 아미타불의 뛰어나고 오묘한 색상色相을 본다. 여덟째, 마음은 항상 기뻐하고 얼굴빛은 광택이 나며, 기력은 넘치고 하는 일은 길하고 이롭다. 아홉째, 항상 온갖 세간의 사람들이 공경하고 공양하며 기뻐하고 예배하되 부처님을 공경하듯이 한다. 열째, 목숨을 마칠 때에 마음에 두려움이 없고 바른 생각이 앞에 나타나 아미타불과 여러 성인의 무리들이 접인하여 정토에 왕생하는 걸 보며 미래가 다하도록 뛰어나고 오묘한 즐거움을 받는다.[356]

十勝利【稱讚淨土法門經】

受持佛名者。現世當獲十種勝利。一者常得一切諸天大力神。隱形守護。二者常得一切菩薩。常隨守護。三者常得諸佛晝夜護念。阿彌陀佛。常放光明。攝受此人。四者一切惡鬼。皆不能害。一切蛇龍毒藥。悉不能中。五者水火寃賊。刀箭牢獄。橫死枉生。悉皆不受。六者先所作孼。[1] 悉皆消滅。所殺寃命。彼蒙解脫。更無執對。七者夜夢正直。或復夢見阿彌陀佛勝妙色

---

356 『淨土指歸集』 권하(X61, 407c).

相。八者心常歡喜。顏色光澤。氣力充盛。所作吉利。九者常爲一切世間人民。恭敬供養。歡喜禮拜。猶如敬佛。十者命終之時。心無怖畏。正念現前。得見阿彌陀佛。及諸聖衆。接引往生淨土。盡未來際。受勝妙樂。

---

1) ㉯ 갑본에는 '孼'이 '蘗'로 되어 있다.

십이十易【『미타참법彌陀懺法』】

정토에 왕생하는 것에는 열 가지 쉬움이 있다.

첫째, 아미타불의 원력이 중하기에 왕생하기 쉽다.【여러 경에서 설한 것과 같다.】 둘째, 극락은 중생의 뜻을 거스르지 않기에 왕생하기 쉽다.[357]【『무량수경』】 셋째, 시방세계의 모든 부처님이 거두어들이기에 왕생하기 쉽다.[358]【『칭찬정토경』】 넷째, 동방의 한 부처님이 이루는 것을 돕기에 왕생하기 쉽다.[359]【『약사경』】 다섯째, 두 큰 성인께서 와서 맞이하기에 왕생하기 쉽다.[360]【『무량수경』】 여섯째, 여덟 분의 큰 보살이 이끌어 가기에 왕생하기 쉽다.[361]【『약사경』】 일곱째, 십원十願을 봉행하면 되기에 왕생하기 쉽다.[362]【『화엄경』】 여덟째, 한 경전을 베껴 쓰면 되기에 왕생하기 쉽다.[363]【『결정광명경』】 아홉

---

357 『無量壽經』(T12, 274b)에서 "쉽게 왕생할 수 있으나 왕생하는 사람이 없구나. 그 국토는 어기고 거스르지 않는데 (그 자신이) 저절로 (오랜 업에 의해 왕생하지 못하게) 끌어당기는 것이다. 어찌 세속의 일을 버리고 부지런히 실천하여 도덕을 구하지 않는 것인가? 그렇게 하면 매우 긴 수명을 얻을 수 있고 즐거움을 누리는 일이 다하여 끝나는 일이 없다.(易往而無人。其國不逆違。自然之所牽。何不棄世事。勤行求道德。可獲極長生。壽樂無有極。)"라고 하였다.
358 『稱讚淨土佛攝受經』(T12, 350a).
359 『藥師瑠璃光如來本願經』(T14, 406b).
360 『無量壽經』 사십팔원 중 제19원(T12, 268a)에서 "만약 제가 부처가 되었을 때 시방세계의 중생이 보리심을 발하여 여러 공덕을 닦고 정성스런 마음으로 발원하여 저의 국토에 태어나고자 할 경우, 수명을 마칠 때 만약 대중에게 둘러싸여 그 사람의 앞에 나타나 맞이하는 일이 가능하지 않다면, 정각을 취하지 않겠습니다.(設我得佛。十方衆生。發菩提心。修諸功德。至心發願。欲生我國。臨壽終時。假令不與大衆圍遶。現其人前者。不取正覺。)"라고 하였고, 같은 책(T12, 273b)에서 "두 보살이 있어서 가장 존귀하고 제일가는데, 위대한 덕과 신령한 힘에 의해 쏟아지는 광명이 삼천대천세계를 두루 비춘다.……첫째는 관세음이고, 둘째는 대세지이다.(有二菩薩。最尊第一。威神光明。普照三千大千世界者……一名觀世音。二名大勢至。)"라고 하였다.
361 『藥師瑠璃光如來本願經』(T14, 406b).
362 『華嚴經』 권40 「普賢行願品」(T10, 844b).
363 『決定光明經』(T19, 85b).

째, 산선散善³⁶⁴을 회향하면 되기에 왕생하기 쉽다.³⁶⁵『대보적경』열째, 적은 시간 동안 염불하면 되기에 왕생하기 쉽다.³⁶⁶『십육관경』³⁶⁷

十易【彌陀懺法】

得生淨土有十易。一彌陀願重得生易。【如諸經】二極樂不逆得生易。【無量壽經】三十方諸佛攝受易。【稱讚淨土經】四東方一佛助成易。【藥師經】五二大聖者來迎易。【無量壽經】六八大菩薩引去易。【藥師經】七奉行十願得生易。【華嚴經】八書寫一經得生易。【決定光明經】九散善廻向得生易。【大寶積經】十少時念佛得生易。【十六觀經】

---

364 산선散善 : 산란한 마음으로 닦는 선업이라는 뜻. 상대어는 정선定善인데, 집중하는 마음으로 선을 닦는 것, 곧 관불삼매를 수행하는 것 등을 가리킨다. 그 산선과 정선의 구체적인 내용에 대해서는 주석자에 따라 이견이 있다. 예를 들어 정영사 혜원 등은 세 가지 복을 닦는 것을 산선왕생이라 하고, 십육관을 닦는 것을 정선왕생이라고 하였다.
365 『大寶積經』권17 「無量壽如來會」(T11, 93c).
366 『觀無量壽佛經』(T12, 346a).
367 『彌陀懺法』(X74, 84a).

십이 十易 【『미타참법彌陀懺法』】

극락에 왕생하는 것에는 열 가지 쉬움이 있다.

첫째, 믿고 이해하고 발심하면 되기에 왕생하기 쉽다. 둘째, 적은 선을 닦으면 되기에 왕생하기 쉽다. 셋째, 무릇 한 가지 관觀을 닦으면 되기에 왕생하기 쉽다. 넷째, 자비와 빛과 원력으로 거두어들이기 때문에 왕생하기 쉽다. 다섯째, 모든 교법에서 칭찬하고 권하기에 왕생하기 쉽다. 여섯째, 모든 부처님이 칭찬하고 권하기에 왕생하기 쉽다. 일곱째, 뭇 성인들이 보호하기에 왕생하기 쉽다. 여덟째, 두 성인이 교화하고 거두어들이기에 왕생하기 쉽다. 아홉째, 염불하면 뭇 죄를 없애기에 왕생하기 쉽다. 열째, 임종 때 성인이 맞이하기에 왕생하기 쉽다.[368]

十易【彌陀懺法】

往生極樂有十易。一信解發心得生易。二隨修少善得生易。三凡修一觀得生易。四慈光願攝得生易。五諸敎讚勸得生易。六諸佛讚勸得生易。七衆聖加護得生易。八二聖化攝得生易。九念滅衆罪得生易。十臨終聖迎得生易。

---

368 『彌陀懺法』 권3(X74, 89a).

십이十易【자운참주慈雲懺主 설】

정토의 열 가지 쉬움이란 다음과 같다.

첫째, 항상 부처님을 만날 수 있으니, 무량수부처님은 부처를 이룬 뒤로 10대겁大劫이 지나도록 항상 머물고 입멸하지 않기 때문이다. 둘째, 항상 법음法音을 들으니, 부처님과 보살과 나무와 숲과 물과 새가 늘 오묘한 법을 펴기 때문이다. 셋째, 성현들이 모여 있으니, 관음보살과 대세지보살이 그의 뛰어난 벗이 되고 여러 뛰어난 선인이 모두 한곳에 모여 있기 때문이다. 넷째, 악마의 일을 멀리 떠나니, 천마天魔가 있더라도 모두 부처님 법을 보호하여 수행인이 빨리 성취하게 하기 때문이다. 다섯째, 윤회를 받지 않으니, 연꽃에 화생하여 다시는 나고 죽는 고통의 세계를 윤회하는 일이 없기 때문이다. 여섯째, 영원히 악도를 떠나니, 저 부처님 국토는 삼악도가 없고 삼악도라는 이름조차 듣지 못하기 때문이다. 일곱째, 뛰어난 연이 도를 도우니, 아름다운 누대와 훌륭한 궁전과 진귀한 옷과 맛있는 음식은 모두 도를 돕는 도구가 되기 때문이다. 여덟째, 수명이 무량하니, 중생의 수명이 부처님과 동등하여 사람이나 하늘의 범부가 그 지혜의 힘을 다하더라도 그 수를 알 수 없기 때문이다. 아홉째, 정정취正定聚[369]에 들어가니, 중생이 그것에 태어나면 모두 아비발치(불퇴전위)를 얻어 물러남이 없기 때문이다. 열째, 한 번만 태어나면 수행을 완성하니, 항상 부처님을 따르며 배워서 한 번만 태어나면 위없는 보리를 얻기 때문이다.[370·371]

---

[369] 정정취正定聚 : 중생을 불도의 성취 능력·성취 방법의 차이에 의해 세 부류로 나눈 것 중 하나. 세 부류란 사정취邪定聚·정정취·부정취不定聚이다. 차례대로 기필코 전도를 무너뜨릴 수 없는 부류의 중생, 기필코 전도를 무너뜨릴 수 있는 부류의 중생, 인연이 있으면 전도를 무너뜨릴 수 있고 인연을 얻지 못하면 무너뜨릴 수 없는 부류의 중생을 가리킨다.

[370] 『無量壽經』 사십팔원 중 제22원(T12, 268b)에서 "만약 제가 부처가 되었을 때 다른 세

十易【慈雲懺主說】

淨土十易者。一常得見佛。無量壽佛成佛以來。經十大劫。常住不滅故。二常聞法音。佛及菩薩。樹林水鳥。常宣妙法故。三聖賢會集。觀音勢至爲其勝友。諸上善人俱會一處故。四遠離魔事。雖有天魔。皆護佛法。令修行人。速成就故。五不受輪廻。蓮華化生。無復輪轉生死苦趣故。六永離惡道。彼佛國土。無三惡道。名字尙不聞故。七勝緣助道。瓊樓玉殿。珍衣美饌。皆爲助道之資具故。八壽命無量。衆生壽量。與佛齊等。人天凡夫盡其智力。莫知其數故。九入正定聚。衆生生者。皆是阿鞞跋致。無退轉故。十一生行滿。常隨佛學。一生當得無上菩提故。

계의 불국토에 있는 여러 보살의 무리가 저의 국토에 와서 태어나 끝내 반드시 일생보처一生補處의 지위에 이르게 하겠습니다.(設我得佛。他方佛土。諸菩薩衆。來生我國。究竟必至一生補處。)"라고 한 것을 참조할 것. 일생보처란 한 번만 태어나면 성불할 것이 예정된 지위를 가리킨다.

371 『淨土指歸集』 권상(X61, 378b).

십종공덕 十種功德【『업보차별경業報差別經』】

큰 소리로 염불하는 데에 열 가지 공덕이 있다.

첫째, 잠을 쫓을 수 있다. 둘째, 천마가 놀라고 두려워한다. 셋째, 소리가 시방세계에 두루 퍼진다. 넷째, 삼악도에서 고통이 그친다. 다섯째, 밖의 소리가 들어오지 않는다. 여섯째, 마음을 산란하게 하지 않는다. 일곱째, 용맹스럽게 정진한다. 여덟째, 모든 부처님이 기뻐하신다. 아홉째, 삼매가 앞에 나타난다. 열째, 정토에 왕생한다.[372]

十種功德【業報差別經】

高聲念佛有十種功德。一能排睡眠。二天魔驚怖。三聲徧十方。四三塗息苦。五外聲不入。六令心不散。七勇猛精進。八諸佛歡喜。九三昧現前。十徃生淨土。

---

[372] 『阿彌陀經通贊疏』(T37, 341c);『萬善同歸集』(T48, 962b). 뒤의 책에서는 출처가 『業報差別經』이라고 하였는데, 일반적으로 『業報差別經』이라고 불리는 경인 『佛爲首迦長者說業報差別經』에는 본 내용이 나오지 않는다. 따라서 어떤 경을 지목한 것인지 알 수 없다.

• 265

십지차 十只此【자조종주慈照宗主 설】

한 생각에 마음을 집중하여 아미타불 한 구절을 지녀라.

이 한 생각만이 나의 본사本師이다. 이 한 생각만이 바로 화신불이다. 이 한 생각만이 지옥을 깨트리는 사나운 장수이다. 이 한 생각만이 뭇 삿됨을 베어 내는 보배로운 검이다. 이 한 생각만이 어둠을 여는 밝은 등불이다. 이 한 생각만이 고통의 바다를 건너는 큰 배이다. 이 한 생각만이 생사를 벗어나는 좋은 방법이다. 이 한 생각만이 삼계를 벗어나는 지름길이다. 이 한 생각만이 본성本性의 아미타이다. 이 한 생각만이 유심정토에 도달한다.[373]

十只此【慈照宗主說】

專意一念。持一句阿彌陀佛。只此一念是我本師。只此一念卽是化佛。只此一念是破地獄之猛將。只此一念是斬羣邪之寶劒。只此一念是開黑暗之明燈。只此一念是渡苦海之大船。只此一念是脫生死之良方。只此一念是出三界之徑路。只此一念是本性彌陀。只此一念達惟心淨土。

---

[373] 『蓮宗寶鑑』(T47, 340b).

십념 十念【『묘응록妙應錄』[374]】

염불을 열 번 하면 연꽃이 피는 불가사의한 이치가 있다.

한 번 염불하면 덕의 물이 청정하여 금모래가 투명하게 보인다. 한 번 염불하면 지혜의 씨앗이 오묘하고 원만하여 보배 연못이 맑고 고요하다. 한 번 염불하면 선근이 견고하여 해인海印이 오묘하게 갈무리된다. 한 번 염불하면 법의 싹이 자라기 시작하여 허공과 체體를 같이한다. 한 번 염불하면 믿음의 뿌리가 점차 자라 선 자리에서 물러나지 않는다. 한 번 염불하면 서원의 잎이 이미 원만하여 제행에 걸림이 없다. 한 번 염불하면 수행의 색깔이 각기 달라 거기에 따라서 네 가지를 나타낸다. 한 번 염불하면 계율의 향기가 참으로 깨끗하여 시방세계에서 두루 맡는다. 한 번 염불하면 깨달음의 꽃이 피어 공덕이 장엄하다. 한 번 염불하면 불과를 원만하게 이루어 지혜의 힘이 광대해진다.

十念【妙應錄】

念佛十聲。有蓮華開敷不可思議之理。一念佛德水淸淨。金沙虛明。一念佛慧種妙圓。寶池湛寂。一念佛善根堅固。海印妙藏。一念佛法芽初生。虛空同體。一念佛信藕漸長。立位不退。一念佛願葉已圓。諸行無礙。一念佛修色各異。隨現四種。一念佛戒香眞潔。普聞十方。一念佛覺華開敷。功德莊嚴。一念佛佛果圓成。智力廣大。

---

[374] 『妙應錄』이 어떤 책인지 알 수 없다. 따라서 본 내용의 출처도 확인할 수 없다.

십의 十疑【지자대사智者大師 논】

첫째, 큰 자비가 없다는 의심이다. 모든 부처님과 보살들은 대비를 일로 삼는다. 만일 중생을 구제하려고 한다면 마땅히 삼계에 태어나길 원하여 오탁의 악한 세상의 삼악도에서 고통받는 중생을 구제해야 하는데, 어찌하여 정토에 태어나길 구하여 스스로 그 삶을 편안히 지내고 중생을 버리려 하는가? 이는 큰 자비가 없고 자신만을 이롭게 하는 것이니 보리도菩提道에 장애가 될 것이다.

둘째, 모든 법이 생김이 없다는 것에 근거한 의심이다. 모든 법은 체성體性이 공하여 본래 생김이 없고 평등하고 적멸하다. 지금 이것을 버리고 저것을 구하여 서방의 아미타불 정토에 태어나길 구하니, 어찌 이치에 어긋난 것이 아니겠는가? 또 경에서 "만일 정토를 구한다면 먼저 그 마음을 깨끗이 해야 한다. 마음이 깨끗하기 때문에 곧 불국토가 깨끗하다."[375]라고 하였는데, 이것을 어떻게 회통할 것인가?

셋째, 불국토가 평등하다는 것에 근거한 의심이다. 시방세계에 있는 모든 부처님의 일체 정토는 법성法性이 평등하고 공덕도 같다. 수행자는 널리 일체 공덕을 생각하여 일체 정토에 태어날 것을 추구해야 할 것인데, 지금 한 부처님의 정토만을 구하는 것은 평등한 성품과 어긋나니 어찌 정토에 태어나겠는가?

넷째, 서방만을 생각하는 것에 대한 의심이다. 평등하게 한 부처님의 정토에 태어나길 생각하여 구하면 될 것인데 어찌 시방세계에 있는 불국토 중에서 한 부처님의 정토를 생각하는 대로 왕생하지 않는 것인가? 무엇 때문에 아미타불만을 생각해야 하는 것인가?

---

375 『維摩詰經』(T14, 538b)의 뜻을 취하여 요약한 것으로 보인다.

다섯째, 구박具縛[376]이 두텁고 무겁다는 것에 근거한 의심이다. 구박 범부는 악업이 두텁고 무거워서 일체 번뇌를 조금도 끊지 못했으나 서방정토는 삼계를 벗어나 있으니 구박 범부가 어떻게 태어날 수 있겠는가?

여섯째, 왕생하면 바로 불퇴전의 지위를 얻는다는 것에 대한 의심이다. 가령 구박 범부가 저 나라에 태어나더라도 삿된 견해와 삼독三毒[377] 등이 항상 일어나니 어떻게 저 나라에 태어나면 바로 불퇴전의 지위를 얻어 삼계를 뛰어넘겠는가?

일곱째, 도솔천을 구하지 않는 것에 대한 의심이다. 미륵보살은 일생보처로 곧 부처를 이룰 분이다. 상품의 십선十善을 닦으면 그곳에 나서 미륵보살을 뵙고 따라서 하생하여 삼회三會의 설법에서 자연히 성과聖果를 얻을 수 있을 것인데 무엇 때문에 서방정토에 태어나길 구하겠는가?

여덟째, 십념으로 왕생한다는 것에 대한 의심이다. 중생은 시작도 없는 옛날부터 한량없는 업을 지었고 금생에도 선지식을 만나지 못했으며, 또 일체 죄업을 지어 짓지 않은 악행이 없는데, 어떻게 임종 때에 십념을 성취하여 곧 왕생하고 삼계를 벗어나겠는가? 업을 맺는 일을 어떻게 회통할 수 있는가?

아홉째, 열등하고 나약한 사람이 태어난다는 것에 대한 의심이다. 서방은 여기에서 십만억 불국토나 떨어져 있는데, 범부는 열등하고 나약하니 어떻게 도달할 수 있겠는가? 또 『왕생론往生論』에서 "여인과 불구자와 이

---

[376] 구박具縛 : 견혹見惑과 수혹修惑의 두 가지 번뇌를 갖춘 것. '박'은 번뇌의 다른 이름이다. 몸과 마음을 속박하여 자유롭지 못하게 하는 번뇌를 갖추었다는 뜻으로 견혹과 수혹에 얽매여 조금도 끊지 못한 범부를 가리킨다.

[377] 삼독三毒 : 탐욕貪欲·진에瞋恚·우치愚癡의 세 번뇌를 말한다. 『大乘義章』(T44, 565a)에서 "삼독이 모두 삼계의 온갖 번뇌를 포섭하고, 온갖 번뇌가 중생을 해치는 것이 마치 독사나 독룡과 같다."라고 하고, 『法界次第初門』(T46, 667c)에서는 "독은 짐독(鴆毒)으로 뜻을 삼으니 무너뜨림이 심하기 때문이다. 출세간의 선심善心을 무너뜨리기 때문에 독이라고 한다."라고 하였다.

승이승二乘의 종성은 왕생하지 않는다."378라고 하였다. 이런 가르침이 있으니 여인과 불구자는 반드시 왕생하지 못하는 줄 알아야만 한다.

열째, 어떤 행업行業을 지어야 하는 것인가에 대한 의심이다. 지금 결정코 서방에 태어나려고 하는데 알지 못하겠다. 어떤 행을 지어야 하며, 무엇을 종자로 삼아야 저 나라에 태어날 수 있는 것인가? 또 범부인 속인들은 모두 처자가 있는데 알지 못하겠다. 음욕을 끊지 않고도 그곳에 왕생할 수 있는 것인가?379

이상 열 가지로 의심을 설정하여 묻고 또 하나하나 대답하여 논한 것이 명백하나 문장이 번거로워 기록하지 않는다. 양차공楊次公이 "대사께서 성인의 말씀을 증거로 끌어와 중생들의 의심을 터 주었으니, 법장비구의 후신이 아니라면 이러한 생각에 도달하지 못하였을 것이다."380라고 하였다.

十疑【智者大師論】

一無大慈悲疑。諸佛菩薩以大悲爲業。若欲救度衆生。祇應願生三界。於五濁三塗中。救苦衆生。因何求生淨土。自安其生。捨離衆生。則是無大慈悲。專爲自利。障菩提道。二諸法無生疑。諸法體空。本來無生。平等寂滅。今乃捨此求彼。生西方彌陀淨土。豈不乖理哉。又經云。若求淨土。先淨其心。心淨故卽佛土淨。此云何通。三佛土平等疑。十方諸佛一切淨土。法性平等。功德亦等。行者普念一切功德。生一切淨土。今乃偏求一佛淨土。與平等性乖。云何生淨土。四偏念西方疑。等是念求生一佛淨土。何不十方佛土

---

378 『往生論』(T26, 231a).
379 여기까지는 『淨土十疑論』(X61, 675c)에 수록된 열 가지 의난疑難과 그에 대한 답변 중 의난에 해당하는 것만 모은 것이다. 『淨土指歸集』(X61, 404c)에 따르면 이상 열 가지 의난의 과목은 송나라 때 징욱 법사澄彧法師가 제시한 것이다.
380 양차공이 지은 『淨土十疑論序』(T47, 77b)에 나오는 말이다.

中。隨念一佛淨土。隨得往生。何須偏念彌陀佛耶。五具縛厚重疑。具縛凡夫。惡業厚重。一切煩惱。一毫未斷。西方淨土。出過三界。具縛凡夫。云何得生。六卽得不退疑。設令具縛凡夫。得生彼國。邪見三毒等常起。云何得生彼國。卽得不退。超過三界。七不求兜率疑。彌勒菩薩。一生補處。卽得成佛。上品十善。得生彼處。見彌勒菩薩。隨從下生。三會之中。自然而得聖果。何須求生西方淨土耶。八十念徃生疑。衆生無始以來。造無量業。今生一形。不逢善知識。又復作一切罪業。無惡不造。云何臨終十念成就。卽得徃生。出過三界。結業之事。云何可通。九劣弱人生疑。西方去此。十萬億佛刹。凡夫劣弱。云何可到。又徃生論云。女人及根缺。二乘種不生。既有此敎。當知女人及以根缺者。定必不得徃生。十作何行業疑。今欲決定求生西方。未知作何行業。以何爲種子。得生彼國。又凡夫俗人。皆有妻子。未知不斷淫欲。得生彼否。以上十種設疑以問。又一一論答明白。文繁不錄。楊次公云。大師援引聖言。開決羣疑。非法藏後身。不能至於是也。

십불념 十不念【『정토혹문淨土或問』】

열 가지의 사람은 목숨을 마칠 때에 염불하지 못한다.

첫째, 선우를 반드시 만나지 못하여 염불을 권할 수 있는 이치가 없는 것이다. 둘째, 질병의 고통이 몸을 얽어 정신이 혼미하고 성품이 어지러운 것이다. 셋째, 반신불수(偏風)로 말을 못하게 되어 이름을 부를 수 없는 것이다. 넷째, 정신없이 미쳐서 왔다 갔다 하는 상념(注想)을 이기기 어려운 것이다. 다섯째, 수재나 화재를 만나서 정성을 들일 겨를이 없는 것이다. 여섯째, 호랑이나 이리를 만나 놀라고 당황하여 어쩔 줄 모르는 것이다. 일곱째, 임종할 때에 악우가 도심道心을 파괴하는 것이다. 여덟째, 지나치게 많이 먹어 혼미한 상태에서 죽음에 이르는 것이다. 아홉째, 전쟁터에서 싸우다가 갑자기 죽는 것이다. 열째, 높은 바위에서 떨어져 몸과 목숨을 잃는 것이다.[381]

十不念【淨土或問】

有十種人。命終不剋念佛。一者善友未必相逢。無勸念之理。二者或疾苦纏身。神昏性亂。三者偏風失語。不得稱名。四者狂亂失心。注想難剋。五者或逢水火。不暇志誠。六者輒遇虎狼。驚惶倉卒。七者臨時惡友。破壞道心。八者飽食過多。昏迷致命。九者軍陣鬪戰。忽爾身亡。十者或墜高巖。傷中身命。

---

[381] 『淨土或問』(T47, 299c). 『釋淨土群疑論』 권5(T47, 59b)가 원래의 출처이고, 『淨土或問』은 이를 정리한 것이다. 낱낱의 글자는 오히려 『蓮宗寶鑑』(T47, 341c)과 일치한다.

십난 十難 【자운참주慈雲懺主 설】

오탁의 악한 세상에서는 도를 얻기 어렵고 정토에서는 수행하기 쉽다. 지금 사바세계의 열 가지 어려움으로 그것을 보이도록 하겠다.

첫째, 항상 부처님을 만나지 못한다. 삼계의 험악한 길에 부처님은 길잡이가 되지만 중생은 업이 무거워 태어나도 부처님을 만나지 못한다. 석가모니는 이미 멸도하고, 미륵보살은 아직 태어나지 않았으며, 현성賢聖은 숨어서 삿된 법이 더욱 치성하기 때문이다.

둘째, 설법을 듣지 못한다. 상계像季[382]에는 풍속이 경박하여 모든 언설은 오직 외도의 사악한 논만 말할 뿐이어서 바른 법을 듣지 못하기 때문이다.

셋째, 나쁜 벗에게 매인다. 사악한 짝이 이양利養을 희구하여 수행인을 부채질하고 유혹하여 악도에 떨어뜨리기 때문이다.

넷째, 마구니들이 마음을 괴롭히고 어지럽힌다. 96가지의 외도[383]와 악인들이 바른 법을 무너뜨리고 어지럽혀 수행자를 성취하지 못하게 하기 때문이다.

다섯째, 윤회가 그치지 않는다. 육취六趣를 순환함이 물을 긷는 도르래처럼 쉴 때가 없기 때문이다.

여섯째, 악취惡趣에서 도망치기 어렵다. 삼계를 왕래하며 업에 따라 과

---

[382] 상계像季 : 상법像法의 말기라는 뜻. 상법이란 불법이 유통되는 형태를 시대에 따라 셋으로 분류한 삼시三時 중 두 번째에 해당하는 것이다. 첫째는 정법 시대로 불법이 정상적으로 유포되는 시대이고, 둘째는 상법 시대로 교법이 있고 수행자도 있지만 수행하여 깨달음을 얻는 이는 많지 않은 시대이다. 셋째는 말법 시대로 교법이 있지만 수행하여 깨달음을 얻는 이는 없는 시대이다. '상계'는 상법의 끝이니 그 자체 말법과 같은 뜻으로 쓰이기도 한다.

[383] 96가지의 외도 : 주석자에 따라 달리 해석한다. 첫째, 96가지를 모두 불교와 전혀 무관한 외도라고 판정하는 것이다. 둘째, 95가지는 불교와 전혀 무관한 외도이고, 나머지 하나는 소승의 부파로서 대승의 입장에서 폄칭하는 뜻으로 외도라고 한다는 것이다.

보를 받으니 천상에 태어나더라도 나쁜 세계로 추락함을 벗어나지 못하기 때문이다.

일곱째, 번뇌의 인연이 도에 장애가 된다. 번뇌의 끄달림에 사로잡혀 출세법에 장애가 되기 때문이다.

여덟째, 수명이 짧다. 인생 100세 중에 요절하거나 비명횡사하는 이는 많고 시간은 신속하여 보살의 대도를 완전히 이루기 어렵기 때문이다.

아홉째, 수행에 물러남이 있다. 이 땅에서의 수행은 견사혹見思惑을 끊어야 물러나지 않는 지위에 도달하는데 초심의 수행자는 물러나 떨어짐을 면하지 못하기 때문이다.

열째, 진겁塵劫이 흘러도 이루기 어렵다. 대통불大通佛[384]이 세상에 계실 때 법을 들은 무리가 대승에서 물러나고 소승에 집착하여 진점겁塵點劫[385]이 지나도록 성문의 지위에 머물렀던 것처럼[386] 비록 오랜 시간이 지나도

---

[384] 대통불大通佛 : 갖추어서 대통지승불大通智勝佛이라 한다. 과거세에 『法華經』을 설하신 부처님. 천태종에서는 『法華經』을 이금당已今當(과거·현재·미래) 삼설三說의 경전이라고 하여 교상판석敎相判釋에서 가장 뛰어난 위치에 배대하였는데, 대통지승불과 연등불然燈佛이 바로 과거에 『法華經』을 이미 설한(已說) 부처님이다. 『法華經』 권3(T9, 22b19)에 따르면 그 수명은 540만억 나유타겁인데, 10소겁 만에 정각을 이루었고, 『法華經』을 강설한 후 8만 4천 겁 동안 선정에 들었으며, 그 가르침을 받은 열여섯 명의 사미가 『法華經』을 강설했는데, 부처님께서 열반에 드신 후에도 역시 그렇게 하였다.

[385] 진점겁塵點劫 : 극히 오랜 시간을 표현하는 말로 『法華經』에 의하면 두 가지의 진점겁이 있다. 첫째는 삼천 진점겁이다. 삼천대천세계를 모두 갈아서 먹물을 만들고, 일천 국토를 지나갈 때마다 티끌만큼의 먹물 한 방울을 떨어뜨려서 그 먹물이 다 없어졌을 때 그 지나온 국토를 모두 모아 부수어 티끌을 만들고, 그 티끌 하나를 1겁으로 세어 그 수효를 모두 계산하는 수이다. 둘째는 오백 진점겁이다. 오백천만억 나유타 아승기의 삼천대천세계를 부수어 티끌을 만들고 오백천만억 나유타 아승기의 국토를 지나갈 때마다 티끌 하나씩을 떨어뜨리곤 하여 티끌이 다 없어졌을 때에 지나온 국토를 모두 모아 부수어 티끌을 만들고 티끌 하나를 1겁으로 세어 그 수효를 모두 계산하는 것이다.

[386] 『法華經』 권3 「化城喩品」(T9, 22a)에서 "석가모니불이 말씀하셨다. '대통지승불이 진점겁 이전의 오랜 과거에 소승법으로 중생을 인도하고 대승법인 『法華經』을 설하여 인도하였다. 그때 대통지승불이 출가하기 이전에 두었던 16명의 아들이 모두 출가하

대승의 도를 이루지 못하기 때문이다.[387]

十難【慈雲懺主說】

五濁得道爲難。淨土修行則易。今以娑婆十難示之。一不常値佛。三界險道。佛爲導師。衆生業重。生不値佛。釋迦已滅。彌勒未生。賢聖隱伏。邪法增熾故。二不聞說法。像季澆漓。所有言說。惟談外道邪惡之論。不聞正法故。三惡友牽纏。邪惡伴侶。希求利養。扇惑行人。墮惡道故。四羣魔惱亂。九十六種外道惡人。壞亂正法。使修行者。不成就故。五輪廻不息。循環六趣。如汲井輪。無休息故。六難逃惡趣。徃來三界。隨業受報。雖生天上。未免淪墜故。七塵緣障道。汩沒塵勞。爲出世法之障礙故。八壽命短促。人生百歲。夭橫者多。光陰迅速。菩薩大道難成辦故。九修行退失。此土修行。斷見思惑。方能不退。初心行人。未免退墮故。十塵劫難成。如大通佛世。聞法之徒。退大執小。經塵點劫。住聲聞地。雖涉長時。未成大道故。

였고 그 법을 듣고 깨달음을 얻었다. 나 석가모니불도 전생에 그 16명의 아들 중 한 명이었다. 우리 16명의 아들은 한량없는 중생을 교화하였고, 그들은 우리에게 이 법을 들었다. 이 중생들로서 지금 성문의 지위에 있는 이도 내가 항상 아뇩다라삼먁삼보리법으로 교화하였다. 이 사람들은 응당 이 법으로 점차 불도에 들어갈 것이다. 왜냐하면 여래의 지혜는 믿기 어렵고 이해하기 어렵기 때문이다. 그때 교화한 한량없는 갠지스강의 모래알처럼 많은 중생은 너희 비구들과 내가 멸도한 뒤 미래세에 태어날 성문 제자가 그들이다."라고 한 것을 함축적으로 서술한 것이다. 곧 대통지승불 시대에 석가모니불이 사미보살로서 설법해 주었던 대중이, 석가모니불께서 성불한 시대, 곧 진점겁이 지난 그 시기에도 여전히 성문의 지위에 머물러서 다시 설법을 듣게 되었음을 나타내는 말이다.

387 『淨土指歸集』 권상(X61, 378a).

십난신 十難信 【연지 대사蓮池大師 설】

정토를 믿기 어려운 법이라고 하는데, 믿기 어렵다고 말하는 것에 열 가지가 있다.

지금 예토에 살면서 습기가 오래되어 마음에 편히 여기고 얼핏 저 나라의 청정한 장엄을 들으면 그런 일이 없다고 의심하니, 이것이 믿기 어려운 첫 번째이다.

설령 저 나라를 믿더라도 시방세계에 있는 불국토에 모두 왕생할 수 있는데 무엇 때문에 반드시 극락에 태어나겠는가 의심하니, 이것이 믿기 어려운 두 번째이다.

설령 왕생하는 것을 믿더라도 사바세계는 극락에서 십만억 찰토나 떨어져 있는데 어떻게 아주 먼 데도 저곳에 왕생할 수 있을까 의심하니, 이것이 믿기 어려운 세 번째이다.

설령 멀지 않다고 믿더라도 박지博地[388]의 범부는 죄의 장애가 몹시 무거운데 어떻게 갑자기 저 나라에 왕생할까 의심하니, 이것이 믿기 어려운 네 번째이다.

설령 왕생을 믿더라도 이 정토에 태어나는 데는 반드시 기묘한 법문과 다양한 공행功行이 있어야만 하는데 어찌 명호만을 지닌다고 하여 왕생할까 의심하니, 이것이 믿기 어려운 다섯 번째이다.

설령 명호만 지니면 된다는 것을 믿더라도 이 명호를 지니는 것은 반드시 여러 해와 겁을 지나야 성취할 수 있는데 어떻게 하루나 이레 만에 저곳에 왕생할 수 있을까 의심하니, 이것이 믿기 어려운 여섯 번째이다.

---

388 박지博地 : 범부를 형용하는 말. 범부의 숫자가 많기 때문에 이렇게 부른다. 혹은 박지薄地라고 하는데, 이는 하열한 지위에 있음을 나타낸다. 어떤 곳에서는 본문의 '博'은 '縛'이라고 하였는데, 박지縛地라고 할 때에는 구박具縛과 같은 의미이다.

설령 이레에 왕생한다는 것을 믿더라도 칠취七趣[389]에서 생을 받아 태생胎生·난생卵生·습생濕生·화생化生을 떠나지 못하는데 어떻게 저 나라에서 모두 다 연꽃 위에 화생할까 의심하니, 이것이 믿기 어려운 일곱 번째이다.

설령 연꽃에 태어난다는 것을 믿더라도 처음 보리심을 일으켜 도에 들어간 이는 물러나는 연에 많이 관계하는데 어떻게 한번 저 나라에 태어나면 불퇴전의 지위를 얻을까 의심하니, 이것이 믿기 어려운 여덟 번째이다.

설령 물러나지 않는 지위를 얻는다는 것을 믿더라도 이는 둔한 근기의 중생을 인접하는 것으로 뛰어난 지혜를 가진 예리한 근기의 중생은 반드시 저곳에 태어나지 않는다고 의심하니, 이것이 믿기 어려운 아홉 번째이다.

설령 예리한 근기의 중생이 왕생한다는 것을 믿더라도 다른 경에서 혹은 부처가 있다고 설하고 혹은 부처가 없다고 설하며 혹은 정토가 있다고 하고 혹은 정토가 없다고 하며 여러 가지로 의심하면서 결정을 내리지 못하였다고 의심하니, 이것이 믿기 어려운 열 번째이다.

지금 이런 세상에서 이런 법을 연설함은 벌거숭이 나라에 들어가 위의威儀를 베풀어 보이고 타고난 장님을 마주하여 검은색과 흰색을 가리키는 것과 같으니, 이것을 어려움이라 하고, 이것을 이타공덕利他功德은 불가사의하다고 한다.[390]

十難信【蓮池大師說】

淨土爲難信之法。言難信者有十。今居穢土。習久心安。乍聞彼國淸淨莊嚴。疑無此事。難信一也。縱信彼國。又疑十方佛刹。皆可往生。何必定生極樂。難信二也。縱信當生。又疑娑婆之去極樂。十萬億刹。云何極遠而得

---

389 칠취七趣: 생사윤회의 세계를 일곱 가지로 나눈 것. 지옥취地獄趣·아귀취餓鬼趣·축생취畜生趣·인취人趣·신선취神仙趣·천취天趣·아수라취阿修羅趣를 말한다.
390 『阿彌陀經疏鈔』권4(X22, 680c).

徃彼。難信三也。縱信不遠。又疑博地凡夫。罪障深重。云何遽得徃生彼國。難信四也。縱信得生。又疑生此淨土。必有奇妙法門。多種功行。云何但持名號。遂得徃生。難信五也。縱信持名。又疑持此名號。必須多歷年劫。乃克成就。云何一日七日。便得生彼。難信六也。縱信七日得生。又疑七趣受生。不離胎卵濕化。云何彼國悉是蓮華化生。難信七也。縱信蓮生。又疑初心入道。多涉退緣。云何一生彼國。便得不退。難信八也。縱信不退。又疑此是接引鈍機衆生。上智利根。不必生彼。難信九也。縱信利根亦生。又疑他經。或說有佛。或說無佛。或有淨土。或無淨土。狐疑不決。難信十也。今於此世。演說此法。是猶入躶形之國。宣示威儀。對生盲之人。指陳黑白。此之謂難。此之謂利他功德不可思議也。

십실 十失【정토지귀집淨土指歸集】

수행에 정진하는 것을 수긍하지 않는 장애가 무거운 사람에게 열 가지 과실이 있다.

첫째, 부처님의 말씀을 믿지 않는다. 둘째, 성스러운 가르침을 따르지 않는다. 셋째, 인과를 믿지 않는다. 넷째, 자기의 신령을 중시하지 않는다. 다섯째, 더 높은 계위로 올라갈 것을 추구하지 않는다. 여섯째, 선우를 가까이하지 않는다. 일곱째, 해탈을 추구하지 않는다. 여덟째, 윤회를 달게 받아들인다. 아홉째, 악도를 두려워하지 않는다. 열째, 마구니의 무리와 즐겨 함께한다.[391]

十失【淨土指歸集】

障重之人不肯進修者。有十種失。一者不信佛言。二者不遵聖敎。三者不信因果。四者不重己靈。五者不求升進。六者不親善友。七者不求解脫。八者甘受輪迴。九者不畏惡道。十者甘同魔類。

---

391 『淨土指歸集』 권하(X61, 399c).

십종장엄 十種莊嚴 【『예념미타도량참법禮念彌陀道場懺法』³⁹²】

첫째, 법장이 서원을 일으키고 인因을 닦은 것으로 장엄하였다.

둘째, 마흔여덟 가지 서원을 세우고 서원의 힘으로 장엄하였다.

셋째, 아미타불의 명호에 갖추어진 수명과 광명으로 장엄하였다.

넷째, 세 분의 대사大士³⁹³가 보배와 같은 형상을 지닌 것을 관상한 것으로 장엄하였다.

다섯째, 아미타불 국토의 지극한 즐거움으로 장엄하였다.

여섯째, 맑고 깨끗한 보배 강물에 공덕수가 흐르는 것으로 장엄하였다.

일곱째, 생각대로 보배 궁전과 누각이 이루어지는 것으로 장엄하였다.

여덟째, 밤과 낮의 시간이 길고 오래가는 것으로 장엄하였다.

아홉째, 스물네 가지 즐거움³⁹⁴이 있는 청정한 국토로 장엄하였다.

열째, 서른 가지 이익³⁹⁵의 공덕으로 장엄하였다.

이상 경전에서 말한 것과 같은 극락의 장엄은 불가사의하고 뛰어나고 오묘한 경계로서 시방정토와 모든 천왕의 궁전 중에 견줄 수 있는 것이 없다. 그러므로 우리들은 일체중생과 저 나라에 태어나 함께 일체 장엄을

---

392 『예념미타도량참법禮念彌陀道場懺法』: 금나라 때 왕자성王子成이 찬집하였다. 줄여서 『彌陀懺法』이라고도 한다.
393 세 분의 대사大士 : 아미타불과 협시보살인 관세음보살과 대세지보살을 가리킨다.
394 스물네 가지 즐거움 : 『彌陀懺法』(X74, 101c)의 세주에서 "『安國鈔』"에서 말하였다. '극락에는 스물네 가지 즐거움이 있다. 첫째는 난간을 둘러 방호하는 즐거움이고, 둘째는 보배 그물이 허공에 펼쳐진 즐거움이다.……스물네 번째는 성문이 보리심을 일으키는 즐거움이다.'(安國鈔云。所言極樂者。有二十四樂。一欄楯遮防樂。二寶網羅空樂。……二十四聲聞發心樂。)"라고 하였다.
395 서른 가지 이익 : 『彌陀懺法』(X74, 101c)의 세주에서 "『群疑論』"에서 말하였다. '서방 정토에 서른 가지 이익이 있다. 첫째는 청정한 불국토를 수용하는 이익이고, 둘째는 큰 법의 즐거움을 얻는 이익이다.……서른째는 나라연의 몸을 얻는 이익이다.'(群疑論云。西方淨土有三十種益。一受用清淨佛土益。二得大法樂益。……三十得那羅延身益。)"라고 하였다.

수용하여 쾌락이 다함이 없으며, 영원히 청정함을 얻어 길이 사취四趣[396]를 떠나며, 아미타불을 대면하여 모시고 친히 수기를 받들며, 육도六度와 사등四等[397]을 갖추어 행하지 않음이 없으며, 사변재四辯才[398]를 갖추고 부처님의 십력十力을 얻으며, 상호로 몸을 장엄하여 신통에 걸림이 없으며, 금강심金剛心[399]에 들어가 등정각等正覺을 이루기를 원해야 한다.[400]

---

396 사취四趣 : 윤회의 세계를 여섯 가지로 나눈 것 중 하위의 네 가지 세계. 곧 아수라·축생·아귀·지옥을 가리킨다.

397 사등四等 : 부처님과 보살이 한량없는 중생을 제도하기 위해 갖추어야 할 네 가지 정신. 사무량심四無量心이라고도 한다. 첫째, 자무량慈無量(⑤ maitrī-apramāṇa)이니, 무량한 중생을 대상으로 그들이 즐거움(樂)을 얻도록 하는 법을 사유하며, 자등지慈等至로 들어가는 것을 말한다. 둘째, 비무량悲無量(⑤ karuṇā-apramāṇa)이니, 무량한 중생을 대상으로 그들이 괴로움을 벗어나도록 하는 법을 사유하며, 비등지悲等至로 들어가는 것을 말한다. 셋째, 희무량喜無量(⑤ muditā-apramāṇa)이니, 무량한 중생이 괴로움을 벗어나 즐거움을 얻고 내심 깊이 희열을 느낀다고 사유하며, 희등지喜等至로 들어가는 것을 말한다. 넷째, 사무량捨無量(⑤ upekṣā-apramāṇa)이니, 무량한 중생이 모두 평등하고 멀거나 가까운 등의 차별이 없다고 사유하며, 사등지捨等至로 들어가는 것이다.

398 사변재四辯才 : 자유자재하고 걸림이 없는 네 가지 언어능력. 제9지인 선혜지善慧地(미묘한 사무애해를 성취하여 시방에 두루 미치도록 뛰어나게 법을 설하는 지위)에서 성취하는 지혜로 간주된다. 첫째, 법변法辯은 명신名身(단어)·구신句身(문장)·문신文身(낱낱의 글자) 등을 소연所緣(대상)으로 하는 걸림이 없는 지혜를 가리킨다. 둘째, 의변義辯은 소전所詮(언어에 담겨진 뜻)의 의義(의미)를 소연으로 하는 걸림이 없는 지혜를 가리킨다. 셋째, 사변辭辯은 모든 종류의 언사를 소연으로 하는 걸림이 없는 지혜를 가리킨다. 넷째, 변무애변無礙辯은 응변應辯이라고도 하며 바른 이치에 의거하여, 중생의 근기에 맞추어, 걸림이 없이 자유자재하게 설법할 수 있는 지혜를 가리킨다.

399 금강심金剛心 : 금강유정金剛喩定·금강정金剛定·금강삼매金剛三昧·정삼매頂三昧라고도 한다. 금강이 견고하여 다른 것을 깨뜨리는 것과 같이 모든 번뇌를 끊어 없애는 선정을 말한다. 이 선정은 성문·보살들이 수행을 마치고 맨 마지막 번뇌를 끊을 때에 드는 것이다. 소승은 아라한과를 얻기 전에 유정지有頂地의 제9품 혹惑을 끊는 선정을 말하고, 대승은 제10지 보살이 마지막으로 조금 남은 구생소지장俱生所知障과 저절로 일어나는 번뇌장 종자를 한꺼번에 끊고 불지佛地에 들어가기 위하여 드는 선정을 말한다. 천태종에서는 등각等覺보살이 원품무명元品無明을 끊고 묘각妙覺을 증득하기 위하여 드는 선정을 말한다.

400 『禮念彌陀道場懺法』(X74, 97c).

十種莊嚴【禮念彌陀道場懺法】

一曰。法藏誓願修因莊嚴。二曰。四十八願願力莊嚴。三曰。彌陀名號壽光莊嚴。四曰。三大士觀寶像莊嚴。五曰。彌陀國土極樂莊嚴。六曰。寶河清淨德水莊嚴。七曰。寶殿如意樓閣莊嚴。八曰。晝夜長遠時分莊嚴。九曰。二十四樂淨土莊嚴。十曰。三十種益功德莊嚴。以上如經所說。極樂莊嚴。不可思議勝妙境界。十方淨土。諸天王宮。無能比者。是故我等與一切衆生。願徃彼國。同得受用一切莊嚴。無盡快樂。永得清淨。長辭四趣。面奉彌陀。親承授記。六度四等。無不備行。具四辯才。得佛十力。相好嚴身。神通無礙。入金剛心。成等正覺。

십원 十願 『삼시계념의범 三時繫念儀範』[401]

본사本師 아미타불께 귀의하옵나니, 제가 영원히 삼악도를 떠날 것을 원하나이다.

본사 아미타불께 귀의하옵나니, 제가 항상 불·법·승을 듣기를 원하나이다.

본사 아미타불께 귀의하옵나니, 제가 항상 계·정·혜를 부지런히 닦기를 원하나이다.

본사 아미타불께 귀의하옵나니, 제가 항상 탐·진·치를 꿰뚫어 보기를 원하나이다.

본사 아미타불께 귀의하옵나니, 제가 항상 모든 부처님을 따라 배우기를 원하나이다.

본사 아미타불께 귀의하옵나니, 제가 항상 보리심에서 물러나지 않기를 원하나이다.

본사 아미타불께 귀의하옵나니, 제가 결정코 안양安養에 태어나길 원하나이다.

본사 아미타불께 귀의하옵나니, 제가 속히 아미타불을 뵙기를 원하나이다.

본사 아미타불께 귀의하옵나니, 제가 몸을 나눠 티끌 같은 국토에 두루 나타나기를 원하나이다.

본사 아미타불께 귀의하옵나니, 제가 널리 모든 중생을 제도하길 원하나이다.

---

401 『삼시계념의범三時繫念儀範』: 남송 말 원나라 초기 중봉中峰이 찬집하였다. 중봉의 이름은 명본明本, 호는 환주幻住, 시호는 보응국사普應國師이다.

열 가지 원은 넓고 깊어 헤아릴 수 없으니
마음마다 생각마다 널리 선양하라
아미타불께서 서원을 품었으니 끝내 틀림없이 도달하고
네 가지 색깔의 연꽃이 온 세계에 향기를 퍼뜨리리.

애욕의 강은 아득하여 끝없이 넓으니
육근六根을 견고하게 묶어야 하리라
한마음으로 보리 언덕에 붙들어 매면
발을 들어 반야의 배에 높이 오르리라.

한마음으로 염불하고 주저하지 말라
인생에 가는 길이 많음을 탄식하노니
급급히 아미타불을 부르고 생각하여
한시라도 애욕의 강에 빠지지 말라.

아미타불 한 구절을 스스로 주장하라
헤아릴 만한 한 가지 법도 따로 없나니
분명하게 집으로 돌아갈 길을 곧장 가리키면
네 부류의 대중이 함께 대각의 마당에 오르리라.

아미타불 한 구절을 화두로 삼아
그것만 붙들고 따로 참구하지 말라
공부가 투철해지면 진흙 덩어리 무너지고
철불이 온몸에 땀을 흘리리라.

아미타불 한 구절은 뛰어난 좌선이라

한 소리가 끝나지 않았는데 다음 소리 이어져
마음마다 생각마다 공부가 이루어지면
있는 곳마다 서방의 극락천이리라.

아미타불은 불법의 왕이시라
애욕의 강물에 배가 되어
한마음으로 가라앉은 무리 건져 내어
모두 서방 극락국에 이르길 원하신다네.[402]

十願【三時繫念儀範】

南無本師阿彌陀。願我永離三惡道。南無本師阿彌陀。願我常聞佛法僧。南無本師阿彌陀。願我勤修戒定慧。南無本師阿彌陀。願我識破貪嗔癡。南無本師阿彌陀。願我恒隨諸佛學。南無本師阿彌陀。願我不退菩提心。南無本師阿彌陀。願我決定生安養。南無本師阿彌陀。願我速見彌陀佛。南無本師阿彌陀。願我分身徧塵刹。南無本師阿彌陀。願我廣度諸衆生。

十願弘深不可量　心心念念廣宣揚
彌陀有願終須到　四色蓮花徧界香
愛河渺渺廣無邊　六根繩纜要牢堅
一心繫著菩提岸　擧步高登般若船
一心念佛莫蹉跎　堪歎人生去路多
急急稱念彌陀佛　莫把光陰溺愛河
一句彌陀自主張　別無一法可思量
明明直指歸家路　四衆同登大覺場
一句彌陀作話頭　單提不用別叅求

---

[402] 『三時繫念儀範』(X74, 68b). 문장이 꼭 일치하지는 않는다.

工夫徹透泥團破　鐵佛通身也汗流
一句彌陀勝坐禪　一聲未了一聲連
心心念念工夫到　在在西方極樂天
阿彌陀佛法中王　愛河浪裏作舟航
一心願度沈淪輩　盡到西方極樂邦

십업 十業 『만선동귀집萬善同歸集』

무릇 선과 악이라는 두 가지 수레바퀴와 괴로움과 즐거움이라는 두 가지 과보는 모두 삼업三業이 지은 것이고 사연四緣[403]이 낳은 것이며, 육인六因[404]이 이룬 것이고 오과五果[405]가 거두는 것이다.

만일 한 번이라도 마음에 성내거나 삿된 음행이 일어나면 바로 지옥의 업이며, 인색하고 탐욕스러워 베풀지 않으면 아귀의 업이며, 어리석어 어둠에 가리면 축생의 업이며, 교만하여 우쭐대면 아수라의 업이며, 오계五戒를 굳게 지니면 사람의 업이며, 십선十善을 정밀히 닦으면 하늘의 업이며, 인공人空을 증득하여 깨달으면 성문聲聞의 업이며, 연을 알아 성품이 여의면 연각緣覺의 업이며, 육바라밀(六度)을 가지런히 닦으면 보살의 업이며, 참된 자비가 평등하면 부처의 업이다.

만일 마음이 깨끗하면 향기로운 누대와 보배 나무가 늘어선 정토에 화생化生하며, 마음이 더러우면 언덕과 구덩이가 가득한 예토에 태어난다. 이는 모두 지은 대로 받는 과보이고 강력한 연을 감한 것이니, 자기 마음

---

403 사연四緣 : 모든 법이 생기하기 위하여 의지해야 하는 연緣(원인)을 네 가지로 분류한 것. 첫째, 인연因緣은 일체의 유위법有爲法 가운데 자신의 과를 직접적으로 일으킬 수 있는 것이다. 예를 들면 보리의 종자에서 보리가 나고 벼의 종자에서 벼가 나는 것과 같다. 둘째, 등무간연等無間緣은 마음과 마음작용이 생기하는 것이다. 앞의 생각으로 말미암아 뒤의 생각이 일어나고 생각마다 상속하여 간격이 있지 않은 것이다. 곧 앞의 생각이 뒤의 생각의 연이 된다. 셋째, 소연연所緣緣은 마음과 마음작용의 대상을 원인으로 삼는 것이다. 마음과 마음작용이 결과를 낳을 때 마음과 마음작용의 대상이 되는 것을 소연연이라고 한다. 넷째, 증상연增上緣은 앞의 세 가지 연 이외에 일체법이 생기하는 원인이 되는 것을 가리킨다.

404 육인六因 : 모든 법이 생기하기 위하여 의지해야 하는 인因을 여섯 가지로 분류한 것. 여섯 가지는 능생인能生因(能作因)·구유인俱有因·동류인同類因·상응인相應因·변행인遍行因·이숙인異熟因이다.

405 오과五果 : 여섯 가지 원인에 의해 생겨난 것과 도력道力에 의해 증득한 유위와 무위의 과를 다섯 가지로 분류한 것. 다섯 가지는 이숙과異熟果·등류과等流果·이계과離繫果·사용과士用果·증상과增上果이다.

의 근원을 떠나면 다시 다른 바탕이 없기 때문이다.[406]

十業【萬善同歸集】

夫善惡二輪。苦樂二報。皆三業所造。四緣所生。六因所成。五果所攝。若一念心嗔恚邪婬。卽地獄業。慳貪不施。卽餓鬼業。愚癡暗蔽。卽畜生業。我慢貢高。卽修羅業。堅持五戒。卽人業。精修十善。卽天業。證悟人空。卽聲聞業。知緣性離。卽緣覺業。六度齊修。卽菩薩業。眞慈平等。卽佛業。若心淨。卽香臺寶樹淨刹化生。心垢則邱陵坑坎穢土稟質。皆是等倫之果。能感增上之緣。離自心源。更無別體。

---

406 『萬善同歸集』 권상(T48, 968c).

십이광十二光 [『대아미타경大阿彌陀經』[407]]

아미타불의 광명에 열두 가지 호칭이 있으니, 무량광불無量光佛·무변광불無邊光佛·무애광불無礙光佛·무대광불無對光佛·염왕광불焰王光佛·청정광불淸淨光佛·환희광불歡喜光佛·지혜광불智慧光佛·부단광불不斷光佛·난사광불難思光佛·무칭광불無稱光佛·초일월광불超日月光佛이다.

저 부처님의 광명은 시방세계의 국토를 비추는 데 걸림이 없다. 어떤 중생이 이 빛을 만난다면 삼구三垢[408]가 소멸하고 몸과 마음이 유연해지며 뛸 듯이 기뻐하고 착한 마음이 생겨난다. 만일 삼악도의 괴로운 곳에서 이 광명을 보면 모두 휴식을 얻고 목숨을 마친 뒤에는 모두 해탈을 얻는다.

어떤 지옥에 있는 죄인이 세상에 있을 때에 『미타왕생경彌陀往生經』의 가르침을 읽은 적이 있어 숙세의 인연과 과보를 조금 알았는데, 이 광명을 보고 마음 속으로 묵묵히 생각하기를 '우리들이 고통을 받는 것은 모두 이전 세상에서 죄업을 지어서 이런 고통의 과보를 불러 온 것이다. 삼악도에서 헤아릴 수 없는 해를 지나도록 항상 깜깜한 밤이고 이런 빛이 없었는데, 이는 반드시 서방의 아미타불께서 광명을 놓아 우리를 구제하시려는 것이다.'라고 하고, 지극한 마음으로 바르게 나무아미타불을 염송

---

407 『대아미타경大阿彌陀經』: 두 가지가 있다. 첫째, 오吳나라 지겸支謙이 한역한 『阿彌陀三耶三佛薩樓佛檀過度人道經』의 다른 이름이다. 둘째, 송나라 때 왕일휴王日休가 1160년(소흥 30)부터 1162년(소흥 32)까지 교정하고 편집하였다. 『無量淸淨平等覺經』(지루가참 역), 『無量壽經』(강승개 역), 『阿彌陀經』(지겸 역), 『無量壽莊嚴經』(법현 역)의 네 가지 본을 비교하여 정리한 것으로 범본에 입각하여 번역한 것은 아니다. 『淨土紺珠』에서 인용한 글을 보면 본서에서 말하는 『大阿彌陀經』은 후자를 가리키는 것으로 보인다. 혹은 그 문장 자체가 『無量壽經』과 더 일치하는 것에 따르면 『無量壽經』을 가리키는 것으로 보인다.

408 삼구三垢: 구는 번뇌의 다른 이름. 삼구는 탐욕貪欲·진에瞋恚·우치愚癡를 말한다.

하되 소리가 끊어지지 않도록 하여 십념을 구족하면 가쇄枷鏁[409]에서 벗어나고 아미타불께서 이끌어서 허공을 타고 가서 곧 서방정토에 왕생한다.[410·411]

十二光【大阿彌陀經】

阿彌陀佛光明有十二號。無量光佛。無邊光佛。無礙光佛。無對光佛。焰王光佛。淸淨光佛。歡喜光佛。智慧光佛。不斷光佛。難思光佛。無稱光佛。超日月光佛。彼佛光明。照十方國。無所障礙。若有衆生。遇斯光者。三垢消滅。身心柔軟。歡喜踊躍。善心生焉。若在三塗勤苦之處。見此光明。皆得休息。壽終之後。皆蒙解脫。有一地獄罪人。在世之日。曾讀彌陀徃生經敎。稍知宿命因緣果報。覩此光明。心中默念。我等受苦。皆因前世造諸罪業。招此苦報。於三塗經無數載。冥冥長夜。應無此光。必是西方極樂阿彌陀佛。所放光明。救度於我。志心正念南無阿彌陀佛。令聲不絶。具足十念。枷鏁解脫。彌陀接引。乘空而去。卽得徃生西方淨土。

---

409 가쇄枷鏁 : 죄수의 목에 씌운 칼과 발목에 채운 쇠사슬을 말한다.
410 『彌陀懺法』(X74, 119a).
411 이상은 『大阿彌陀經』(T12, 331b) 혹은 『無量壽經』(T12, 270a)의 내용을 정리한 것으로 보인다. 그 문장은 『彌陀懺法』에 수록된 것과 일치한다.

십이원十二願【『계념의범繫念儀範』】

안양에 태어나고자 한다면 반드시 발원에 기대야 한다. 만일 발원하지 않는다면 무엇에 기대어 왕생하겠는가? 그러므로 지극한 마음으로 다음과 같이 발원한다.

"저의 환영 같은 몸에 질병의 고통이 없기를 원합니다. 삼악도와 팔난八難[412]에서 벗어나길 원합니다. 전생의 모든 업장을 소멸하길 원합니다. 번뇌의 육정근六情根[413]을 없애길 원합니다. 몸이 삿되고 바르지 않은 감촉(觸)에 물들지 않기를 원합니다. 사바세계의 오탁의 경계에서 벗어나길 원합니다. 제가 부지런히 닦아 물러나지 않기를 원합니다. 여래의 해탈문에 들어가기를 원합니다. 목숨을 마칠 때에 정신이 어지럽지 않기를 원합니다. 화신불께서 다 와서 맞이하기를 원합니다. 아미타불을 받들고 뭇 성인들을 만나길 원합니다. 금강불괴신金剛不壞身[414]을 증득하길 원합니다."[415]

---

412 팔난八難 : 성도聖道의 성취를 장애하는 여덟 가지 재난을 가리킨다. 첫째는 지옥에 태어나는 것이고, 둘째는 아귀로 태어나는 것이며, 셋째는 축생으로 태어나는 것이고, 넷째는 맹인·농아 등으로 태어나는 것이며(비록 부처님이 계시는 곳에 태어난다고 해도 감각 기관이 온전하지 않아 부처님을 친견하거나 불법을 들을 수 없기 때문임), 다섯째는 세속적인 것에 대한 지혜가 밝고 총명한 것이며(오직 외도의 경전을 배울 뿐 출세간의 정법인 불법은 믿지 않기 때문임), 여섯째는 부처님이 세상에 출현하기 이전이나 부처께서 열반에 드신 이후의 세상에 태어나서 부처님을 친견할 수 없는 것이며, 일곱째는 북구로주北俱盧洲에 태어나서 부처님을 친견할 수 없는 것이며, 여덟째는 무상천無想天에 태어나서 부처님을 친견할 수 없는 것이다.
413 육정근六情根 : 여섯 가지의 감각 기관 혹은 인식 능력. 육근六根·육정六情이라고도 한다. 육경六境을 감지하는 기관으로 여섯 가지는 안근眼根·이근耳根·비근鼻根·설근舌根·신근身根·의근意根이다.
414 금강불괴신金剛不壞身 : 금강처럼 단단하여 부서지지 않는 몸이라는 뜻으로 불신佛身을 말한다.
415 『繫念儀範』(X74, 64b).

十二願【繫念儀範】

欲生安養。須憑發願。若不發願。憑何往生。故志心發願云。願我幻身無疾苦。願脫三塗八難門。願滅宿生諸業障。願除煩惱六情根。願身不染邪非觸。願出娑婆五濁塵。願我勤修不退轉。願入如來解脫門。願命終時神不亂。願得化佛盡來迎。願奉彌陀值衆聖。願證金剛不壞身。

십이부사의 十二不思議【『귀원직지歸元直指』】

저 아미타불 국토는 부사의광명不思議光明·부사의수량不思議壽量·부사의자비不思議慈悲·부사의원력不思議願力·부사의신통不思議神通·부사의지혜不思議智慧·부사의삼매不思議三昧·부사의변재不思議辯才·부사의분신不思議分身·부사의설법不思議說法·부사의도생不思議度生·부사의의정이엄不思議依正二嚴 등을 비롯하여 여러 가지를 구족하였다.

너희들은 지금 그것을 구족하였느냐, 구족하지 못하였느냐? 만일 구족하지 못하였다면 빨리 지극한 정성으로 부처님께 예배하고 염불하여 정토에 태어나길 구해야 한다. 무슨 까닭이냐? 치우친 가르침에 집착하여 미혹에 빠져 수행하는 이는 절름발이가 육로를 다닐 때에 하루에 몇 리를 넘지 못하는 것과 같다. 예념禮念하여 왕생함은 배를 타고 수로에 들었는데 순풍까지 불어 주어 잠깐 사이에 천 리에 이르는 것과 같다. 또 못난 사내가 전륜왕을 따라 하루에 사천하를 두루 다니는데 자신의 힘이 아니라 전륜왕의 힘 때문인 것과 같다. 또 세상 사람들이 관청에 의해 어려움을 겪을 때에 스스로 벗어날 힘이 없다면 반드시 힘이 있는 사람의 도움을 빌려야 하고, 어떤 사람이 무거운 물건을 끌 때에 자신의 힘으로 감당할 수 없으면 반드시 여러 사람들의 힘을 빌려야 이동할 수 있는 것처럼 예념하여 정토에 태어나길 구하는 것도 이와 같다.[416]

十二不思議【歸元直指】

彼阿彌陀佛國土。不思議光明。不思議壽量。不思議慈悲。不思議願力。不思議神通。不思議智慧。不思議三昧。不思議辯才。不思議分身。不思議說法。不思議度生。不思議依正二嚴。種種具足。汝等今具足乎。未具足乎。

---

[416] 『歸元直指集』(X61, 474c).

若其未也。速須至誠禮佛念佛。求生淨土。何則。執偏迷而修者。如跛足人行陸路。一日不過數里。禮念徃生。如乘船入水路。加以風順。須臾便到千里。亦如劣夫。從轉輪王。一日一夜。周行四天下。非是自力。輪王力也。又如世人在官難中。若自無力得脫。須假有力之人救拔。若人牽拽重物。自力不任。須假衆他之力。方能移動。禮念求生淨土。亦復如是。

십이력 十二力 『연종보감蓮宗寶鑑』

정업을 닦는 이는 부처님의 원력에 의탁하고 부처님의 보배로운 상호를 경계로 삼아 관찰한다. 만약 어떤 사람이 제왕을 가까이 따른다면 누가 감히 그를 범하겠는가? 더구나 아미타불은 큰 자비의 힘이 있으며, 큰 서원의 힘이 있으며, 큰 지혜의 힘이 있으며, 큰 삼매의 힘이 있으며, 큰 위신의 힘이 있으며, 큰 삿됨을 무너뜨리는 힘이 있으며, 큰 악마를 항복시키는 힘이 있으며, 천안天眼으로 멀리 보는 힘이 있으며, 천이天耳로 멀리 듣는 힘이 있으며, 다른 사람의 마음을 꿰뚫어 보는 힘이 있으며, 광명을 두루 비추어 중생을 거두어들이는 힘이 있으며, 말할 수도 없고 생각할 수도 없는 한량없는 뛰어난 공덕의 힘이 있으니, 어찌 염불 수행하는 사람을 보호하여 지키며, 목숨을 마칠 때에 이르러 악마의 장애를 없애 정토에 태어나게 하지 않겠는가?[417]

十二力【蓮宗寶鑑】

修淨業者。托佛願力。觀佛寶相爲境故。如人近附帝王。誰敢干犯。況阿彌陀佛。有大慈悲力。有大誓願力。有大智慧力。有大三昧力。有大威神力。有大摧邪力。有大降魔力。有天眼遠見力。有天耳遙聞力。有他心徹鑑力。有光明遍照攝取衆生力。有不可說不可思議無量最勝功德力。豈不能護持修行念佛之人。至臨終時。令無魔障生淨土哉。

---

417 『蓮宗寶鑑』(T47, 339c).

십이검조심 十二檢照心【『정토십문교계淨土十門敎誡』】

만일 염불하는 사람이 번뇌(塵垢)[418]가 아직 깨끗해지지 않아 나쁜 생각이 일어날 때는 탐내고 아까워하는 마음, 성내고 원망하는 마음, 어리석고 탐애하는 마음, 질투하는 마음, 속이는 마음, 나와 남을 나누는 마음, 우쭐대는 마음, 아첨하는 마음, 삿된 견해를 가진 마음, 남을 업신여기는 마음, 주체와 대상을 나누는 마음 및 거스르고 수순하는 모든 경계에 오염됨에 따라서 생기는 온갖 착하지 않은 마음이 있는지 반드시 스스로 살펴보아야 한다.

十二檢照心【淨土十門敎誡】

若念佛之人。塵垢未淨。惡念起時。須自檢照。或有慳貪心。嗔恨心。癡愛心。嫉妒心。欺狂心。人我心。貢高心。諂曲心。邪見心。輕慢心。能所心。及諸逆順境界隨染所生一切不善之心。

---

418 번뇌(塵垢) : 진구塵垢는 마음을 어지럽게 하는 티끌과 때라는 뜻으로 번뇌를 말한다.

십사수호심 十四守護心【『정토십문교계淨土十門敎誡』】

염불하는 사람은 나쁜 생각이 일어날 때에 급히 염불하여 항상 가지고 있는 깊이 믿는 마음, 지극히 정성스러운 마음, 발원하고 회향하는 마음, 자비로운 마음, 겸손히 낮추는 마음, 평등한 마음, 방편심方便心,[419] 인욕하는 마음, 계를 지키는 마음, 기쁘게 보시하는 마음, 선정심, 정진하는 마음, 보리심 및 온갖 착한 마음을 지켜야만 한다.

十四守護心【淨土十門敎誡】
念佛之人。惡念起時。急須念佛。常當守護所有深信心。志誠心。發願回向心。慈悲心。謙下心。平等心。方便心。忍辱心。持戒心。喜捨心。禪定心。精進心。菩提心。及一切善心。

---

419 방편심方便心 : 모든 것이 공함을 깨달았지만 중생을 제도하기 위해 공과 대비를 함께 운용하는 것을 말한다.

십사상 十四相【『보왕론寶王論』】

여래 세웅世雄께서 저 뭇 선정을 고찰하여 염불삼매를 선정의 왕으로 삼았으니 나머지 대대對待가 있는 삼매는 모두 필부의 선정일 뿐이다. 그런데 보왕삼매寶王三昧는 존귀하다는 상에 머물지 않고 하천하다는 상에 머물지 않으며, 삿된 것이라는 상과 바른 것이라는 상, 생사라는 상과 열반이라는 상, 번뇌라는 상과 보리라는 상, 고요하다는 상과 어지럽다는 상, 정각을 이룬다는 상과 중생을 제도한다는 상, 도량에 앉아 있다는 상과 머물 것이 없다는 상과 같은 상들에도 모두 머물지 않는 것이 마치 꿈에서 깨어나면 모든 것이 사라져 간 것도 없고 온 것도 없는 것과 같다. 그러므로 『대품반야경』에서 "간 것도 없고 온 것도 없는 것이 부처이다."[420]라고 하였다.[421]

十四相【寶王論】

如來世雄。考彼羣定。以念佛三昧。爲禪中王。諸餘三昧有待有對者。皆匹夫之定耳。然寶王三昧不住尊相。不住卑相。邪相。正相。生死相。涅槃相。煩惱相。菩提相。靜相。亂相。成正覺相。度衆生相。坐道場相。無所住相。如是等相。皆悉不住。猶如夢覺。廓無來去。故大品經云。無去無來是佛。

---

[420] 『大品般若經』 권27(T8, 421c).
[421] 『寶王論』(T47, 143a).

십오염불 十五念佛【연지 대사 蓮池大師 설】

무릇 부처님의 가르침을 배우는 이는 형상과 자취를 장엄하는 것을 헤아리지 말고 오직 진실한 수행만을 귀하게 여겨야 한다.

재가 거사일 경우는 반드시 승복을 입고 도건道巾[422]을 쓸 필요는 없으니, 머리를 기른 사람은 스스로 평상복을 입고 염불하면 된다. 반드시 목어木魚[423]를 두드리고 북을 칠 필요는 없으니, 조용한 걸 좋아하는 사람은 스스로 조용히 침묵하면서 염불하면 된다. 반드시 무리를 지어 모임을 만들 필요는 없으니, 일을 만드는 것을 싫어하는 사람은 스스로 문을 닫고 염불하면 된다. 반드시 절에 들어가 경전을 들을 필요는 없으니, 글자를 아는 사람이라면 스스로 가르침에 의거하여 염불하면 된다.

천 리에 이르도록 향을 사르는 것은 집의 대청마루에서 편안히 앉아 염불하는 것만 못하다. 삿된 스승을 이바지하고 받드는 것은 부모에게 효도하고 순종하면서 염불하는 것만 못하다. 널리 마구니 같은 벗을 사귀는 것은 제 몸만 청정하게 하면서 염불하는 것만 못하다. 내생을 위하여 명부의 창고에 재물을 기탁해 두는 것은 현생에서 복을 지으면서 염불하는 것만 못하다.

소원을 빌고 평안을 바라는 것은 잘못을 뉘우쳐 자신을 새롭게 하면서 염불하는 것만 못하다. 외도의 문서를 익히는 것은 한 글자도 모른 채 염불하는 것만 못하다. 아는 것이 없으면서 선의 이치를 함부로 말하는 것은 진실하게 계를 지키면서 염불하는 것만 못하다. 요사한 귀신에게 신령하게 통함을 바라는 것은 인과를 바르게 믿으면서 염불하는 것만 못하다.

요컨대 마음을 바르게 하여 악을 없애야 하니, 이와 같이 염불하면 선

---

[422] 도건道巾 : 도교의 교도가 쓰는 모자. 여기에서는 단지 두건의 의미로 쓰였다.
[423] 목어木魚 : 절에서 불사에 쓰는 도구 중 하나. 나무를 잉어 모양으로 깎고 속을 파내어 만든 것으로 두드리면 소리가 난다. 혹은 목탁을 가리키기도 한다.

인善人이라고 한다. 마음을 거두어 산란을 없애야 하니, 이와 같이 염불하면 현인賢人이라고 한다. 마음을 깨달아 미혹을 끊어야 하니, 이와 같이 염불하면 성인聖人이라고 한다.[424]

十五念佛【蓮池大師說】

夫學佛者。無取[1]莊嚴形跡。止貴眞實修行。在家居士。不必定要緇衣道巾。帶髮之人。自可常服念佛。不必定要敲魚擊皷。好靜之人。自可寂嘿念佛。不必定要成羣作會。怕事之人。自可閉門念佛。不必定要入寺聽經。識字之人。自可依敎念佛。千里燒香。不如安坐家堂念佛。供奉邪師。不如孝順父母念佛。廣交魔友。不如獨身淸淨念佛。寄庫來生。不如現在作福念佛。許愿[2]保禳。不如悔過自新念佛。習學外道文書。不如一字不識念佛。無知妄談禪理。不如老實持戒念佛。希求妖鬼靈通。不如正信因果念佛。以要言之。端心滅惡。如是念佛。號曰善人。攝心除散。如是念佛。號曰賢人。悟心斷惑。如是念佛。號曰聖人。

---

1) ㉮『雲棲淨土彙語』에 따르면 '取'는 '論'이다.　2) ㉮『雲棲淨土彙語』에 따르면 '愿'은 '願'이다.

---

[424]『雲棲淨土彙語』(X62, 3a).

십육피차 十六彼此 【『염불직지念佛直指』】

저 나라의 중생은 뭇 고통이 없고 즐거움만을 누리므로 극락이라고 한다. 지금 사바세계로 극락을 대비해 보겠다.

여기는 피와 살덩이가 몸을 이루어 태어날 때에 모두 괴롭지만 저기는 연꽃 위에 화생하여 태어나는 고통이 없다. 여기는 시절이 바뀌어 쇠함과 늙음이 날로 침범하지만 저기는 추위와 더위가 변하지 않아 늙는 고통이 없다. 여기는 사대四大가 조화되기 어려워 병환이 많이 생기지만 저기는 화생한 몸이 향기가 나고 깨끗하여 병의 고통이 없다. 여기는 일흔 살도 드물어 무상함이 신속하지만 저기는 수명이 무량하여 죽는 고통이 없다.

여기는 친족에 대한 정으로 사랑하고 그리워하니 사랑이 있으면 반드시 이별하지만 저기는 부모와 처자가 없어 사랑하는 이와 헤어지는 고통이 없다. 여기는 적과 원수를 맺어 원수가 있으면 반드시 만나지만 저기는 아주 착한 사람들만이 모여 원수와 만나는 고통이 없다. 여기는 곤궁하고 괴로우며 굶주리고 추위에 떨어 탐하고 구해도 부족하지만 저기는 옷과 음식과 진귀한 보배가 필요한 대로 대번에 이루어진다. 여기는 형질形質이 보잘것없어 육근六根에 결함이 많지만 저기는 모습이 단정하고 몸에 광명이 있다.

여기는 생사에 윤회하지만 저기는 영원히 무생법인을 증득한다. 여기는 사취四趣의 고통이 있지만 저기는 삼악도의 이름조차 없다. 여기는 가시나무와 구덩이가 있고 높고 낮음이 고르지 않으며 흙과 돌과 진흙과 모래가 있고 더러운 것이 가득하지만 저기는 황금은 땅이 되고 보배 나무는 하늘에 빽빽하며 누대에는 칠보가 솟고 꽃은 네 가지 빛깔로 핀다. 여기는 쌍림雙林[425]에서 이미 입멸하고 용화龍華[426]는 아직 오지 않았으나 저기

---

425 쌍림雙林 : 사라쌍수娑羅雙樹(한 뿌리에서 두 줄기로 자란 사라수娑羅樹)의 숲으로 부

는 무량수존無量壽尊이 현재 설법하고 계신다.

　여기는 관세음보살과 대세지보살의 아름다운 이름만 우러르나 저기는 두 상인上人과 직접 수승한 벗이 된다. 여기는 뭇 마구니와 외도들이 바르게 수행하는 이를 괴롭히고 어지럽히나 저기는 부처님의 교화에 의해 하나로 통합되어 마구니와 외도들이 자취를 감추었다. 여기는 아름다운 여인이 요망하고 음란하게 수행자를 미혹시키지만 저기는 정보正報가 청정하여 실로 여인이 없다. 여기는 나쁜 짐승과 도깨비가 서로 삿된 소리를 부채질하지만 저기는 물과 새와 나무와 숲이 모두 미묘한 법을 펼친다.

　두 땅을 견주어 보면 경계의 연이 판이하게 다르다. 세속 사람들에게 권하여 나아가게 하면 흥미진진해 하면서 돌아보고 낙방樂邦으로 향하여 환희용약하지 않겠는가?[427]

十六彼此【念佛直指】

彼國眾生。無有眾苦。但受諸樂。故名極樂。今以娑婆對比之。此則血肉形軀。有生皆苦。彼則蓮華化生。無生苦也。此則時序代謝。衰老日侵。彼則寒暑不遷。無老苦也。此則四大難調。多生病患。彼則化體香潔。無病苦也。此則七十者稀。無常迅速。彼則壽命無量。無死苦也。此則親情愛戀。有愛必離。彼則無父母妻子。無愛別離苦也。此則仇敵冤讎。有冤必會。彼則上善聚會。無冤憎會也。此則困苦飢寒。貪求不足。彼則衣食珍寶。受用現成。此則形質寢陋。六根多缺。彼則端嚴相貌。體有光明。此則輪轉生死。彼則

　　처님께서 입멸하신 곳이다.
426 용화龍華 : 용화삼회龍華三會의 준말. 용화는 나무의 이름이다. 용화삼회란 미륵彌勒이 미래세에 이 사바세계에 하생하여 화림원華林園 안의 용화수 아래서 성도하여 세 차례의 설법을 하는 것을 말한다.
427 『念佛直指』에는 동일한 글을 찾을 수 없다. 『淨土或問』(T47, 297c)에 수록되어 있고 『淨土晨鐘』(X61, 435a)에서 본 글을 싣고 『天如或問』(『淨土或問』)에 나오는 것이라고 하였다.

永證無生。此有四趣之苦。彼無三惡之名。此則荊棘坑坎。高下不平。土石泥沙。穢污充滿。彼則黃金爲地。寶樹叅天。樓𥪡七珍。花敷四色。此則雙林已滅。龍華未來。彼則無量壽尊現在說法。此則觀音勢至徒仰嘉名。彼則與二上人。親爲勝友。此則羣魔外道。惱亂正修。彼則佛化一統。魔外絕蹤。此則媚色妖婬。迷惑行者。彼則正報清淨。實無女人。此則惡獸魍魅。交扇邪聲。彼則水鳥樹林。咸宣妙法。二土較量。境緣逈別。勸進世人。津津有味。顧不向樂邦而踴躍哉。

십육관十六觀【『관무량수경송觀無量壽經頌』】

1. 일몰관日沒觀

마음의 바다 아득하여 물이 하늘에 닿으니
백천 삼매가 저절로 이루어진다네
떨어지는 해를 매달린 북처럼 본다면
한 생각에 안락성安樂城에 오르리라.

2. 수상관水想觀

선정의 물 드넓어 바다와 같은데
잔물결조차 일지 않으니 물이 더욱 맑네
잠깐만에 변하여 유리가 땅이 되고
높고 낮은 궁전에선 빛이 쏟아지네.

3. 지상관地想觀

땅은 손바닥처럼 평평하여 구릉조차 없고
금으로 이루어진 커다란 당간이 아래에서 떠받들며
끝없는 누대는 모두 칠보로 이루어졌네.
다른 날 누구와 함께 오르게 될 줄 모른다오.

4. 수상관樹想觀

칠보로 된 늘어선 나무는 미풍에 울리며
무상과 고와 공을 모조리 설하네.
만일 한번 들으면 불퇴전에 오르게 되니
많은 겁 동안 다시 닦는 노력은 필요하지 않으리라.

5. 지상관池想觀

마니주摩尼珠[428]에서 흘러나온 열네 가닥 물줄기
황금 개울에 흘러들어 연꽃 연못에 들어가네
꽃 사이로 법을 연설하는 소리 애절한데
구슬 빛에서 생겨난 갖가지 빛깔의 새들이 기이하구나.

6. 누상관樓想觀

온갖 보배로 장엄된 누대는 백억 겹이고
천인들의 음악 소리 누대 속에 가득하다
저절로 울리기도 하고 공중에 매달려 연주하는데
모두 삼귀의를 설하여 생각 생각마다 공을 이루게 하네.

7. 화좌관花座觀

큰 보배로 된 연꽃이 유달리 땅에 피었고
백천 가지 영락이 황금 연화대에 걸려 있네
사람마다 스스로 잡고 올라갈 자격이 있으나
끝내 돌아보지 않으니 마음이 아프구나.

8. 상상관像想觀

연못 위에 연꽃이 차례대로 피어
자마금빛이 드높이 빛난다네
반드시 생각마다 항상 관찰해야 하니
가서 여래께서 착하다고 찬탄하는 걸 들으리라.

---

428 마니주摩尼珠 : '마니'는 ⓢ maṇi의 음역어. 주珠·보주寶珠 등으로 의역한다. 주옥珠玉의 총칭이다. 혹은 여의如意라고도 의역하는데, 이는 뜻하는 것을 모두 산출하는 구슬이라는 의미가 내포되어 있다.

9. 법신상관法身想觀
불상에서 빛나는 자마금빛 허공에 가득하고
푸른 눈은 바다처럼 맑구나.
구름 같은 몸이 한량없음을 의심하지 말라
본래 일심에서 나온 게 아니겠소.

10. 관음상관觀音想觀
최초의 자비와 서원은 오랠수록 더욱 새로워
십계十界에 몸을 드리워 고통에 빠진 중생을 제도하네
거스름과 수순함의 길에서 마음이 태연자약하니
어찌 과보를 지니거나 인을 행하는 데 거리낌이 있을까?

11. 세지상관勢至想觀
정수리에는 화관과 보배 병을 이었고
청련화 같은 푸른 눈에 자마금빛 형상일세
걸어 다니면 삼천세계가 진동하니
무명에 취한 나그네를 깨우시네.

12. 보법지관普法智觀
밤낮으로 항상 정토의 연을 닦으니
홀연 세 분의 성인이 문 앞에 서 계시네
은근히 찬탄하고 아울러 정수리를 어루만지며
잠깐만에 보배 연화에 앉게 하시네.

13. 잡상관雜想觀
몸을 나눈 화신불 몇 천이던가?

크고 작은 금빛 몸이 엄연히 앉았구나
보석으로 이루어진 나무와 아름다운 숲과 보배 궁전에서
마침내 신선의 음악이 흘러나오니 여러 하늘보다 낫구려.

14. 상품상생관上品上生觀
몇 년 동안 정진하여 지혜가 넓고도 넓으니
오늘 행장을 꾸리는 일이 몹시도 유쾌할세
부처님이 스스로 오셔서 맞이하고 하늘은 음악 연주하며
관음보살은 직접 자금대를 잡고 있네.

15. 중품중생관中品中生觀
계를 지니고 재계를 지니는 일은 큰 인因이라서
홀연 화신불의 자상한 말씀을 듣는다오
금모래 깔린 못가에 푸른 연꽃 피었는데
여러 어진 이들과 친구를 맺는다네.

16. 하품하생관下品下生觀
뭇 사람들 지혜 깊은 게 부러워서
지옥에서 마음을 돌렸다네
많은 겁 지나도록 궁전 안에 머물며
관음보살께서 친히 법을 설하시는 음성을 듣는다네.[429]

---

[429] 『觀無量壽佛經』(T12, 341c)에서 정토 왕생을 위해 닦아야 할 열여섯 가지 관법을 설한 것을 게송으로 축약하여 나타낸 것이다.

十六觀【觀無量壽經頌】

一日沒觀
心海茫茫水接天　百千三昧自然成
請觀落日如懸皷　一念方登安樂城

二水想觀
定水汪洋似海溟　微瀾不起水更清
須臾變作琉璃地　宮殿叅差倒瀉明

三地想觀
地平如掌沒邱陵　有大金幢自下承
無限樓臺皆七寶　不知他日與誰登

四樹想觀
七珍行樹響微風　說盡無常與苦空
若也一聞登不退　不須多劫更修功

五池想觀
水出摩尼十四支　金渠分注入花池
花間演法聲哀雅　生自珠光彩羽奇

六樓想觀
百寶樓臺百億重　諸天伎樂滿樓中
自鳴又有懸空樂　皆說三皈念念功

七花座觀
大寶蓮花特地開　百千纓絡掛金臺
人人自有登攀分　終不回頭意可哀

八像想觀
池上蓮花次第開　紫金光聚立嵬嵬
要須念念常觀察　往聽如來讚善哉

九法身想觀

紫摩金像滿虛空　紺目澄清與海同
莫訝身雲無限量　由來不出一心中
十觀音想觀
最初悲願久彌新　十界垂形濟苦倫
逆順途中心自若　何妨帶果又行因
十一勢至想觀
頂上花冠戴寶瓶　青蓮紺目紫金形
經行震動三千界　能使無明醉客醒
十二普法智觀
晝夜常修淨土緣　忽然三聖立門前
慇懃讚歎兼摩頂　頃刻能令坐寶蓮
十二[1]雜想觀
分身化佛幾千千　大小金軀坐儼然
玉樹瓊林并寶殿　到頭仙樂勝諸天
十四上品上生觀
幾年精進智恢恢　今日行裝甚快哉
佛自來迎天奏樂　觀音親執紫金臺
十五中品中生觀
持戒持齋是大因　忽聞化佛語諄諄
金沙池畔青蓮上　聊與諸賢結友親
十六下品下生觀
堪羨庶人智慧深　能於地獄便廻心
縱經多劫留宮內　親聽觀音說法音

---

1) 영 '二'는 '三'이다.

십육상十六想 『염불직지念佛直指』

만일 이 정토문에서 정진하고 수습하여 밤낮으로 쉬지 않고 부처님의 가르침을 따를 것이라면, 이 땅의 소리와 색깔을 비롯한 모든 경계에 대해 고통의 바다라는 생각을 하고 불타는 집이라는 생각을 하며, 모든 보물에 대해 고통을 주는 도구라는 생각을 하며, 음식과 의복을 피고름이나 쇠가죽과 같다는 생각을 하며, 권속에 대해 야차夜叉[430]나 나찰羅刹[431]이나 사람을 잡아먹는 귀신이라는 생각을 해야 한다. 하물며 생사는 멈추지 않아 오랜 겁 동안 분주히 내달리고 있음에랴! 실로 싫어하여 떠나야 한다.

선지식이나 경전에서 저 부처님의 원력과 국토의 장엄을 들으면 생각마다 그것이 드러내려는 이치에 칭찬하며 편안하다는 생각을 하며, 보배로운 곳이라는 생각을 하며, 가업이라는 생각을 하며, 번뇌에서 벗어난 곳이라는 생각을 한다. 아미타여래나 보살들이나 스님들에 대해 자비로운 아버지와 같다고 생각을 하며, 자비로운 어머니와 같다고 생각을 하며, 맞이해 준다는 생각을 하며, 나루터이자 다리라는 생각을 한다. 두려움과 위험과 난리 중에 이름을 부르면 곧바로 감응하니 공이 헛되지 않아 찰나에 바로 이르고 속히 와서 구호해 준다는 생각을 하며, 생각에 응하여 벗어난다는 생각을 한다.

이와 같이 행하면 공덕이 무량하다.[432]

---

430 야차夜叉 : ⓢ yakṣa의 음역어로 약차藥叉라고도 하며, 첩경輕捷·용건勇健 등으로 의역한다. 땅이나 허공에 머물며 큰 힘으로 사람을 괴롭히는 귀신이다.
431 나찰羅刹 : ⓢ rākṣa의 음역어. 가외可畏·속질귀速疾鬼 등으로 의역한다. 인도 신화에 나오는 악귀로, 원래 이민족인 아리안족이 인도 토착 민족을 가리키는 말로 쓰였다. 이후 악한 사람의 대명사가 되고, 또한 변천하여 악귀의 총칭이 되었다. 사람을 잡아먹는 사나운 귀신으로 묘사된다.
432 『念佛直指』(T47, 365b).

十六想【念佛直指】

若能於此淨土門。精進修習。日夜不休。隨順佛教。於此土聲色諸境。作地獄想。作苦海想。作火宅想。於諸寶物。作苦具想。飲食衣服。如膿血鐵皮想。於眷屬。作夜叉羅剎噉人鬼想。況復生死不住。長劫奔波。實可厭離。於知識若經卷中。聞彼佛願力。國土莊嚴。於念念中。稱彼理趣。生安隱想。生寶所想。生家業想。解脫處想。彌陀如來菩薩僧眾。如慈父想。如慈母想。生接引想。生津梁想。於怖畏急難之中。稱名即應。功不唐捐。剎那便至。速來救護想。應念出離想。如是行持功德無量矣。

십팔현十八賢[433] 『정토입교지淨土立敎志』[434]

사주社主는 동림東林 변각대사辨覺大師 혜원慧遠이요, 서림西林 각적대사覺寂大師 혜영慧永[435]이요, 계빈罽賓[436] 사문 불타야사佛陀耶舍[437]【의역은 각명覺明이다.】요, 천축天竺 사문 불타발타라佛陀跋陀羅[438]【의역은 각현覺賢이다.】요, 동림 보제 대사普濟大師 도생道生[439]이요, 안문 법사鴈門法師 혜지慧持요, 법사 승예僧叡[440]요, 담상曇常, 담순曇順, 담선曇詵, 도병道昺, 도경道敬,

---

433 십팔현十八賢: 여산 혜원의 백련사에 대한 존재성이 크게 부각되면서 훗날 그 결사에 참여한 사람 중 혜원과 깊은 교제를 가졌던 18명의 현자를 설정하였는데, 이들이 모두 실제로 백련사의 결사에 참여한 것은 아니다.

434 『정토입교지淨土立敎志』: 송나라 때 지반志磐이 지은 『佛祖統紀』 권26~권28에 들어 있다.

435 혜영慧永(332~414): 진나라 때 스님. 12세에 출가하여 축담현竺曇現에게 배우고, 나중에 혜원과 함께 도안의 문하에서 배웠다. 훗날 혜원과 함께 동림사에서 여생을 마칠 뜻을 세웠다. 이 산의 언덕에 띠집을 만들어 청정하게 지내며 정토왕생을 기원하였다. 임종시 합장하고 대중에게 "부처님이 오셨다."라고 하고 바로 입적하였다. 당 현종玄宗이 각적대사覺寂大師라는 시호를 내렸다.

436 계빈罽賓: [S] Kaśmīra의 음역어. 인도 북부에 위치했던 나라 이름. 현재의 카슈미르에 해당하는 지역이다.

437 불타야사佛陀耶舍: [S] Buddhayaśas. 계빈국 출신. 동진 때의 역경승. 처음에는 외도를 섬기다가 13세 때 출가하였고, 27세에 구족계를 받았다. 구마라집鳩摩羅什의 제자가 되었으며, 구마라집의 요청에 의해 중국에 들어와 역경 사업에 참여하였다. 후에 계빈국으로 돌아갔고 이후 행적은 알 수 없다.

438 불타발타라佛陀跋陀羅(359~429): [S] Buddhabhadra. 북인도 출신의 역경승. 중국 장안에 들어와 구마라집과 함께 머물면서 선법禪法을 주로 전수하다가 의견이 맞지 않아 결별하고 여산의 혜원에게 가서 그곳에 머물렀다.

439 도생道生(355~434): 동진 때 스님. 축법태竺法汰에게 출가하였고, 15세에 강석에 올랐는데 당대의 명사를 모두 굴복시켰다. 구족계를 받을 즈음에는 명성이 널리 퍼졌다. 여산에 들어가 승가제바僧迦提婆에게 『阿毘曇心論』을 배웠고, 구마라집이 중국에 들어오자 그 문하에서 배워 승조僧肇 등과 함께 손꼽히는 제자로 일컬어졌다. 훗날 다시 여산에 들어가 은거하였다.

440 승예僧叡: 동진 때 스님. 구마라집 문하의 뛰어난 제자로 일컬어진다. 어릴 때 출가하여 18세에 승현僧賢의 제자가 되었다. 도안道安에게도 사사하였고, 구마라집이 장안에 들어왔을 때 그 문하에서 승조 등과 함께 역경에 참여하였다. 평생 극락정토에 왕생할 것을 추구하여 언제나 서방을 향하여 등진 적이 없었다.

팽성彭城 유유민劉遺民 중사仲思요, 예장豫章 뇌차종雷次宗[441] 중륜仲倫이요, 안문 주속지周續之[442] 도조道祖요, 남양南陽 장야張野[443] 내민萊民이요, 남양 장전張詮[444] 수석秀碩이요, 남양 종병宗炳[445] 소문少文이다.[446]

十八賢【淨土立敎志】

社主東林辯[1]覺大師慧遠。西林覺寂大師慧永。罽賓沙門佛陀耶舍【此云覺明】。天竺沙門佛陀跋陀羅【此云覺賢】。東林普濟大師道生。鴈門法師慧持。法師僧叡。曇常。曇順。曇詵。道昺。道敬。彭城劉遺民仲思。豫章雷次宗仲倫。鴈門周續之道祖。南陽張野萊民。南陽張詮秀碩。南陽宗炳少文。

1) ㉠ '辯'은 '辨'인 듯하다.

---

441 뇌차종雷次宗 : 남조 유송劉宋 때의 유학자. 20세에 여산에 들어가서 염불결사에 참가하였다.

442 주속지周續之 : 노장과 주역에 능하였으나 나중에 여산에 들어가 혜원에게 사사하고 염불결사에 참가하였다. 유유민·도연명陶淵明과 함께 심양潯陽의 삼은三隱으로 일컬어졌다. 이들 세 사람은 벼슬을 하지 않고 아내를 얻지 않았으며 소박하게 살았다는 공통점이 있다.

443 장야張野 : 유유민·뇌차종과 함께 혜원 문하에서 정업淨業을 닦았다.

444 장전張詮 : 장야의 친족으로 일체의 관직에 오르지 않고 여산으로 들어가 정업을 닦았다.

445 종병宗炳(375~443) : 남조 유송 때의 은사. 관직에 있다가 412년 이후 여산에 들어가 혜원을 좇아 정업을 닦았다. 나중에 혜원을 떠나 강릉江陵에 은둔하였다.

446 『淨土立敎志』에는 본문과 동일한 글이 나오지 않으며, 『歸元直指集』(X61, 372b)에 본문과 동일한 글이 실려 있다.

십구념요의 十九念了義【오위암吳葦菴 거사居士 자성自惺 설】

매일 새벽에 부처님 앞에 정례하고 열 번 부처님 이름을 부른 뒤에 하루 종일 지내면서 한가해지면 염송하고 어디서든 잡아 지녀 법도(軌則)에 구애받지 말라. 오랫동안 수행하고 지속하면 홀연 깨달음이 있어 막힌 장애는 저절로 없어지고 지혜의 눈은 날마다 자라나 혼연히 하나가 되어 보리를 증득할 것이니, 이른바 침을 뱉거나 팔을 흔드는 것이 조사께서 서쪽에서 오신 뜻이 아님이 없다.

혹은 분명하게 염송하니, 소리를 내어 낭랑하게 외우고 손에는 염주를 굴려서 흐르는 물처럼 이어지는 것을 이른다.

혹은 묵묵히 염송하니, 입을 닫고 속으로 외우고 가슴에 간직하여 잃지 않는 것을 물이 찬지 따뜻한지 스스로 아는 것과 같이 하는 것을 이른다.

혹은 반은 분명하게 반은 묵묵히 염송하니, 금강지金剛持라고도 하는 것으로 입술과 혀를 조금 움직이되 소리가 밖에서 들리지 않게 하는 것을 이른다.

혹은 장엄한 것을 관상하며 염송하니, 여래의 미간에서 백호광명白毫光明을 찬란하게 놓는 것을 관상觀想하는 것을 이른다.

혹은 자재하게 염송하니, 입에서 나오는 대로 순수하고 익숙하게 하여 먹거나 쉬거나 기거할 때에 이것을 떠나지 않는 것을 이른다.

혹은 용맹하게 염송하니, 수재水災·화재火災·도병재刀兵災의 위험에 처하면 빨리 벗어나기를 구하는 것처럼 하는 것을 이른다.

혹은 서서히 염송하니, 헝클어진 실을 다룰 때에 다스리기를 차츰차츰 하고 반드시 번거로움을 참아야 하는 것처럼 하는 것을 이른다.

혹은 산에 오르는 것처럼 염송하니, 벼랑에 임하여 절벽을 오르지 않으면 깊은 골짜기에 떨어질 것처럼 하는 것을 이른다.

혹은 바다를 건너는 것처럼 염송하니, 물결을 따라 돛을 올리고 가다가 중간에서 회오리바람을 만나 표랑하여 나찰이 사는 곳에 떨어질 것처럼 하는 것을 이른다.

혹은 길을 가면서 염송하니, 불상의 주위를 돌거나 계단에 있거나 뜰에 있거나 염송하는 것을 이르는 것으로 몸과 입과 뜻을 모두 모으기 때문에 공덕이 가장 뛰어나다.

혹은 우두커니 서서 염송하니, 공경하는 마음과 엄숙한 태도로 손을 가지런히 모으고 부지런하고 간절하게 하는 것을 이른다.

혹은 가만히 앉아서 염송하니, 편안히 앉아 선정에 들어 마음으로 여섯 글자를 지니어 온갖 연이 대번에 공해지는 것을 이른다.

혹은 옆으로 누워서 염송하니, 잠을 깨우기를 맥을 짚어 물고기를 잡은 것처럼 하여 나쁜 꿈을 멀리 떠나는 것을 이른다.

혹은 슬프고 괴롭게 염송하니, 자식이 어미를 생각할 때 울면서 부르고 우러러 의지하며 그리워하는 것처럼 하는 것을 이른다.

혹은 기뻐하며 염송하니, 어떤 사람이 먼 곳에서 돌아와 육친六親[447]을 마주하여 자기도 모르게 춤을 추는 것처럼 하는 것을 이른다.

혹은 마음을 거두어 염송하니, 주렴을 드리우고 묵묵히 기억하되 십·백·천·만 번 염송하여 털끝만큼도 틈이나 섞임이 없는 것을 이른다.

혹은 숨을 세면서 염송하니, 혼미함과 산란함을 다스리기 위해 숨이 한 번 나갔다가 들어올 때에 묵묵히 한 번 염송하는 것을 이른다.

혹은 참구하면서 염송하니, 참선하여 견성할 때 지혜의 빛을 돌이켜 마음과 부처는 누구인가라고 반조返照하는 것을 이른다.

혹은 실상을 염송하니, 모든 존재하는 것을 공하다고 여겨 경계가 생기지 않는다고 관찰하며, 적멸을 즐거움으로 삼아 성상性相이 다 사라진 데

---

447 육친六親 : 여섯 가지 친족으로 부모·형제·처자, 혹은 처자 대신 부부를 일컫기도 하는 등 여러 가지 설이 있어 일정하지 않다.

에 이르러 가는 것도 없고 오는 것도 없음을 이른다. 비유컨대 저 달빛은 모든 사물을 두루 비추어 파도가 자면 달이 나타나듯 법체法體가 온전히 드러나 있어 중생이 지극히 성실하면 큰 자비를 가진 이가 거두어들인다. 마치 쑥과 구슬이 물과 불을 끌어오듯이[448] 자연히 감응하여 친히 아미타불을 뵙고 원각묘심圓覺妙心을 거침없이 깨달아 서방의 성스러운 경계가 항상 눈앞에 있는데 티끌조차 용납하지 않고 허공에 가득하다. 말하려고 하면 곧 그릇되고 눈을 치뜨면 곧 옳다. 유무有無를 다 보내고 종설宗說을 다 잊고 부처의 밀인密因을 생각하는 것이 요의了義가 된다.

十九念了義【吳葦菴居士自惺說】

每日淸晨。佛前頂禮。十稱以後。二六時中。得閒便念。隨處提撕。不拘軌則。久久行持。忽地有省。窮障自除。慧眼日長。打成一片。方證菩提。所謂咳唾掉臂。無不是祖師西來意也。或明念。謂出聲朗誦。手輪數珠。流水相續。或默念。謂閉口暗轉。服膺弗失。冷暖自知。或半明半默念。謂名金剛持。微動脣舌。不落聲聞。或莊嚴念。謂觀想如來眉放白毫光明晃耀。或自在念。謂信口純熟。食息起居。不離這箇。或勇猛念。謂如逢厄難。水火刀兵。亟求救脫。或舒徐念。謂如理亂絲。經緯逐漸。須要耐煩。或登山念。謂如臨懸崖。不上層巓。便墜坑谷。或渡海念。謂順水揚帆。中流黑風。飄墮

---

448 쑥과 구슬이 각각 불과 물을 끌어내는 것은 『淨土指歸集』 권하(X61, 400a5)에서 "또 수화경水火鏡(고대에 물과 불을 얻는 데 사용했던 거울의 이름)을 해를 마주하여 설치하고 햇볕을 모아서 마른 쑥으로 그것을 취하면 불을 얻을 수 있고 달을 마주하여 설치하고 구슬로서 이것을 취하면 물을 얻을 수 있는 것과 같다. 지금 거울에 물과 불의 성품이 갖추어져 있는 것은 중생이 본래 갖추고 있는 불성의 힘을 비유한 것이다. 해와 달의 빛이 비추는 것을 빌려야만 하는 것은 아미타불의 자애로운 광명이 섭취하는 힘을 비유한 것이다. 구슬과 쑥이 물과 불을 이끌어 내는 것은 믿는 마음으로 염불한 힘을 비유한 것이다.(又如水火鏡子。若將對日以艾取之。卽可得火。若將對月以珠取之。卽可得水。今以鏡具水火之性。喩衆生本具佛性之力也。須假日月之光來照者。彌陀慈光攝取之力也。以珠艾能引水火者。信心念佛之力也。)"라고 한 것을 참조할 것.

羅刹。或行道念。謂旋繞階庭。身口意到。功德最優。或佇立念。謂恭敬儼若。端拱齋如。翹勤懇切。或靜坐念。謂宴安禪定。心持六字。萬緣頓空。或側臥念。謂喚醒[1]睡魔。按脈當魚。遠離惡夢。或哀苦念。謂如子憶母。啼哭號呼。瞻依向慕。或歡忻念。謂如人遠歸。六親會面。舞蹈不禁。或攝心念。謂垂簾默記。十百千萬。毫無間襍。或數息念。謂對治昏散。出入一息。默念一聲。或叅究念。謂叅禪見性。廻光返照。心佛是誰。或實相念。謂空諸所有。觀境不生。寂滅爲樂。至於性相雙泯。無去無來。譬彼月光。徧照諸品。波澄月現。法體全彰。衆生至誠。大慈攝取。如艾與珠。能引水火。自然感應。親見彌陀。圓覺妙心。廓然開悟。西方聖境。常在目前。纖塵不立。瀰漫虛空。擬議卽非。揚瞬便是。有無俱遣。宗說皆忘。念佛密因。斯爲了義。

1) ㉮ 갑본에는 '醒'이 '醒'로 되어 있다.

십구익 十九益 【『만선동귀집萬善同歸集』】

초심 보살初心菩薩은 대부분 정토에 왕생하기를 원한다. 모든 부처님을 가까이하고 법신을 증장하여야 부처님의 가업을 이어 시방세계를 제도할 수 있으니 이러한 이익이 있기 때문에 반드시 왕생하기를 원한다.

여러 경을 살펴보면 "안양에 태어나는 이는 연이 강하고 지위가 뛰어나며, 복이 갖추어지고 수명이 길며, 연화에 화생하고, 부처님께서 친히 영접하며, 보살의 지위에 오르고, 대번에 여래의 집에 태어나며, 영원히 아비발치(불퇴위)의 문에 머물고, 보리의 수기를 다 받으며, 몸에 광명과 미묘한 상을 갖추고, 보수寶樹와 향대香臺를 거닐며, 시방세계에 공양을 올리고, 편안한 마음으로 삼매에 들며, 귀에 들리는 것이 항상 대승의 법이고, 어깨를 견주는 이가 모두 보처補處에 가까운 사람들이며, 생각마다 비고 그윽하며, 마음마다 정려靜慮에 들며, 번뇌의 불꽃은 사라지고, 애욕의 샘은 말랐으며, 악취라는 이름조차 없다."449라고 하였으니, 어찌 윤회의 일이 있겠는가?

법의 이익은 끝이 없고 성인의 경계는 헛되지 않는데, 어찌하여 애욕의 강물에 빠져 있으면서도 근심이 없고 불난 집에서 불에 타면서도 두려워하지 않는가? 촘촘히 짠 어리석음의 그물은 얕은 지혜의 칼로 휘둘러 쳐낼 수 없다. 깊이 심어진 의심의 뿌리를 떠도는 믿음의 힘으로 어찌 뽑을 수 있겠는가? 마침내 마음에 달게 여기고 뜻을 굽혀 불행을 다행으로 여기고 재앙을 즐거움으로 여기면서 도리어 청정한 나라를 등지고 두려워해야 할 나라를 연연함이, 불에 그슬리는 나방과 물에 삶기는 누에고치가 스스로 남은 재앙을 자처하고, 새장 속에 갇힌 새와 솥에 담긴 물고기가

---

449 특정 경전을 지칭하는 것이 아니고 『阿彌陀經』・『無量壽經』 등에 수록된 내용을 정리한 것으로 보인다.

도리어 즐겁다고 말하는 것과 같으니, 가련하고 불쌍하구나.⁴⁵⁰

十九盆【萬善同歸集】
初心菩薩。多願生淨土。親近諸佛。增長法身。方能繼佛家業。十方濟運。有斯利益。故必願往。按諸經云。生安養者。緣强地勝。福備壽長。蓮花化生。佛親迎接。便登菩薩之位。頓生如來之家。永處跋致之門。盡受菩提之記。身具光明妙相。跡踐寶樹香臺。獻供十方。寧神三昧。觸耳常聞大乘之法。差肩皆隣補處之人。念念虛玄。心心靜慮。煩惱燄滅。愛欲泉枯。尙無惡趣之名。豈有輪廻之事。法利無邊。聖境非虛。何乃愛河浪底。沈溺無憂。火宅焰中。焚燒不懼。密織疑網。淺智之刃莫能揮。深種疑根。汎信之力焉能拔。遂卽甘心伏意。幸禍樂灾。却非淸淨之邦。顧戀恐畏之世。燋蛾爛璽。自處餘殃。籠鳥鼎魚。翻稱快樂。可憐可憫。

---

450 『萬善同歸集』권상(T48, 967b).

이십정호二十正好 【연지 대사蓮池大師 설】

이 법문은 남자건 여자건, 스님이건 속인이건 따지지 않고 일심불란하기만 하면 그 공덕과 수행을 따라 모두 왕생할 수 있다.

만일 사람이 부귀하면 자신이 이룬 것을 향유할 수 있으니 염불하기에 좋다.

만일 사람이 빈궁하면 살림살이에 얽매임이 적으니 염불하기에 좋다.

만일 사람이 자식이 있으면 집안의 제사를 맡길 수 있으니 염불하기에 좋다.

만일 사람이 자식이 없으면 홀몸으로 자유로우니 염불하기에 좋다.

만일 사람이 자식이 효도하면 공양을 편안히 받고 사니 염불하기에 좋다.

만일 사람이 자식이 어긋나면 은혜와 사랑을 일으킬 일이 없으니 염불하기에 좋다.

만일 사람이 병이 없으면 몸이 건강함을 빌어서 염불하기에 좋다.

만일 사람이 병이 있으면 무상에 아주 가까우니 염불하기에 좋다.

만일 사람이 나이가 많으면 시간이 많지 않으니 염불하기에 좋다.

만일 사람이 나이가 어리면 정신이 맑고 예리하니 염불하기에 좋다.

만일 사람이 한가로움에 처하면 마음에 어지러운 일이 없으니 염불하기에 좋다.

만일 사람이 바쁨에 처하면 바쁜 속에서 한가한 틈을 낼 수 있으니 염불하기에 좋다.

만일 사람이 출가하면 사물 밖에서 소요하니 염불하기에 좋다.

만일 사람이 가정에 있으면 이것이 불타는 집인 줄 아니 염불하기에 좋다.

만일 사람이 총명하면 정토를 막힘없이 깨달으니 염불하기에 좋다.

만일 사람이 어리석고 노둔하면 따로 능한 것이 없으니 염불하기에 좋다.

만일 사람이 계율을 지키면 계율은 바로 부처님이 제정한 것이니 염불하기에 좋다.

만일 사람이 경전을 보면 경전은 바로 부처님이 설한 것이니 염불하기에 좋다.

만일 사람이 참선을 하면 선은 바로 부처님의 마음이니 염불하기에 좋다.

만일 사람이 도를 깨달으면 깨달음은 부처님의 증명이 필요하니 염불하기에 좋다.

널리 여러 사람들에게 권하니, 불이 난 것처럼 급히 염불하여 구품에 왕생하라! 연꽃이 열리면 부처님을 뵙고, 부처님을 뵙고 법을 들으면 구경에는 부처를 이룰 것이니, 이때 비로소 자기의 마음이 본래 부처임을 알게 될 것이다.[451]

二十正好【蓮池大師說】

盖此法門。不論男女僧俗。但一心不亂。隨其功行。皆得往生。若人富貴。受用見成。正好念佛。若人貧窮。家計累小。正好念佛。若人有子。宗祀得託。正好念佛。若人無子。孤身自由。正好念佛。若人子孝。安受供養。正好念佛。若人子逆。免生恩愛。正好念佛。若人無病。趂身康健。正好念佛。若人有病。切近無常。正好念佛。若人年老。光景無多。正好念佛。若人年少。精神淸利。正好念佛。若人處閒。心無事擾。正好念佛。若人處忙。忙裏偸閒。正好念佛。若人出家。逍遙物外。正好念佛。若人在家。知是火宅。正好念佛。若人聰明。通曉淨土。正好念佛。若人愚魯。別無所能。正好念佛。若

---

451 『雲棲淨土彙語』(X62, 2c).

人持律。律是佛制。正好念佛。若人看經。經是佛說。正好念佛。若人叅禪。禪是佛心。正好念佛。若人悟道。悟須佛證。正好念佛。普勸諸人。火急念佛。九品往生。花開見佛。見佛聞法。究竟成佛。始知自心。本來是佛。

이십사락 二十四樂 『안국초安國鈔』

극락이라고 하는 곳은 스물네 가지 즐거움이 있다.

첫째, 울타리가 둘러싸서 방호하는 즐거움이다. 둘째, 보배 그물이 공중에 펼쳐진 즐거움이다. 셋째, 나무가 통행하는 길에 그늘을 드리우는 즐거움이다. 넷째, 칠보로 이루어진 목욕할 수 있는 연못이 있는 즐거움이다. 다섯째, 팔공덕수八功德水가 맑고 잔물결을 일으키는 즐거움이다. 여섯째, 연못 바닥에 금모래가 보이는 즐거움이다. 일곱째, 계단 사이에 빛이 나는 즐거움이다. 여덟째, 누대가 공중에 솟아 있는 즐거움이다. 아홉째, 네 가지 연꽃에서 향기가 퍼지는 즐거움이다. 열째, 땅이 황금으로 이루어진 즐거움이다. 열한째, 팔음八音[452]이 항상 연주되는 즐거움이다. 열두째, 밤낮으로 꽃비가 내리는 즐거움이다. 열셋째, 새벽에 격려하는 즐거움이다. 열넷째, 오묘한 꽃을 장엄하여 지니는 즐거움이다. 열다섯째, 타방세계의 부처님을 공양하는 즐거움이다. 열여섯째, 본국本國을 경행하는 즐거움이다. 열일곱째, 뭇 새들이 조화롭게 우는 즐거움이다. 열여덟째, 하루 종일 법을 듣는 즐거움이다. 열아홉째, 삼보를 늘 생각하고 지니는 즐거움이다. 스무째, 삼악도가 없는 즐거움이다. 스물한째, 부처님께서 변화하는 즐거움이다. 스물두째, 나무가 보배 그물을 흔드는 즐거움이다. 스물셋째, 삼천대천국토에서 같은 소리를 내는 즐거움이다. 스물넷째, 성

---

[452] 팔음八音 : 『無量壽經義疏』 권하(T37, 108c)에서 팔음이란 팔종 범음八種梵音이라고 하고, 구체적인 내용을 『梵摩渝經』(T1, 884b)에서 "첫째, 가장 훌륭한 소리이니, 소리가 애잔하고 미묘하기 때문이다. 둘째, 쉽게 이해할 수 있는 소리이니, 말이 분명하여 이해할 수 있게 하기 때문이다. 셋째, 조화로운 소리이니, 큰 소리와 작은 소리가 적중함을 얻기 때문이다. 넷째, 유연한 소리이니, 소리가 부드럽고 가볍기 때문이다. 다섯째, 오류가 없는 소리이니, 말에 착오나 과실이 없기 때문이다. 여섯째, 여인과 같지 않은 소리이니, 소리가 웅장하고 밝기 때문이다. 일곱째, 존귀하고 지혜로운 소리이니, 말이 위엄과 엄숙함이 있기 때문이다. 여덟째, 깊이 있고 멀리까지 울리는 소리이니, 소리가 깊고 멀리까지 울리기 때문이다."라고 한 것을 인용하여 풀이하였다.

문聲聞이 발심하는 즐거움이다.[453]

二十四樂【安國鈔】

所言極樂者。有二十四樂。一欄楯遮防樂。二寶網羅空樂。三樹陰通衢樂。四七寶浴池樂。五八水澄漪樂。六下見金沙樂。七階際光明樂。八樓臺凌空樂。九四蓮華香樂。十黃金爲地樂。十一八音常奏樂。十二晝夜雨花樂。十三淸晨策勵樂。十四嚴持妙花樂。十五供養他方樂。十六經行本國樂。十七衆禽和鳴樂。十八六時聞法樂。十九存念三寶樂。二十無三惡道樂。二十一有佛變化樂。二十二樹搖羅網樂。二十三千國同聲樂。二十四聲聞發心樂。

---

[453] 『萬善同歸集』(T48, 967b).

이십팔진념二十八眞念【지귀 학인知歸學人[454] 설】

염주 한 꾸러미를 손에서 놓지 않고 아미타불 한 구절을 입에서 놓지 않으며, 큰 소리로 염불하고 낮은 소리로 염불하며, 여섯 글자[455]를 염불하고 네 글자[456]를 염불하며, 빠르게 염불하고 느리게 염불하며, 분명하게 염불하고 묵묵히 염불하며, 손을 모으고 염불하고 무릎을 꿇고 염불하며, 부처님을 바라보고 염불하고 아침에 서쪽을 향하여 염불하며, 딱따기(板)를 치면서 염불하고 목어를 두드리면서 염불하고 염주를 굴리면서 염불하며, 길을 가면서 염불하고 예배하며 염불하며, 홀로 염불하고 무리가 함께 염불하며, 집에 있으면서 염불하고 밖에 있으면서 염불하며, 한가할 때도 염불하고 바쁠 때도 염불하며, 다닐 때도 염불하고 머무를 때도 염불하며 앉을 때도 염불하고 누울 때도 염불하며, 꿈속에서도 염불하라. 그래야 진짜 염불이다.

염불은 마음을 슬프게 하여 눈물을 흘리게 할 수 있으며, 염불은 번뇌의 불을 꺼서 재처럼 차가워지게 할 수 있으며, 염불은 신을 부르고 귀신을 곡하게 할 수 있으며, 염불은 하늘을 기쁘게 하고 신을 즐겁게 할 수 있다.

부처님을 한 번 부르면 마왕의 궁전을 진동시키며, 부처님을 한 번 부르면 칼나무 지옥과 칼산 지옥을 분쇄하며, 부처님을 한 번 부르면 백겁百劫 천생千生 동안의 업장業障을 소멸하며, 부처님을 한 번 부르면 사은四

---

454 지귀 학인知歸學人 : 청나라 때 거사 팽제청彭際淸(1740~1796)을 가리킨다. 자는 윤초允初이고, 호는 지귀자知歸子 또는 이림거사二林居士라고 한다. 건륭 34년(1769)에 진사에 급제하였다. 연지蓮池·감산憨山·우익蕅益의 저서를 읽고 정토 법문을 깊이 믿게 되었다. 저서로는 『無量壽經起信論』·『觀無量壽佛經約論』·『一乘決疑論』 등이 있다.
455 여섯 글자 : "나무아미타불"을 말한다.
456 네 글자 : "아미타불"을 말한다.

恩⁴⁵⁷과 삼유三有⁴⁵⁸에 대해 인연을 열게 된다.

기름틀은 기름이 나올 때 치는 소리 더욱 사납고, 배는 파도가 일어날 때 노 젓는 소리 더욱 슬프다. 끓는 솥은 뒤에 있고 연꽃 연못 앞에 있으니, 천만 인이 나를 막아도 염불하지 않을 수 없네.⁴⁵⁹

二十八眞念【知歸學人說】

一串數珠不離手。一句彌陀不離口。高聲念。低聲念。六字念。四字念。緊念。緩念。朗念。默念。合手念。跪膝念。面佛念。朝西念。打板念。敲魚念。掐珠念。行道念。禮拜念。獨自念。同衆念。在家念。在外念。閒也念。忙也念。行也念。住也念。坐也念。臥也念。連夢中也念。纔是眞念。念得心酸淚下。念得火滅灰寒。念得神號鬼哭。念得天喜神歡。一聲佛。振動了魔王宮殿。一聲佛。粉碎了劍樹刀山。一聲佛。爲百劫千生消業障。一聲佛。爲四恩三有啟因緣。正是榨到油來擊撞之聲益狠。船當浪起搖棹之聲益悲。鑊湯在後。蓮池在前。雖有千萬人阻我。不念不可得也。

---

[457] 사은四恩 : 네 가지 은혜라는 뜻. 출처에 따라 다르다. 첫째, 부모·국왕·중생·삼보의 은혜이다. 둘째, 부모·사장師長·국왕·시주의 은혜이다. 셋째, 어머니·아버지·여래·설법 법사의 은혜이다.

[458] 삼유三有 : '유'는 존재를 가리키는 말. 윤회의 세계를 존재의 양태에 의해 크게 욕유欲有·색유色有·무색유無色有의 셋으로 나눈다.

[459] 『徑中徑又徑』 권3(X62, 390b).

삼십종익 三十種益【『군의론羣疑論』[460]】

서방정토에 서른 가지 이익이 있다.

첫째, 청정한 불국토를 수용하는 이익이다. 둘째, 큰 법의 즐거움을 얻는 이익이다. 셋째, 부처님의 경계를 가까이하는 이익이다. 넷째, 시방세계를 다니면서 부처님을 공양하는 이익이다. 다섯째, 모든 부처님이 계신 곳을 다니면서 법을 듣고 수기를 받는 이익이다. 여섯째, 복과 지혜의 양식이 빨리 원만해지는 이익이다. 일곱째, 무상정등보리無上正等菩提를 빨리 증득하는 이익이다. 여덟째, 모든 천인天人들과 함께 한 모임에 모이는 이익이다. 아홉째, 항상 물러남이 없는 이익이다. 열째, 한량없는 수행과 발원이 생각마다 증진하는 이익이다.

열한째, 앵무새와 사리가 법음法音을 선양하는 이익이다. 열두째, 맑은 바람에 나무가 흔들려 뭇 음악과 같은 소리를 내는 이익이다. 열셋째, 마니摩尼에서 흘러나온 물이 소용돌이치면서 고와 공을 선설하는 이익이다. 열넷째, 여러 가지 즐거운 소리가 뭇 오묘한 음악을 연주하는 이익이다. 열다섯째, 마흔여덟 가지 발원에 의해 영원히 삼악도를 끊는 이익이다. 열여섯째, 진금眞金빛 몸이 되는 이익이다. 열일곱째, 형체가 누추함이 없는 이익이다. 열여덟째, 오신통을 구족하는 이익이다. 열아홉째, 항상 정정취正定聚에 머무는 이익이다. 스무째, 모든 착하지 않은 것이 없는 이익이다.

스물한째, 수명이 긴 이익이다. 스물두째, 옷과 밥이 저절로 오는 이익이다. 스물셋째, 뭇 즐거움만을 받는 이익이다. 스물넷째, 삼십이상을 갖추는 이익이다. 스물다섯째, 실제로 여인이 없는 이익이다. 스물여섯째,

---

[460] 『군의론羣疑論』: 회감懷感이 지은 책으로 갖추어서 『釋淨土羣疑論』이라고 한다. 7권, 116장으로 이루어졌다. 정토와 관련되어 그동안 논의되어 왔던 다양한 의문점을 제시하고 그 의문을 해소하는 내용을 담은 책이다.

소승이 없는 이익이다. 스물일곱째, 팔난八難을 떠나는 이익이다. 스물여덟째, 삼법인三法忍[461]을 얻는 이익이다. 스물아홉째, 몸에 항상 빛이 있는 이익이다. 서른째, 나라연那羅延[462]의 몸을 얻는 이익이다.[463]

三十種益【羣疑論】

西方淨土有三十種益。一受用淸淨佛土益。二得大法樂益。三親近佛境益。四遊歷十方供佛益。五遊諸佛所聞法授記益。六福慧資粮疾得圓滿益。七速證無上正等菩提益。八諸天人等同集一會益。九常無退轉益。十無量行願念念增進益。十一鸚鵡舍利宣揚法音益。十二淸風動樹如衆樂益。十三摩尼水漩宣說苦空益。十四諸樂音聲奏衆妙音益。十五四十八願永絶三塗益。十六眞金色身益。十七形無醜陋益。十八具足五通益。十九常住定聚益。二十無諸不善益。二十一壽命長遠益。二十二衣食自然益。二十三惟受衆樂益。二十四三十二相益。二十五無實女人益。二十六無有小乘益。

---

461 삼법인三法忍 : 첫째,『無量壽經』권상(T12, 271a)에서 서원을 설하고 난 후 "아난아, 그 국토의 사람과 하늘로서 이 나무를 보는 이는 세 가지 법인을 얻으니, 첫째는 음향인이고 둘째는 유순인이며 셋째는 무생법인이다."라고 한 것을 가리킨다. 음향인이란 진실한 법을 들어도 놀라지 않고, 두려워하지 않으며, 믿고 이해하며, 받아 지니고 그대로 따라 들어가며, 닦아 익혀 편안히 머무는 것이다. 유순인이란 진리에 수순하여 자신의 생각에 의지하여 깊이 관찰함으로써 깨달음을 얻는 것이다. 무생법인이란 진리에 계합하여 모든 법이 생겨나는 것도 없고 소멸하는 것도 없음을 깨닫는 것이다. 세 가지 인의 해당 계위에 대해서는 학자마다 이견이 있다. 둘째,『無量壽經』권상(T12, 269b)의 제48원에서 "만약 제가 부처가 되었을 때 다른 국토의 여러 보살 대중이 저의 명호를 듣고 바로 제1·제2·제3의 법인法忍을 얻지 못하고 여러 불법에 대해서 바로 불퇴전의 지위를 얻지 못한다면 정각을 취하지 않겠습니다."라고 한 것을 가리킨다. 여러 주석서에 따르면, 여기서의 세 가지 법인은 바로 앞의 세 가지 법인이라는 설도 있고, 그것과 구별되는 것이라고 하는 설도 있다.
462 나라연那羅延 : Ⓢ Nārāyaṇa의 음역어로, 나라연나那羅延那·나라야나那羅野拏라고도 한다. 의역어는 견고堅固·구쇄역사鉤鎖力士·인생본人生本 등이다. 천상의 역사로 그 힘의 세기가 코끼리의 백만 배나 된다고 한다.
463 『釋淨土羣疑論』(T47, 61a);『萬善同歸集』권상(T48, 967c).『萬善同歸集』에 실린 것이 본문의 글과 문장이 동일하다.

二十七離於八難益。二十八得三法忍益。二十九身有常光益。三十得那羅延身益。

삼십자경 三十自慶 【『미타참법彌陀懺法』】

대중들이 스스로 기뻐할 줄 안다면 반드시 출세심出世心을 닦아야 한다.
부처님께서 지옥은 면하기 어렵다고 말씀하셨으나 우리들은 함께 이미 이러한 고통을 벗어났으니, 이것이 첫 번째 스스로 기뻐함이다.
아귀는 벗어나기 어려운데 우리들은 함께 이미 사무치는 고통을 멀리 떠났으니, 이것이 두 번째 스스로 기뻐함이다.
축생은 버리기 어려운데 함께 이미 그 과보를 받지 않으니, 이것이 세 번째 스스로 기뻐함이다.
변방에 태어나면 인의를 모르는데 함께 이미 도법이 유행하고 있는 중국中國[464]에 머물면서 직접 오묘한 법을 받들고 있으니, 이것이 네 번째 스스로 기뻐함이다.
장수천長壽天[465]에 태어나면 복을 심을 줄 모르는데 서로 함께 이미 다시 인을 심었으니, 이것이 다섯 번째 스스로 기뻐함이다.
사람 몸은 얻기 어려워 한번 잃으면 돌이킬 수 없는데 서로 함께 이미 각기 사람 몸을 얻었으니, 이것이 여섯 번째 스스로 기뻐함이다.
육근六根이 갖추어지지 않으면 선근에 관계하지 못하는데 서로 함께 청정하며 깊은 법문을 얻었으니, 이것이 일곱 번째 스스로 기뻐함이다.
세속적인 지혜가 밝고 총명하면 이를 돌이켜서 이루기 어려운데 서로

---

[464] 중국中國 : 문화의 중심이 되는 지역이라는 뜻. 인도에서는 갠지스강 중류 지역, 곧 바라문 문명의 중심지를 가리키고, 중국에서는 황하문명의 발상지인 황하 유역을 가리킨다.
[465] 장수천長壽天 : 색계 제4선第四禪에 속하는 무상천無想天을 가리킨다. 수명이 500겁이기 때문에 이렇게 부른다. 외도의 수행자들이 최고의 경지로 여기는 곳으로 이곳에 태어나는 중생은 마치 겨울잠을 자는 벌레처럼 염상念想이 없다. 이 때문에 이곳에 태어난 사람은 부처님을 친견하고 법을 들을 수 없는데 이를 장수천난長壽天難이라고 한다.

함께 한마음으로 정법에 귀의하고 의지하였으니, 이것이 여덟 번째 스스로 기뻐함이다.

부처님께서 말씀하시기를 부처님 뵙기가 어렵다고 하셨는데 서로 함께 이미 존귀한 모습을 우러러 대하였으니, 이것이 아홉 번째 스스로 기뻐함이다.

부처님께서 말씀하시기를 법을 듣기가 또한 어렵다고 하셨는데 서로 함께 이미 감로를 배부르게 먹었으니, 이것이 열 번째 스스로 기뻐함이다.

부처님께서 말씀하시기를 출가하기 어렵다고 하셨는데 서로 함께 이미 부모를 하직하고 사랑을 끊고서 도에 들어가는 데에 귀향하였으니, 이것이 열한 번째 스스로 기뻐함이다.

부처님께서 말씀하시기를 자신을 이롭게 하는 것은 쉽지만 남을 이롭게 하는 것은 어렵다고 하셨는데 함께 오늘 한 번 절하고 한 번 예를 표하여 널리 시방세계를 위하였으니, 이것이 열두 번째 스스로 기뻐함이다.

부처님께서 말씀하시기를 수고로움을 견디고 고통을 참는 것은 어렵다고 하셨는데 서로 함께 오늘 각자 스스로 더욱 힘써서 남을 위하여 일하고 자신을 위하지 않았으니, 이것이 열세 번째 스스로 기뻐함이다.

부처님께서 말씀하시기를 읽고 외우는 것이 어렵다고 하셨는데 우리들 대중들은 함께 읽고 외울 수 있으니, 이것이 열네 번째 스스로 기뻐함이다.

좌선하기 어려운데 지금 마음을 그치고 뜻을 안정시키는 이가 있음을 보니, 이것이 열다섯 번째 스스로 기뻐함이다.

부처님께서 말씀하시기를 이 가르침은 만나기도 어렵고 믿기도 어렵고 알기도 어렵다고 하셨는데 지금 이 가르침을 만나 믿기도 쉽고 알기도 쉬우니, 이것이 열여섯 번째 스스로 기뻐함이다.

부처님께서 말씀하시기를 전생에 이 가르침을 만나지 못해 삼계육도三界六道의 생사윤회에서 벗어나지 못한다고 하셨는데 지금 이 가르침을 만나 현생에서 결정코 삼계육도의 생사윤회에서 곧장 벗어나니, 이것이 열

일곱 번째 스스로 기뻐함이다.

　부처님께서 말씀하시기를 중생이 오탁의 악한 세상에 처하여 장애는 중하고 복은 얇아 이 가르침이 있더라도 미혹되어 알지 못하고 알더라도 행하지 못한다고 하셨는데 지금 이 가르침을 만나 알 수도 있고 행할 수도 있으니, 이것이 열여덟 번째 스스로 기뻐함이다.

　부처님께서 말씀하시기를 이 가르침을 알지 못해 잡다한 선행을 많이 닦으면 결정심이 없어서 윤회를 벗어나지 못한다고 하셨는데 지금 이 가르침을 만나 한 가지 행行만을 닦아 결정코 윤회에서 벗어나니, 이것이 열아홉 번째 스스로 기뻐함이다.

　부처님께서 말씀하시기를 선근이 없는 사람은 목숨을 마치려 할 때에 나쁜 경계를 많이 보거나 혹은 나쁜 연을 만나 경법經法을 듣지 못해 죄업에 이끌리고 얽매여 슬피 부르짖고 두려워하면서 지옥에 들어가도 구해 줄 길이 없다고 하셨는데, 지금 이 가르침을 만났으니 목숨을 마치려 할 때에 좋은 연을 만나고 선우를 만나면 이 법을 닦게 하고 널리 연설하여 서방정토의 좋은 모습과 뛰어난 법을 하나하나 가리키며 진술할 것인데 그러면 기쁜 마음으로 왕생을 발원할 것이다. 혹은 선우가 십념을 부르도록 하는 것을 듣거나 스스로 열 번 나무아미타불을 부르되 연이어 불러 열 번을 구족하면 나쁜 경계는 곧 사라지고 좋은 경계가 앞에 나타나 그 사람은 스스로 아미타불과 관음보살과 대세지보살 등 청정한 대중들이 친히 와서 영접하고 그 몸이 연화대에 앉는 것을 볼 것이며, 혹은 연꽃을 타고 몸이 부처님 뒤를 따라 정토에 왕생할 것이니, 이것이 스무 번째 스스로 기뻐함이다.

　정토에 태어난 뒤에 구품 연화대를 타고 네 가지 색 연꽃이 있는 칠보로 이루어진 연못에 저절로 화생하여 청정한 몸을 이루고 태아보자기(胎胞)라는 물질로 이루어진 몸을 떠나니, 이것이 스물한 번째 스스로 기뻐함이다.

정토에 태어난 뒤에 몸이 진실로 금빛이어서 삼십이상을 갖추고 모습이 단정하여 누추함이 없으니, 이것이 스물두 번째 스스로 기뻐함이다.
　정토에 태어난 뒤에 여섯 가지 신통을 갖추어 공중을 자유로이 날아다니고 시방세계를 두루 다니면서 큰 불사를 행하니, 이것이 스물세 번째 스스로 기뻐함이다.
　정토에 태어난 뒤에 수명이 한량이 없어 부처님과 동등하고 다시 중간에 요절함이 없으니, 이것이 스물네 번째 스스로 기뻐함이다.
　정토에 태어난 뒤에 옷과 음식이 생각대로 얻어지고 궁전이 몸이 가는 곳마다 따라다니며 저절로 즐거움을 누리고 칠보로 장엄하며 모든 것을 구족하여 구해도 얻지 못하는 것이 없으니, 이것이 스물다섯 번째 스스로 기뻐함이다.
　정토에 태어난 뒤에 막힘없는 말재주를 갖추고 8만 4천 다라니문을 얻어 지혜가 명료하여 통달하지 못하는 것이 없으니, 이것이 스물여섯 번째 스스로 기뻐함이다.
　정토에 태어난 뒤에 대보살인 관세음보살·대세지보살과 훌륭한 벗이 되어 원망하거나 미워하는 이와 만나는 일이 없으니, 이것이 스물일곱 번째 스스로 기뻐함이다.
　정토에 태어난 뒤에 육시六時에 법을 듣고 무생법인을 깨달으니, 이것이 스물여덟 번째 스스로 기뻐함이다.
　정토에 태어난 뒤에 다시는 물러남이 없고 곧장 성불에 이르니, 이것이 스물아홉 번째 스스로 기뻐함이다.
　인욕의 힘을 성취하고 큰 서원의 배를 타고 삼계에 와서 시방세계를 두루 다니면서 생사의 바다에서 다시 중생을 제도하고 정토에 왕생하여 함께 아뇩다라삼먁삼보리를 이루니, 이것이 서른 번째 스스로 기뻐함이다.
　서로 지극한 마음으로 뛸 듯이 기뻐하며 오체투지하여 세간의 큰 자비

로운 아버지이신 서방 극락세계 아미타불께 귀의하라.[466]

三十自慶【彌陀懺法】

大衆若知自慶者。則復應須修出世心。佛言。地獄難免。我等相與已得免離此苦。是一自慶。餓鬼難脫。我等相與已得遠離痛切。是二自慶。畜生難捨。相與已得不受其報。是三自慶。生在邊地。不知仁義。相與已得共住中國。道法流行。親承妙旨。是四自慶。生長壽天。不知植福。相與已得更復樹因。是五自慶。人身難得。一失不返。相與已得各獲人身。是六自慶。六根不具。不預善根。相與清淨得深法門。是七自慶。世智辯聰。返成爲難。相與一心。歸憑正法。是八自慶。佛言。見佛爲難。相與已得瞻對尊像。是九自慶。佛言。聞法復難。相與已得餐服甘露。是十自慶。佛言。出家爲難。相與已得辭親割愛。歸向人道。是十一自慶。佛言。自利者易。利他爲難。相與今日一拜一禮。普爲十方。是十二自慶。佛言。捍勞忍苦爲難。相與今日各自翹勤。有所爲作。不爲自身。是十三自慶。佛言。讀誦爲難。我等大衆同得讀誦。是十四自慶。坐禪爲難。而今見有息心定意者。是十五自慶。佛言。此教難遇。難信難知。今遇此教。易信易知。是十六自慶。佛言。前生不遇此教。所以不出三界六道生死輪廻。今遇此教。現生決定。直出三界六道生死輪廻。是十七自慶。佛言。衆生濁惡。障重福薄。雖有此教。迷而不知。知而不行。今遇此教。能知能行。是十八自慶。佛言。不知此教。多修雜善。無決定心。不出輪廻。今遇此教。專修一行。決出輪廻。是十九自慶。佛言。無善根人。臨命終時。多見惡境。或値惡緣。不聞經法。罪業牽纏。哀號恐怖。入於地獄。求救無門。今蒙此教。臨命終時。値遇善緣。及逢善友。教修此法。廣爲演說。西方淨土。善相勝法。一一指陳。其心歡喜。發願往生。或聞善友教稱十念。或自念十聲南無阿彌陀佛。連連稱念。具足十聲。惡境便

---

466 『彌陀懺法』 권10(X74, 121c).

滅。善境現前。其人自見阿彌陀佛觀音勢至。清淨海衆。親來迎接。身坐蓮臺。或乘蓮華。身隨佛後。往生淨土。是二十自慶。生淨土已。九品四色。七寶蓮池。自然化生。成清淨身。離胎胞質。是二十一自慶。生淨土已。身眞金色具三十二相。形貌端嚴。無諸醜陋。是二十二自慶。生淨土已。具六神通。飛空自在。遊歷十方。作大佛事。是二十三自慶。生淨土已。壽命無量。與佛齊等。更無中夭。是二十四自慶。生淨土已。衣食隨念。宮殿逐身。自然快樂。七寶莊嚴。一切具足。無求不得。是二十五自慶。生淨土已。具無礙辯才。得八萬四千陀羅尼門。智慧明了。無不通達。是二十六自慶。生淨土已。與大菩薩觀音勢至。爲其勝友。無怨憎會。是二十七自慶。生淨土已。六時聞法。悟無生忍。是二十八自慶。生淨土已。更無退轉。直至成佛。是二十九自慶。忍力成就。乘大願船。却來三界。遍歷十方。生死海中。復度衆生。往生淨土。同成阿耨多羅三藐三菩提。是三十自慶。相與志心。踴躍歡喜。五體投地。歸依世間大慈悲父西方極樂世界阿彌陀佛。

사십팔원四十八願【『대아미타경大阿彌陀經』】

법장비구는 세자재왕여래世自在王如來⁴⁶⁷ 앞에서 마흔여덟 가지 수승한 큰 소원을 일으켰다.

첫째, 악취무명원惡趣無名願이니, "제가 부처를 이룰 적에 국토에 지옥·아귀·축생의 이름이 있다면 저는 끝내 정각을 취하지 않겠습니다."라고 한 것이다.

둘째, 무타악도원無墮惡道願이니, "제가 부처를 이룰 적에 나라 안의 중생으로 삼악도에 떨어지는 이가 있다면 저는 끝내 정각을 취하지 않겠습니다."라고 한 것이다.

셋째, 동진금색원同眞金色願이니, "제가 부처를 이룰 적에 나라 안의 유정이 모두 똑같이 진금색을 얻지 못한다면 끝내 정각을 취하지 않겠습니다."라고 한 것이다.

넷째, 형모무차원形貌無差願이니, "제가 부처를 이룰 적에 국토의 유정이 생김새에 차별이 있어 잘나고 못난이가 있다면 정각을 취하지 않겠습니다."라고 한 것이다.

다섯째, 성취숙명원成就宿命願이니, "제가 부처를 이룰 적에 국토의 유정이 숙명통을 얻지 못해 억 나유타那由他⁴⁶⁸ 백천 겁의 일을 알지 못한다면 정각을 취하지 않겠습니다."라고 한 것이다.

여섯째, 생획천안원生獲天眼願이니, "제가 부처를 이룰 적에 국토의 유정이 천안통이 없어 억 나유타 백천의 모든 불국토를 보지 못한다면 정각을 취하지 않겠습니다."라고 한 것이다.

---

467 세자재왕여래世自在王如來 : '세자재왕'은 ⓢ Lokeśvararāja의 의역어로 누이굴라樓夷亙羅라고 음역한다. 아미타불의 전신인 법장비구에게 수기를 준 부처님이다.
468 나유타那由他 : 인도에서 아주 많은 수를 표시하는 수량의 이름으로 아유다阿由多의 백 배이다. 수천만 혹은 천억이나 만억이라고도 하여 한결같지 않다.

일곱째, 생획천이원生獲天耳願이니, "제가 부처를 이룰 적에 나라 안의 유정이 천이통을 얻지 못해 억 나유타 백천의 모든 부처님의 설법을 듣지 못한다면 정각을 취하지 않겠습니다."라고 한 것이다.

여덟째, 보지심행원普知心行願이니, "제가 부처를 이룰 적에 국토의 유정이 타심지他心智⁴⁶⁹가 없어 억 나유타 백천의 불국토에 거주하는 유정의 마음 작용을 알지 못한다면 정각을 취하지 않겠습니다."라고 한 것이다.

아홉째, 신족초월원神足超越願이니, "제가 부처를 이룰 적에 국토의 유정이 신통을 얻지 못하여 한 생각에 억 개의 불국토를 지나가지 못한다면 정각을 취하지 않겠습니다."라고 한 것이다.

열째, 정무아상원淨無我想願이니, "제가 부처를 이룰 적에 나라 안의 유정이 조금이라도 아상我想과 아소상我所想을 일으킨다면 정각을 취하지 않겠습니다."라고 한 것이다.

열한째, 결정정각원決定正覺願이니, "제가 부처를 이룰 적에 국토의 유정이 반드시 정등각正等覺을 이루지 못한다면 정각을 취하지 않겠습니다."라고 한 것이다.

열두째, 광명보조원光明普照願이니, "제가 부처를 이룰 적에 국토의 유정이 광명에 한계가 있어 나유타 백천억 개의 불국토를 비추지 못한다면 정각을 취하지 않겠습니다."라고 한 것이다.

열셋째, 수량무궁원壽量無窮願이니, "제가 부처를 이룰 적에 국토의 유정이 수명이 무한하지 않아 겁을 헤아릴 수 있다면 정각을 취하지 않겠습니다."라고 한 것이다.

열넷째, 성문무수원聲聞無數願이니, "제가 부처를 이룰 적에 나라 안의 성문은 그 숫자를 알 수 없을 것인데 만약 알 수 있다면 정각을 취하지 않

---

469 타심지他心智 : 타인의 생각을 모두 알 수 있는 지혜. 욕계의 미혹을 여의고 색계의 근본선정 이상의 경지에 도달한 사람이 일으킬 수 있는 지혜이다.

겠습니다."라고 한 것이다.

열다섯째, 중생장수원衆生長壽願이니, "제가 부처를 이룰 적에 국토의 유정이 수명에 한계가 있다면 정각을 취하지 않겠습니다."라고 한 것이다.

열여섯째, 개획선명원皆獲善名願이니, "제가 부처를 이룰 적에 국토의 유정이 좋지 않은 이름을 가진 이가 있다면 정각을 취하지 않겠습니다."라고 한 것이다.

열일곱째, 제불칭찬원諸佛稱讚願이니, "제가 부처를 이룰 적에 저 한량없는 국토 중에서 헤아릴 수 없는 부처님들이 함께 나의 나라를 칭찬하지 않는다면 정각을 취하지 않겠습니다."라고 한 것이다.

열여덟째, 십념왕생원十念往生願이니, "제가 부처를 이룰 적에 다른 국토의 유정이 저의 이름을 듣고는 저의 나라에 태어나고자 원하여 십념에 이르렀는데도 태어나지 못한다면 정각을 취하지 않겠습니다. 오무간업五無間業을 지은 이와 정법을 비방한 이와 성인을 다치게 한 이는 제외합니다."라고 한 것이다.

열아홉째, 임종현전원臨終現前願이니, "제가 부처를 이룰 적에 다른 국토의 유정이 보리심을 일으켜 극락에 태어나고자 한다면 임종할 때 저는 그 사람 앞에 나타날 것입니다. 만일 그렇게 되지 않는다면 정각을 취하지 않겠습니다."라고 한 것이다.

스무째, 회향개생원廻向皆生願이니, "제가 부처를 이룰 적에 다른 국토의 유정이 저의 이름을 설하는 것을 듣고 선근을 회향하여 저의 나라에 태어나고자 원할 것입니다. 만일 그렇게 되지 않는다면 정각을 취하지 않겠습니다."라고 한 것이다.

스물한째, 구족묘상원具足妙相願이니, "제가 부처를 이룰 적에 나라 안의 보살들이 모두 삼십이상을 갖추지 못한다면 정각을 취하지 않겠습니다."라고 한 것이다.

스물두째, 함계보처원咸階補處願이니, "제가 부처를 이룰 적에 나라 안의 보살들이 모두 다 지위가 일생보처에 오르거나 보현普賢의 도를 행할 것입니다. 만일 그렇지 않다면 정각을 취하지 않겠습니다."라고 한 것이다.

스물셋째, 신공타방원晨供他方願이니, "제가 부처를 이룰 적에 나라 안의 보살들이 새벽에 타방의 헤아릴 수 없는 모든 부처님을 공양하고 밥 먹기 전에 본국으로 돌아올 것입니다. 만일 그렇게 되지 않다면 정각을 취하지 않겠습니다."라고 한 것이다.

스물넷째, 소수만족원所須滿足願이니, "제가 부처를 이룰 적에 나라 안의 보살들이 필요한 갖가지 공양물로써 모든 부처님에게 공양하여 선근을 심으려 하는데 원만하게 갖추지 못한다면 정각을 취하지 않겠습니다."라고 한 것이다.

스물다섯째, 선입본지원善入本地願이니, "제가 부처를 이룰 적에 나라 안의 보살들이 일체지一切智에 잘 들어가지 않는다면 정각을 취하지 않겠습니다."라고 한 것이다.

스물여섯째, 나라연력원那羅延力願이니, "제가 부처를 이룰 적에 나라 안의 보살들이 나라연 같은 견고한 힘이 없다면 정각을 취하지 않겠습니다."라고 한 것이다.

스물일곱째, 장엄무량원莊嚴無量願이니, "제가 부처를 이룰 적에 나라 안의 모든 장엄하는 도구를 알 수 있거나 총괄하여 말할 수 있다면 정각을 취하지 않겠습니다."라고 한 것이다.

스물여덟째, 보수실지원寶樹悉知願이니, "제가 부처를 이룰 적에 나라 안의 한량없는 뭇 색깔의 보배 나무를 보살들이 알지 못한다면 정각을 취하지 않겠습니다."라고 한 것이다.

스물아홉째, 획승변재원獲勝辯才願이니, "제가 부처를 이룰 적에 국토의 중생이 훌륭한 말재주를 얻지 못한다면 정각을 취하지 않겠습니다."라고 한 것이다.

서른째, 대변무변원大辯無邊願이니, "제가 부처를 이룰 적에 나라 안의 보살들이 끝이 없는 말재주를 성취하지 못한다면 정각을 취하지 않겠습니다."라고 한 것이다.

서른한째, 국정보조원國淨普照願이니, "제가 부처를 이룰 적에 국토의 빛이 깨끗하여 불국토를 널리 비추는 것이 밝은 거울 속에 그 모습이 드러나는 것과 같을 것입니다. 만일 그렇게 되지 않는다면 정각을 취하지 않겠습니다."라고 한 것이다.

서른두째, 무량승음원無量勝音願이니, "제가 부처를 이룰 적에 나라 안에 한량없는 소리가 있어 수승함이 세상을 초월할 것입니다. 만일 그렇게 되지 않는다면 정각을 취하지 않겠습니다."라고 한 것이다.

서른셋째, 몽광안락원蒙光安樂願이니, "제가 부처를 이룰 적에 시방세계의 중생으로 저의 빛에 비춰지게 되는 이는 몸과 마음이 편안하고 즐거울 것입니다. 만일 그렇게 되지 않는다면 정각을 취하지 않겠습니다."라고 한 것이다.

서른넷째, 성취총지원成就總持願이니, "제가 부처를 이룰 적에 시방세계의 보살로 저의 이름을 듣는 이가 다라니陀羅尼[470]를 얻지 못한다면 정각을 취하지 않겠습니다."라고 한 것이다.

서른다섯째, 영리여신원永離女身願이니, "제가 부처를 이룰 적에 모든 불국토 안에 있는 여인들이 저의 이름을 듣고는 청정한 믿음을 얻고 보리심을 일으켜 내생에 여인의 몸을 버리지 못한다면 정각을 취하지 않겠습니다."라고 한 것이다.

서른여섯째, 문명지과원聞名至果願이니, "제가 부처를 이룰 적에 모든 불국토의 보살들이 저의 이름을 듣고는 수행하여 보리에 이르지 못한다면 정각을 취하지 않겠습니다."라고 한 것이다.

---

470 다라니陀羅尼 : [S] dhāraṇī의 음역어. 의역어는 총지總持이다. 무량한 불법佛法을 빠짐없이 모두 기억하여 잊어버리지 않는 염혜력念慧力을 가리킨다.

서른일곱째, 천인경례원天人敬禮願이니, "제가 부처를 이룰 적에 시방세계의 보살들이 저의 이름을 듣고 청정한 마음을 일으켰는데도 모든 천신과 인간들이 경례하지 않는다면 정각을 취하지 않겠습니다."라고 한 것이다.

서른여덟째, 수의수념원須衣隨念願이니, "제가 부처를 이룰 적에 나라 안의 중생이 필요한 의복이 생각하는 대로 곧 이를 것입니다. 만일 그렇게 되지 않는다면 정각을 취하지 않겠습니다."라고 한 것이다.

서른아홉째, 재생심정원纔生心淨願이니, "제가 부처를 이룰 적에 모든 중생의 부류가 저의 나라에 태어나자마자 모두 마음이 맑고 안락하여 아라한처럼 되지 않는다면 정각을 취하지 않겠습니다."라고 한 것이다.

마흔째, 수현불찰원樹現佛刹願이니, "제가 부처를 이룰 적에 나라 안의 뭇 중생들이 모든 부처님의 청정한 국토를 보고자 한다면 보배 나무 사이에 모두 다 나타날 것입니다. 만일 그렇게 되지 않는다면 정각을 취하지 않겠습니다."라고 한 것이다.

마흔한째, 무제근결원無諸根缺願이니, "제가 부처를 이룰 적에 다른 국토의 중생이 저의 이름을 듣고도 모든 감각 기관에 결함이 있거나 덕의 작용이 넓지 않다면 정각을 취하지 않겠습니다."라고 한 것이다.

마흔두째, 현증등지원現證等持願이니, "제가 부처를 이룰 적에 다른 국토의 보살이 저의 이름을 듣고는 삼마지三摩地[471]를 바로 그 자리에서 증득하지 못한다면 정각을 취하지 않겠습니다."라고 한 것이다.

마흔셋째, 문생호귀원聞生豪貴願이니, "제가 부처를 이룰 적에 다른 국토의 보살이 저의 이름을 듣고는 수명을 마치고 부유하고 귀한 집에 태어나지 못한다면 정각을 취하지 않겠습니다."라고 한 것이다.

---

471 삼마지三摩地 : ⓢ samādhi의 음역어. 의역어는 등지等持이다. 산란한 마음을 한곳에 모아 마음을 바르게 하여 망념에서 벗어나는 것이다.

마흔넷째, 구족선근원具足善根願이니, "제가 부처를 이룰 적에 다른 국토의 보살이 저의 이름을 듣고는 수행하여 선근을 갖추지 못한다면 정각을 취하지 않겠습니다."라고 한 것이다.

마흔다섯째, 공불견고원供佛堅固願이니, "제가 부처를 이룰 적에 다른 국토의 보살이 저의 이름을 듣고는 모든 부처님을 공양하고 나아가 보리에서 물러남이 있다면 정각을 취하지 않겠습니다."라고 한 것이다.

마흔여섯째, 욕문자문원欲聞自聞願이니, "제가 부처를 이룰 적에 나라 안의 보살이 듣고 싶은 법을 저절로 듣게 될 것입니다. 만일 그렇게 되지 않는다면 정각을 취하지 않겠습니다."라고 한 것이다.

마흔일곱째, 보리무퇴원菩提無退願이니, "제가 부처를 이룰 적에 다른 국토의 보살이 저의 이름을 듣고는 보리심에서 물러남이 있다면 정각을 취하지 않겠습니다."라고 한 것이다.

마흔여덟째, 현획인지원現獲忍地願이니, "제가 부처를 이룰 적에 다른 국토의 보살이 저의 이름을 듣고는 인지忍地[472]를 얻어 모든 불법에 대하여 불퇴전의 지위를 바로 그 자리에서 증득하지 못한다면 정각을 취하지 않겠습니다."라고 한 것이다.[473]

---

[472] 인지忍地 : 『無量壽經』 권상(T12, 269b)의 제48원에서 "만약 제가 부처가 되었을 때 다른 국토의 여러 보살 대중이 저의 명호를 듣고 바로 제1·제2·제3의 법인法忍을 얻지 못하고 여러 불법에 대해서 바로 불퇴전의 지위를 얻지 못한다면 정각을 취하지 않겠습니다."라고 한 것을 참조할 때, 제1법인, 제2법인, 제3법인을 총괄한 말이라고 할 수 있다. 이 세 가지 법인의 구체적 의미는 해석자마다 차이가 있다. 예를 들어 법위는 『無量壽經義疏』 권상(H2, 12c)에서 "'제1·제2·제3의 법인'이란 『仁王般若經』 권상(T8, 826b)에서 설한 오인五忍(복인伏忍·신인信忍·순인順忍·무생인無生忍·적멸인寂滅忍) 가운데 그 차례대로 복인·신인·순인을 가리킨다."라고 하였고, 경흥은 『無量壽經連義述文贊』 권중(T37, 153a)에서 "지금 여기에서는 곧 복인의 세 가지 지위(복인의 하품·중품·상품)를 '세 가지 법인'이라 한 것이다."라고 하였다.
[473] 『大阿彌陀經』(T12, 328c); 『無量壽經』(T12, 267c); 『彌陀懺法』(X74, 97c). 『彌陀懺法』의 글이 본문의 문장과 같다.

四十八願【大阿彌陀經】

法藏比邱。於世自在王如來前。發四十八殊勝大願。一惡趣無名願。若我成佛。國土有地獄餓鬼畜生名者。我終不取正覺。二無墮惡道願。若我成佛。國中眾生。有墮三惡道者。我終不取正覺。三同眞金色願。若我成佛。國中有情。若不皆同眞金色者。我終不取正覺。四形貌無差願。若我成佛。國土有情。形貌差別。有好醜者。不取正覺。五成就宿命願。若我成佛。國土有情。不得宿命。不知億那由他百千劫事者。不取正覺。六生獲天眼願。若我成佛。國土有情。若無天眼。不見億那由他百千諸佛國者。不取正覺。七生獲天耳願。若我成佛。國中有情。不獲天耳。不聞億那由他百千諸佛說法者。不取正覺。八普知心行願。若我成佛。國土有情。無他心智。不知億那由他百千佛國有情心行者。不取正覺。九神足超越願。若我成佛。國土有情。不獲神通。於一念頃。不能超過億佛剎土者。不取正覺。十淨無我想願。若我成佛。國中有情。起於少分我我所想者。不取正覺。十一決定正覺願。若我成佛。國土有情。若不決定成正等覺者。不取正覺。十二光明普照願。若我成佛。國土有情。光明有限。不照那由他百千億佛剎者。不取正覺。十三壽量無窮願。若我成佛。國土有情。不壽量無限。乃至算數劫者。不取正覺。十四聲聞無數願。若我成佛。國中聲聞。無有能知其數。若有知者。不取正覺。十五眾生長壽願。若我成佛。國土有情。不壽量無限齊者。不取正覺。除願力受生。十六皆獲善名願。若我成佛。國土有情。有不善名者。不取正覺。十七諸佛稱讚願。若我成佛。彼無量剎中。無數諸佛。不共稱讚我國者。不取正覺。十八十念往生願。若我成佛。餘剎有情。聞我名已。願生我國。乃至十念。若不生者。不取正覺。除五無間。誹謗正法。及毀聖人。十九臨終現前願。若我成佛。餘剎有情。發菩提心。願生極樂。臨終我當現其人前。若不爾者。不取正覺。二十迴向皆生願。若我成佛。餘剎有情。聞說我名。善根迴向。願生我國。若不爾者。不取正覺。二十一具足妙相願。若我成佛。國中菩薩。皆不具三十二相者。不取正覺。二十二咸階補處願。

· 343 ·

若我成佛。國中菩薩。咸悉位階。一生補處。行普賢道。若不爾者。不取正覺。二十三晨供他方願。若我成佛。國中菩薩。晨朝供養他方無數諸佛。食前還至本國。若不爾者。不取正覺。二十四所須滿足願。若我成佛。國中菩薩。所須種種供具。於諸佛所。植諸善根。不圓滿者。不取正覺。二十五善入本地願。若我成佛。國中菩薩。不善順入一切智者。不取正覺。二十六那羅延力願。若我成佛。國中菩薩。若無那羅延堅固力者。不取正覺。二十七莊嚴無量願。若我成佛。國中諸莊嚴具。若有能知及。總宣說者。不取正覺。二十八寶樹悉知願。若我成佛。國中無量衆色寶樹。諸菩薩衆。不了知者。不取正覺。二十九獲勝辯才願。若我成佛。國土衆生。不獲得勝辯才者。不取正覺。三十大辯無邊願。若我成佛。國中菩薩。若不成就無邊辯才者。不取正覺。三十一國淨普照願。若我成佛。國土光淨。普照佛利。如明鏡中。現其面像。若不爾者。不取正覺。三十二無量勝音願。若我成佛國界之內。有無量音。殊勝超世。若不爾者。不取正覺。三十三蒙光安樂願。若我成佛。十方衆生。蒙我光所照燭者。身心安樂。若不爾者。不取正覺。三十四成就總持願。若我成佛。十方菩薩。聞我名者。若不得陀羅尼者。不取正覺。三十五永離女身願。若我成佛。諸佛土中。若有女人。聞我名已。得清淨信。發菩提心。來生不捨女人身者。不取正覺。三十六聞名至果願。若我成佛。諸佛土中菩薩。聞我名已。若不修行。至菩提者。不取正覺。三十七天人敬禮願。若我成佛。十方菩薩。聞我名已。發清淨心。一切天人。不敬禮者。不取正覺。三十八須衣隨念願。若我成佛。國中衆生。所須衣服。應念卽至。若不爾者。不取正覺。三十九纔生心淨願。若我成佛。諸衆生類。纔生我國。若不皆獲心淨安樂。如羅漢者。不取正覺。四十樹現佛利願。若我成佛。國中羣生。欲見諸佛淨國。於寶樹間。悉皆出現。若不爾者。不取正覺。四十一無諸根缺願。若我成佛。餘利衆生。聞我名已。諸根有缺。德用非廣者。不取正覺。四十二現證等地[1]願。若我成佛。餘利菩薩。聞我名已。若不現證三摩地者。不取正覺。四十三聞生豪貴願。若我成佛。餘利菩薩。聞我名已。壽終不生豪貴家者。不取正覺。四十四具足善根願。若我成佛。餘刹菩薩。聞我名已。若不修行具善根者。不取正覺。四十五供佛堅固願。若我成佛。餘刹菩薩。聞我名已。供養諸佛。乃至菩提。有退轉者。不取正覺。四十六欲聞自聞願。若我成佛。國中菩薩。所欲聞法。自然得聞。若不爾者。不取正覺。四十七菩提無退願。若我成佛。餘刹菩薩。聞我名已。於菩提心。有退轉者。不取正覺。四十八現獲忍地願。若我成佛。餘刹菩薩。聞我名已。不獲忍地。於諸佛法。現證不退轉者。不取正覺。

1) ㉯『彌陀懺法』에 따르면 '地'는 '持'이다.

사십팔원四十八願【우익 법사蕅益法師 설】

첫 번째 소원이란 제가 본래 발심함은 위로 자부慈父인 종지봉鍾之鳳이 저를 낳아 준 은혜에 보답하기 위해서입니다. 삼보께서는 자비의 힘으로 제가 시작도 없는 옛날부터 거쳐 태어난 자부들이 모두 정토에 태어나 속히 보리를 증득하게 하며, 저의 이름을 듣는 이도 위로 아버지의 은혜에 보답하게 하옵소서.

두 번째 소원이란 제가 본래 발심함은 위로 자모悲母인 김대련金大蓮이 저를 길러 준 은혜에 보답하기 위해서입니다. 삼보께서는 자비의 힘으로 제가 시작도 없는 옛날부터 거쳐 태어난 자모들이 모두 정토에 태어나 속히 보리를 증득하게 하며, 저의 이름을 듣는 이도 위로 어머니의 은혜에 보답하게 하옵소서.

세 번째 소원이란 법계와 허공계의 온갖 중생을 제도하여 다 부처를 이루게 한 뒤에 제가 비로소 열반을 취하길 원하는 것입니다.

네 번째 소원이란 저의 음란의 조짐을 몸과 마음에서 다 끊고 음란의 성품을 끊어 역시 없애며, 저의 이름을 듣는 이도 음근淫根을 영원히 끊길 원하는 것입니다.

다섯 번째 소원이란 저의 살해하는 업의 습기를 남김없이 다 없애며, 저의 이름을 듣는 이도 두루 자비의 힘을 내길 원하는 것입니다.

여섯 번째 소원이란 저의 어리석음으로 삼보를 비방하는 업을 남김없이 다 없애며, 저의 이름을 듣는 이도 바르게 삼보를 믿길 원하는 것입니다.

일곱 번째 소원이란 저의 모든 착하지 않은 업을 다 청정하게 하며, 저의 이름을 듣는 이도 범행梵行에 안주하길 원하는 것입니다.

여덟 번째 소원이란 제가 결정코 극락세계에 태어나 속히 무상보리를 증득하고 몸을 티끌 같은 국토에 나누어 중생을 제도하되 미래제未來際가 다하도록 피곤해하거나 싫증냄이 없길 원하는 것입니다.

아홉 번째 소원이란 제가 세세생생에 본원을 잊지 않고 오탁의 악한 세상에 살아가는 중생을 잘 교화하길 원하는 것입니다.

열 번째 소원이란 제가 있는 곳마다 널리 정법에 통달하고 모든 마장魔障이 없길 원하는 것입니다.

열한 번째 소원이란 한량없는 지혜를 얻어 온갖 불법에 잘 통달하길 원하는 것입니다.

열두 번째 소원이란 한량없는 말재주를 얻어 뭇 미혹된 이를 개도開導하고 외도를 굴복시키며 일체에 두려움이 없어 사자처럼 울부짖길 원하는 것입니다.

열세 번째 소원이란 한량없는 신통을 얻어 시방국토에 두루 이르러 일체 여래와 선지식을 받들어 섬기며 온갖 큰 모임에 참여하지 않음이 없길 원하는 것입니다.

열네 번째 소원이란 제가 갖가지 미묘한 음성을 내어 미래제가 다하도록 삼보를 찬탄하여 모든 중생이 귀의할 바를 알길 원하는 것입니다.

열다섯 번째 소원이란 마음대로 갖가지 미묘한 공양을 내어 삼보를 공양하고 모든 중생을 위하여 큰 복전을 짓길 원하는 것입니다.

열여섯 번째 소원이란 시방세계의 일체중생이 소유한 공덕을 제가 모두 따라 기뻐하고 그들이 무상보리를 성취하게 하는 것입니다.

열일곱 번째 소원이란 시방세계의 여래께서 정각을 이룰 때에 제가 먼저 대법륜을 굴려 중생에게 위없는 깨달음의 길을 열어 보이도록 권청하는 것입니다.

열여덟 번째 소원이란 시방세계의 여래께서 반열반般涅槃[474]하실 때에

---

[474] 반열반般涅槃 : Ⓢ parinirvāṇa의 음역어. 열반에 드는 것, 또는 완전한 열반. '반'은 Ⓢ pari의 음역어로 '완전하다'는 뜻이다. 의역어는 입멸入滅·멸도滅度·원적圓寂 등이다. 번뇌의 속박에서 해탈하고 진리를 궁구하여 적멸무위寂滅無爲한 법의 성품을 깨달아 불생불멸하는 법신의 진제眞際에 돌아가는 것이다.

제가 모두 열반에 드시지 말고 항상 세간에 머물러 유정(含識)을 이롭게 하도록 권청하는 것입니다.

열아홉 번째 소원이란 시방세계의 여래 모임 중에 저를 추대하여 큰 법왕자로 삼게 하고 부처님께서 일체의 바다와 같은 모임에서 저의 공덕과 지혜와 자비와 원력을 칭찬하시되 관세음보살과 같고 지장왕地藏王[475]과 같이 평등하여 다름이 없다고 하는 것입니다.

스무 번째 소원이란 대비의 광명으로 모든 지옥을 비추어 저의 빛을 받는 이는 즉시 모든 고통스런 일이 변하여 뛰어나고 오묘한 즐거움을 이루길 원하는 것입니다.

스물한 번째 소원이란 대비의 광명으로 모든 아귀를 비추어 저의 빛을 받는 이는 즉시 아귀의 몸을 버리고 정토에 태어나길 원하는 것입니다.

스물두 번째 소원이란 대비의 광명으로 모든 축생을 비추어 저의 빛을 받는 이는 즉시 모든 두려움에서 떠나고 몸을 버린 뒤에 정토에 태어나길 원하는 것입니다.

스물세 번째 소원이란 대비의 광명으로 모든 귀신을 비추어 저의 빛을 받는 이는 다 성내는 마음을 버리고 불도를 깨달으며 누추한 몸을 버리고 청정한 몸을 얻길 원하는 것입니다.

스물네 번째 소원이란 대비의 광명으로 모든 고뇌하는 중생을 비추어 저의 빛을 받는 이는 질병이 없어지고 육근을 온전히 갖추며, 일체의 재앙이나 어려움에서 다 벗어나고 한량없는 두려움을 다 버리며, 병이 없이 장수하다가 보리의 뜻을 내며, 목숨을 마칠 때가 되면 곧 정토에 태어나길 원하는 것입니다.

스물다섯 번째 소원이란 대비의 광명으로 형체가 있는 이나 형체가 없

---

[475] 지장왕地藏王 : 지장보살地藏菩薩을 가리키는 말. 부처님께서 입멸하고 미륵보살이 성도하기 전까지의 부처님이 없는 시대에 육도의 중생을 모두 제도한 후에 성불할 것을 서원한 보살이다.

는 이나 상想이 있는 이나 상이 없는 이나 마구니나 외도들을 비추어 그들의 몸과 마음이 모든 삿된 견해를 버리고 불승佛乘에 통달하길 원하는 것입니다.

스물여섯 번째 소원이란 대비의 광명으로 사람과 천신을 비추어 그들이 욕락에 의해 미혹되거나 선정의 기쁨에 빠지거나 선정에 염증을 느끼거나 하지 않게 하고 각기 부지런히 무상보리를 구하길 원하는 것입니다.

스물일곱 번째 소원이란 대비의 광명으로 모든 성문과 연각을 비추어 그들이 무위를 증득하겠다는 생각을 버리고 속히 불승에 나아길 원하는 것입니다.

스물여덟 번째 소원이란 대비의 음성으로 일체중생을 열어 보여 모든 중생이 밝은 깨달음을 결정하고 삼계를 그리워하지 않으며 다른 승乘을 기뻐하지 않고 무상보리만을 구하길 원하는 것입니다.

스물아홉 번째 소원이란 대비에 의거한 신통력으로 중생이 뜻에 따라 갖가지 구하는 것을 항상 소원대로 얻게 하며 우리 법에 대하여 깊은 신심을 내길 원하는 것입니다.

서른 번째 소원이란 저는 중생을 구제하기 위한 까닭에 시방세계에 나타나 부처의 몸을 지어 혹은 정토를 나타내어 중생을 거두어들이되 장엄이 수승하여 극락보다 낫거나 혹은 예토를 나타내어 중생을 교화하되 방편이 무량하여 악우를 조복하길 원하는 것입니다.

서른한 번째 소원이란 저는 중생을 구제하기 위한 까닭에 부류에 따라 몸을 나타내되 낱낱의 부류 중에서 종족과 혈통이 존귀하고 뛰어나며 위덕이 자재하여 모든 동일한 부류가 공경하고 애모하여 제가 가르친 대로 곧장 보리에 이르길 원하는 것입니다.

서른두 번째 소원이란 일체의 불법이 없는 곳과 일체의 법이 사라진 곳과 일체의 불법이 행해지지 않는 곳에, 저는 대비 방편으로 몸을 그 속에 나타내어 숨어서 큰 교화를 드러내고 깊은 밤의 등불이 되어 어둠에 잠긴 이들을 구제하고 고해에서 벗어나게 할 것을 맹세하는 것입니다.

　서른세 번째 소원이란 저는 항상 중생이 굶주리거나 목마를 때에는 마시거나 먹을 것을 만들어 나타내며, 질병에 걸렸을 때에는 약초를 만들어 나타내며, 추위에 떨 때에는 의복을 만들어 나타내며, 무더울 때에는 시원한 바람을 만들어 나타내며, 험한 곳을 만났을 때에는 나루나 다리를 만들어 나타내며, 나아가 중생이 필요한 일체를 다 만들어 나타내어 모든 중생이 옷을 입거나 음식을 먹거나 기대거나 밟아서 모두 안락함을 얻고 보리심을 일으키길 원하는 것입니다.

　서른네 번째 소원이란 모든 중생이 불승을 기꺼이 구한다면 저의 이름을 들은 뒤에 육신을 버리지 않은 채로 불보리를 얻고 구경을 증득하는 것입니다.

　서른다섯 번째 소원이란 모든 보살이 불국토를 장엄하려고 한다면 저의 이름을 들은 뒤에 그 나라의 훌륭함과 미묘함이 극락보다 낫고, 예토를 나타내려고 한다면 한량없는 방편을 얻어 강퍅하고 교화하기 어려운 중생을 잘 교화하는 것입니다.

　서른여섯 번째 소원이란 모든 중생이 모든 부처님의 정토를 보고 법을 연설하는 음성을 듣고자 한다면 제가 그들로 하여금 모두 보고 듣게 하는 것입니다.

　서른일곱 번째 소원이란 모든 중생이 헤아릴 수 없는 세계에 가서 삼보를 공양하고자 한다면 한 생각 사이에 널리 두루 다니길 원하는 것입니다.

　서른여덟 번째 소원이란 모든 중생이 모든 부처님의 정토에 태어나고자 한다면 저의 이름을 듣고 곧 소원대로 왕생하는 것입니다.

　서른아홉 번째 소원이란 모든 중생이 저와 동일하게 서원한다면 속히 한량없는 지혜 방편을 얻고 위덕이 자재한 것입니다.

　마흔 번째 소원이란 어떤 중생이 소승을 즐겨 구한다면 제가 그들로

하여금 속히 성과聖果에 오르고 바로 마음을 돌이켜 보살승에 들어가길 원하는 것입니다.

마흔한 번째 소원이란 모든 시방세계의 수행하는 보살이 저의 이름을 듣는다면 곧장 보리에 이르러 영원히 마구니의 일이 없길 원하는 것입니다.

마흔두 번째 소원이란 모든 시방세계의 삿된 마구니와 외도가 저의 이름을 듣는다면 곧 삿된 견해를 버리고 함께 바른 깨달음에 귀의하길 원하는 것입니다.

마흔세 번째 소원이란 어떤 중생이 몸에 오역五逆·십악十惡·사기四棄[476]·팔기八棄[477]를 갖추어 큰 지옥 중에 떨어진다면 제가 대비심의 힘으로 애원하면서 참회할 줄 알게 하며, 훌륭하고 묘한 색신을 나타내어 그 사람 앞에 이르러 이마를 어루만지고 위로하며, 그의 죄의 뿌리를 영원히

---

476 사기四棄: 계율 가운데 가장 무거운 죄. '기棄'는 ⓢ pārājika의 의역어로, 음역어는 바라이波羅夷이다. 비구가 이 죄를 범하면 승가의 구성원으로서의 자격을 영원히 잃기 때문에 기棄라고 한다. 첫째, 대음계大婬戒는 부정행계不淨行戒·비범행계非梵行戒·부정행학처不淨行學處라고도 하니, 온갖 음란한 행위를 금제禁制한 것이다. 둘째, 대도계大盜戒는 불여취계不與取戒·투도계偸盜戒·취학처取學處라고도 하니, 주인이 있는 물건을 훔치는 것을 금제한 것이다. 셋째, 대살계大殺戒는 살인계殺人戒·단인명학처斷人命學處라고도 하니, 출가자가 제 손으로나 남을 시켜서 죽이는 것을 금제한 것이다. 넷째, 대망어계大妄語戒는 망설과인법계妄說過人法戒·망어자득상인법학처妄語自得上人法學處라고도 하니, 이양利養을 얻기 위하여 스스로 성인이라 하며 성법聖法을 얻었노라고 속이는 것을 금제한 것이다.

477 팔기八棄: 비구니에게 중죄에 해당하는 여덟 가지 죄. 팔바라이八波羅夷라고도 한다. 첫째는 음행하는 것이고, 둘째는 훔치는 것이며, 셋째는 사람 죽이는 것이고, 넷째는 큰 거짓말하는 것이며, 다섯째는 좋지 못한 생각을 가지고 좋지 못한 생각을 지닌 남자와 몸을 서로 비비는 것이다. 여섯째는 좋지 못한 생각을 가지고 좋지 못한 생각을 지닌 남자와 여덟 가지 짓을 하는 것(八事成重)이다. 여덟 가지란 손을 잡는 것, 옷을 잡는 것, 은밀한 곳에 들어가는 것, 함께 서는 것, 함께 말하는 것, 함께 다니는 것 등이다. 여덟 가지 일을 모두 범했을 때 바라이죄가 성립되고, 하나라도 빠지면 바라이죄보다 가벼운 죄인 투란차죄를 범한 것이 된다. 일곱째는 다른 비구니가 바라이죄를 범한 줄 알면서 덮어 주는 것이고, 여덟째는 잘못이 공개적으로 거론되어 승가에 함께 머물지 못하는 벌이 내려진 비구를 따르되 세 차례나 간諫했는데도 이를 어기는 것이다.

뽑아내어 보리심을 일으키게 하길 원하는 것입니다.

마흔네 번째 소원이란 어떤 중생이 저의 법을 비방하거나 저의 이름을 꾸짖는다면 그가 장애가 무겁더라도 제가 평등한 큰 자비의 힘으로 그가 악을 없애고 속히 보리에 나아가도록 할 것을 맹세하는 것입니다.

마흔다섯 번째 소원이란 저의 자비의 눈이 지극히 청정하여 두루 모든 허공계를 보고 나아가 아주 괴로운 곳에 이르러 다 편안하고 즐겁게 하며 극악한 중생들이 다 어질고 착하길 원하는 것입니다.

마흔여섯 번째 소원이란 저의 인수印手가 가장 장엄하여 생각마다 일체의 모든 공양운供養雲·진보운珍寶雲·의복운衣服雲·중구운衆具雲·음식운飮食雲·의약운醫藥雲·삼매운三昧雲·총지운總持雲·변재운辯才雲·광조운光照雲을 내어 허공계에 두루 펴져 중생을 이롭게 하고 미래제가 다하도록 단절함이 없길 원하는 것입니다.

마흔일곱 번째 소원이란, 저의 이름이 지극히 높고 멀어 시방세계가 다 하도록 두루하지 않음이 없고 나아가 법이 사라진 곳에 이르러 저의 이름은 사라지지 않고 항상 중생이 듣거나 부르면 다 해탈을 얻길 원하는 것입니다.

마흔여덟 번째 소원이란, 저의 색신이 지극히 미묘하여 아무리 해도 설할 수 없는 불국토의 극미진極微塵[478]의 수효와 같은 대인상大人相으로 자신을 장엄하는 것입니다. 낱낱의 상마다 아무리 해도 설할 수 없는 불국토의 극미진의 수효와 같은 수형호隨形好를 갖추고 있고, 낱낱의 수형호마다 아무리 해도 설할 수 없는 불국토의 극미진의 수효와 같은 광명을 갖추고 있는 것입니다. 낱낱의 광명마다 모두 아무리 해도 설할 수 없는 불국토의 극미진의 수효와 같은 빛깔을 지어 국토를 장식하고, 모두 아무

---

478 극미진極微塵 : 물질의 최소 단위. 곧 물질을 더 이상 쪼갤 수 없는 단계에 이른 것을 가리킨다.

리 해도 설할 수 없는 불국토의 극미진의 수효와 같은 음성을 내어 미묘한 법을 선양하며, 모두 아무리 해도 설할 수 없는 불국토의 극미진의 수효와 같은 향기를 내어 일체에 두루 스며들고, 모두 아무리 해도 설할 수 없는 불국토의 극미진의 수효와 같은 지극히 묘한 음식을 내어 일체를 공양하며, 모두 아무리 해도 설할 수 없는 불국토의 극미진의 수효와 같은 의복과 온갖 생활도구를 비처럼 뿌려 일체에 두루 베풀고, 모두 아무리 해도 설할 수 없는 불국토의 극미진의 수효와 같은 화신불을 나타내어 일체를 교화하며, 낱낱의 화신불마다 모두 아무리 해도 설할 수 없는 불국토의 극미진의 수효와 같은 모든 화신보살이 있어 권속으로 삼는 것입니다. 낱낱의 보살마다 모두 아무리 해도 설할 수 없는 불국토의 극미진의 수효와 같은 수승한 장엄이 있고, 낱낱의 장엄마다 모두 아무리 해도 설할 수 없는 불국토의 극미진의 수효와 같은 광대한 불사佛事를 지으며, 낱낱의 불사마다 모두 아무리 해도 설할 수 없는 불국토의 극미진의 수효와 같은 세계에서 중생을 이롭게 하는 것입니다. 그곳에 있는 어떤 중생이 한 가지 불사를 보면 저의 미묘한 색신을 보게 될 것이며, 저의 몸을 보는 이는 저와 동등해져서 속히 부처를 이루길 원하는 것입니다.[479]

四十八願【蕅益法師說】

第一願者。我本發心。爲欲上報慈父鍾之鳳生我之恩。惟願三寶慈悲力。令我無始以來經生慈父。咸生淨土。速證菩提。能令聞我名者。亦得上報父恩。第二願者。我本發心。爲欲上報悲母金大蓮養育之恩。惟願三寶慈悲力。令我無始以來經生悲母。咸生淨土。速證菩提。能令聞我名者。亦得上報母恩。第三願者。願度法界虛空界一切衆生。盡成佛竟。然後我方取泥洹。第四願者。願我淫機身心俱斷。斷性亦無。能令聞我名者。亦得永斷淫

---

[479] 『靈峰蕅益大師宗論』(J36, 258c). 단 글자가 다른 부분이 종종 눈에 띈다.

根。第五願者。願我殺害業習。滅盡無餘。能令聞我名者。徧生慈力。第六願者。願我癡暗。謗三寶業。滅盡無餘。能令聞我名者。正信三寶。第七願者。願我諸不善業。悉得清淨。能令聞我名者。安住梵行。第八願者。願我決生極樂世界。速證無上菩提。分身塵刹。度脫衆生。盡未來際。無有疲厭。第九願者。願我生生世世。不忘本願。於五濁世。善化衆生。第十願者。願我在在處處。弘通正法。無諸魔障。十一願者。願得無量智慧。善能通達一切佛法。十二願者。願得無量辯才。開導羣迷。降伏外道。一切無畏。如獅子吼。十三願者。願得無量神通。徧至十方國土。承事一切如來。及善知識。一切海會。無不得與。十四願者。願我能出種種微妙音聲。盡未來際。讚歎三寶。令諸衆生。知所歸依。十五願者。願能隨意。出生種種微妙供養。供養三寶。爲諸衆生。作大福田。十六願者。十方一切衆生所有功德。我皆隨喜。令其成就無上菩提。十七願者。十方如來。成正覺時。我先勸請。轉大法輪。開示衆生無上覺路。十八願者。十方如來般涅槃時。我悉勸請。莫入涅槃。常住世間。饒益含識。十九願者。十方如來會中。推我爲大法王子。佛於一切海會。讚我功德智慧慈悲願力。如觀世音。如地藏王。等無有異。二十願者。願以大悲光明。炤諸地獄。觸我光者。應時變諸苦事。成勝妙樂。二十一願者。願以大悲光明。照諸餓鬼。觸我光者。應時捨餓鬼身。得淨土生。二十二願者。願以大悲光明。照諸畜生。蒙我光者。離諸怖畏。捨身之後。得淨土生。二十三願者。願以大悲光明。照諸鬼神。蒙我光者。悉捨瞋心。開悟佛道。捨諸醜陋。得清淨身。二十四願者。願以大悲光明。照諸苦惱衆生。蒙我光者。疾病消除。六根具足。一切厄難皆解脫。無量恐怖悉捐除。無病延年。發菩提意。若臨命終。卽生淨土。二十五願者。願以大悲光明。照觸有形無形有想無想。及諸魔外。令其身心。捨諸邪見。通達佛乘。二十六願者。願以大悲光明。照觸人天。令其不迷欲樂及欣厭定。各各勤求無上菩提。二十七願者。願以大悲光明。照諸聲聞緣覺。令其捨無爲證。速趨佛乘。二十八願者。願以大悲音聲。開示一切衆生。令諸衆生。決定明悟。

不戀三界。不樂餘乘。惟求無上菩提。二十九願者。願以大悲神力。隨順眾生。種種所求。恒令如願。俾于我法。生深信心。三十願者。我以救度眾生故。願於十方。現作佛身。或現淨土。攝取眾生。莊嚴殊勝。踰於極樂。或現穢土。化導眾生。方便無量。調伏惡友。三十一願者。我以救度眾生故。願於隨類現身。一一類中。種族尊勝。威德自在。令諸同類。恭敬愛慕。如所教誨。直至菩提。三十二願者。一切無佛法處。一切法滅處。一切佛法。不能行處。我誓以大悲方便。現身于中。隱顯大化。為長夜燈。救拔沈冥。出於苦海。三十三願者。願我恒于眾生。饑渴之時。現作飲食。疾疫之時。現作藥草。寒凍之時。現作衣服。熱惱之時。現作涼風。險阻之處。現作津梁。乃至眾生一切所須。皆現作之。令諸眾生。若服若食。若倚若履。咸得安樂。發菩提心。三十四願者。若諸眾生。樂求佛乘。聞我名已。不捨肉身。得佛菩提。證於究竟。三十五願者。若諸菩薩。莊嚴佛土。聞我名已。其國勝妙。踰於極樂。欲現穢土。則得無量方便。善化剛強。難化眾生。三十六願者。若諸眾生。欲見諸佛淨土。聞說法音。我願令彼皆得見聞。三十七願者。若諸眾生。欲徃無數世界。供養三寶。願令一念之間。普得周徧。三十八願者。若諸眾生。欲生諸佛淨土。聞我名號。即得隨願往生。三十九願者。若諸眾生。同我誓願。速得無量智慧方便。威德自在。四十願者。若有眾生。樂求小乘。我願令彼速登聖果。即便回心。入菩薩乘。四十一願者。願諸十方修行菩薩。聞我名號。直至菩提。永無魔事。四十二願者。願諸十方。邪魔外道。聞我名號。即捨邪見。同歸正覺。四十三願者。若有眾生。身具五逆十惡。四棄八棄。當墮大地獄中。我願以大悲心力。使知求哀懺悔。隨現勝妙色身。至其人前。摩頂安慰。令彼罪根永拔。發菩提心。四十四願者。若有眾生。或謗我法。或詈我名。彼雖障重。我誓以平等大慈悲力。令其滅惡。速趣菩提。四十五願者。願我慈眼。最極清淨。普視盡虛空界。乃至極苦之處。悉令安樂。極惡眾生。悉令賢善。四十六願者。願我印手。最極莊嚴。於念念中。出生一切諸供養雲。諸珍寶雲。諸衣服雲。諸眾具雲。諸飲食雲。諸醫藥雲。諸三昧雲。諸總持雲。諸辯才雲。諸光照雲。徧虛空界。利益衆生。盡未來際。無有斷絶。四十七願者。願我名號。最極高遠。盡十方界。靡不周徧。乃至法滅之處。我名不滅。恒令衆生。若聞若稱。悉得解脫。四十八願者。願我色身最極微妙。以不可說不可說佛刹極微塵數大人之相。而自莊嚴。一一相有不可說不可說佛刹極微塵數隨形好。一一好有不可說不可說佛刹極微塵數光明。一一光明皆作不可說不可說佛刹極微塵數色。嚴飾國界。皆演不可說不可說佛刹極微塵數聲。宣揚妙法。皆發不可說不可說佛刹極微塵數香。普熏一切。皆出不可說不可說佛刹極微塵數上妙飮食。供養一切。皆雨不可說不可說佛刹極微塵數衣服衆具。普施一切。皆現不可說不可說佛刹極微塵數化佛。敎化一切。一一化佛皆有不可說不可說佛刹極微塵數諸化菩薩。以爲眷屬。一一菩薩皆有不可說不可說佛刹極微塵數殊勝莊嚴。一一莊嚴皆作不可說不可說佛刹極微塵數廣大佛事。一一佛事皆於不可說不可說佛刹極微塵數世界。利益衆生。其有衆生。見一佛事。則得見我微妙色身。見我身者。則能與我平等。則能速得成佛。

발문

지난 기묘년己卯年(1879) 여름 도암선실道菴禪室에서 더위를 피할 때에 허주 장로虛舟長老를 참례하고 불법의 대의를 묻자 장로께서 말씀하셨다.
"삼교三敎⁴⁸⁰는 원래 두 가지 이치가 없고 단지 심心이라는 한 글자에 달려 있네. '오직 정밀하게 살피고 전일하게 지켜야 진실로 중도를 잡을 수 있다.'⁴⁸¹는 것은 성인과 성인이 서로 전한 심법心法이요, '깨끗한 지혜는 오묘하고 원융하여 주체(六根)와 객체(六塵)를 멀리 벗어났다.'⁴⁸²는 것은 부처님과 부처님이 서로 증득한 심인心印이요, '칠반구환七返九還하여 대보大寶를 수련한다.'⁴⁸³는 것은 선인과 선인이 서로 준 심단心丹일세. 비유

---

480 삼교三敎 : 동양 사상의 근간이 되는 것으로 오랫동안 상호 간에 사상적 논쟁을 지속해 왔던 유교와 불교와 도교를 가리킨다.
481 『書經』「大禹謨」에서 "인심은 위태롭고 도심은 미묘하니, 오직 정밀하게 살피고 오직 전일하게 지켜야 진실로 중도를 잡을 수 있다.(人心惟危。道心惟微。惟精惟一。允執厥中。)"라고 하였다. 이 구절은 순임금이 우왕에게 제위를 물려주려 하면서 경계한 말로 도통道統을 전수하는 요결要訣로 일컬어진다.
482 『大慧普覺禪師語錄』(T47, 896b); 『碧巖錄』(T48, 194b).
483 『周易參同契』에 나오는 말로 도교의 수련법을 집약한 것이다. '칠七'의 수리數理는 화火의 성수成數이고, '구九'의 수리는 금金의 성수로 모두 양陽에 속한다. '반환返還'이란 말은 순수한 양이며 음陰이 없는 자리로 되돌아간다는 뜻이다. 음양의 변화에는 결함이 없을 수 없으므로 도를 닦는 법을 배우는데, 금과 화를 단련하여 결함을 다시 온전하게 회복시키는 것을 칠반구환이라고 한다.

컨대 해의 광명을 뜬구름이 가리면 어두워지는 것처럼 사람이 망상분별에 의해 몽매해지면 자성을 볼 수 없게 되네. 오르는 길이나 내려가는 길에 굴러 떨어지면서 여러 세계로 옮겨 들어감이 마칠 기약이 없으니 어찌 심히 애석할 만하지 않겠는가? 만일 지혜의 빛을 돌이켜 비추어 근원을 궁구하여 바닥에 사무친다면 존재하는 모든 법이 이 일심을 벗어나지 않는다네."

이 말을 듣고 바로 정수리에 침을 한 방 맞은 것과 같았다. 비록 말하자마자 대번에 깨닫지는 못했지만 매번 경계의 연을 따라 움직이거나 부딪칠 때에 일념으로 맹렬하게 살피면 나와 남이 모두 공空해져 가슴속이 시원히 틔워졌으니 이것이 어찌 장로가 가르친 힘이 아니겠는가?

종인宗人 보광 거사가 나에게 장로가 손수 모은 『정토감주』한 책을 보여 주었는데, 이것은 정토에 관한 경전과 논서 중 수목數目에 속한 것을 취하고 이를 모아서 만든 것이다. 마음의 근원으로 돌아가는 지침이 되고 서원의 바다를 건너는 자비의 배가 될 수 있으니 중생들을 제도하겠다고 서원한 훌륭한 장인의 고심을 더욱 볼 수 있다. 우러르는 마음을 이기지 못해 삼가 전날에 들은 법의 가르침 한 궤칙을 묶어 책의 말미에 쓸 뿐이다.

경진년庚辰年(1880) 늦봄에 보화 거사寶華居士 대방帶方 유엽劉燁은 삼가 발문을 쓴다.

跋

曩在己巳[1]夏。避暑于道菴禪室。叅禮虛舟長老。敬叩佛法大意。長老喩以三敎原無二致。祗在於心之一字。盖惟精惟一。允執厥中。聖聖相傳之心法也。淨智妙圓。逈脫根塵。佛佛相證之心印也。七返九還。修煉大寶。仙仙相授之心丹也。譬如天日光明。浮雲蔽暗。人爲妄想分別所昧。不能見自性。升沈輪墜。轉入諸趣。無有了期。豈不大可痛惜哉。若能回光返照。究源徹底。則萬有諸法。不外乎此之一心云。聞之正如頂門一針。雖不能言下頓悟。然每於²⁾境緣動觸之際。一念猛省。則物我俱空。胸襟爽豁。此豈非長老熏陶之力乎。宗人葆光居士。示余以長老所手輯淨土紺珠一冊。此取淨土經論中屬於數目者彙成。而可爲返心源之指南。渡願海之慈航。則尤見其誓度羣品之良匠苦心也。不勝景仰。謹掇前日之所承聆法誨一則。以書卷尾云爾。

　　歲庚辰暮春。寶華居士帶方劉燡。謹跋。

1) ㉠ 발문을 쓴 해가 경진년庚辰年이므로 '己巳'는 '己卯'의 오기인 듯하다. 2) ㉑ 갑본에는 '每於'가 '於每'로 되어 있다.

순화궁順和宮 경빈慶嬪 김씨金氏, 수명은 산처럼 높고 복은 바다처럼 넓으소서.

신녀信女 대지명大智明 김씨金氏 기부記付 고고 김학성金鶴聲 비妣 경주慶州 김씨金氏 선형先兄 김지운金志運 수수嫂 나주羅州 주씨朱氏 수수嫂 순안順安 박씨朴氏.

신녀信女 순진행純眞行 최씨崔氏 기부記付 구구舅 한종갑韓宗甲 고고姑 양천陽川 허씨許氏 고고 최계흥崔啓興 비妣 하동河東 정씨鄭氏 선가부先家夫 한대식韓大植.

신녀信女 묘혜월妙慧月 홍씨洪氏 기부記付 고고 남양南陽 홍씨洪氏 비妣 법성혜法性慧 김씨金氏.

법혜월法慧月 황씨黃氏 기부記付 고고 창원昌原 황씨黃氏 비妣 신창新昌 맹씨孟氏.

신녀信女 금강심金剛心 양씨梁氏 기부記付 고고 남원南原 양정월梁定月 비妣 법성혜法性慧 김씨金氏 화건화乾 양청주梁淸珠 곤명坤命 양씨梁氏 신유생辛酉生 화건化乾 양흥완梁興完 대심화大心華 건명乾命 양윤철梁允喆.

신녀信女 보문행普門行 조씨曺氏 기부記付 고고 창녕昌寧 조유복曺有福.

신녀信女 천진화天眞華 김씨金氏.

상궁尙宮 신사생辛巳生 이씨李氏.

보시의 재물을 모아 이 『정토감주』 1권을 새기니 승연勝緣에 동참하여 각기 선근을 닦아 정업淨業에 회향하고 선령先靈을 섭수하여 청태清泰에 태어나 널리 적광寂光을 증득하길 원합니다.

신사信士 박법계심朴法界心, 박원각朴圓覺, 정정명丁正明, 고명진高明眞.

선남善男 박종기朴褧基, 박형기朴瑩基, 박봉기朴鳳基, 박의호朴毅鎬, 박상호朴相鎬, 박석기朴碩基, 박오득朴五得, 박상득朴相得, 박대흥朴大興, 최진성崔鎭成, 박윤성朴崙成, 박윤규朴崙圭, 성재명成載鳴, 손항원孫恒源, 고경성高景成, 박명진朴明鎭.

김용환金溶桓 기부記付 고考 김준기金俊基 모母 달성達城 서씨徐氏.

김중진金重璡 기부記付 고考 김영묵金英默 모母 전주晋州 강씨姜氏.

이배근李培根 기부記付 고考 우담화優曇華 비妣 경주慶州 김씨金氏.

최명원崔命源 기부記付 선형先兄 최창원崔彰源.

정정명丁正明 기부記付 고考 정성철丁性哲.

이춘식李春植, 김희영金喜榮.

태영수太永壽 기부記付 고考 태기선太基善 비妣 신천信川 강씨康氏 비妣 평산平山 백씨白氏.

이홍순李弘淳 기부記付 부父 이배근李培根 모母 청주淸州 한씨韓氏 비妣 남원南原 양씨梁氏.

이계홍李啓弘 기부記付 고考 이만석李萬錫 모母 밀양密陽 박씨朴氏.

이승옥李承玉.

최성길崔星吉, 김명균金明均, 이석기李錫基, 김세정金世鼎, 함영관咸永寬, 박노수朴魯洙, 박준석林俊錫, 이태진李泰鎭, 방세용方世容, 박희령朴喜翎, 박도환朴道煥, 김한성金漢性.

박선행朴善行 기부記付 조고祖考 박제윤朴悌潤 조비祖妣 김해金海 김씨金氏.

順和宮。慶嬪金氏。壽山高屹。福海汪洋。

信女。大智明。金氏。記付。考金鶴聲。妣慶州金氏。先兄金志運。嫂羅州朱氏。嫂順安朴氏。

信女。純眞行。崔氏。記付。舅韓宗甲。姑陽川許氏。考崔啓興。妣河東鄭氏。先家夫韓大植。

信女。妙慧月。洪氏。記付。考南陽洪氏。妣法性慧金氏。

法慧月。黃氏。記付。考昌原黃氏。妣新昌孟氏。

信女。金剛心。梁氏。記付。考南原梁定月。妣法性慧金氏。化乾梁淸珠。坤命梁氏。辛酉生。化乾梁興完大心華。乾命梁允喆。

信女。普門行。曺氏。記付。考昌寧曺有福。

信女。天眞華。金氏。

尙宮。辛巳生。李氏。

糾合施資刻此淨土紺珠一卷。同霑勝緣。各修善根。回向淨業。攝受先靈。願生淸泰。普證寂光。

信士。朴法界心。朴圓覺。丁正明。高明眞。

善男。朴㷍基。朴瑩基。朴鳳基。朴毅鎬。朴相鎬。朴碩基。朴五得。朴相得。朴大興。崔鎭成。朴崙成。朴崙圭。成載鳴。孫恒源。高景成。朴明鎭

金溶桓。記付。考金俊基。母達城徐氏。

金重璡。記付。考金英默。母晋州姜氏。

李培根。記付。考優曇華。妣慶州金氏。

崔命源。記付。先兄崔彰源。

丁正明。記付。考丁性哲。

李春植。金喜榮。

太永壽。記付。考太基善。妣信川康氏。妣平山白氏。

李弘淳。記付。父李培根。母淸州韓氏。妣南原梁氏。

李啓弘。記付。考李萬錫。母密陽朴氏。

李承玉。

崔星吉。金明均。李錫基。金世鼎。咸永寬。朴魯洙。林俊錫。李泰鎭。方世容。朴喜翎。朴道煥。金漢性。

朴善行。記付。祖考朴悌潤。祖妣金海金氏。

광서光緒 8년 임오년壬午年(1882) 맹춘孟春 정원사淨願社에서 개간開刊하여 봉은사奉恩寺에 둔다.

光緒八年壬午孟春。淨願社開刊。留鎭于奉恩寺。

찾아보기

가관假觀 / 126
가쇄枷鏁 / 290
각명覺明 / 312
각적대사覺寂大師 / 312
각현覺賢 / 312
갈번葛繁 / 241
감로甘露 / 331
『감로소甘露疏』 / 37, 171, 205
감산 대사憨山大師 / 25, 54, 55, 57
『감주紺珠』 / 30
개획선명원皆獲善名願 / 338
겁화劫火 / 193
견사혹見思惑 / 126, 137
『결정광명경決定光明經』 / 260
결정정각원決定正覺願 / 337
계戒 / 168
『계념의범繫念儀範』 / 291
계연문繫緣門 / 155
계행戒行 / 222
고성지高聲持 / 123
고음 선사古音禪師 / 215
공겁 이전空劫以前 / 82
공경수恭敬修 / 162
공관空觀 / 126
공불견고원供佛堅固願 / 342
공양운供養雲 / 352
『관무량수경觀無量壽經』 / 241
『관무량수경송觀無量壽經頌』 / 37, 304

『관무량수불경觀無量壽佛經』 / 37, 94, 174
관상觀想 / 314
관상염불觀像念佛 / 135
관상염불觀想念佛 / 135
관세음보살 / 222, 302
관음상관音想觀 / 306
관행위觀行位 / 199
광명법사光明法師 / 238
광명보조원光明普照願 / 337
광산匡山 / 34
광장설廣長舌 / 194
광조운光照雲 / 352
구계九界 / 199
구물두拘勿頭 / 150
구박범부具縛凡夫 / 85
구업口業 / 174
구조九祖 / 238, 241
구족계具足戒 / 168
구족묘상원具足妙相願 / 338
구족선근원具足善根願 / 342
구품九品 / 24, 146, 222, 234, 236
구품연태九品蓮胎 / 72
국정보조원國淨普照願 / 340
『군의론羣疑論』 / 37, 327
『권수정토문勸修淨土文』 / 37, 202
『귀원직지歸元直指』 / 64, 210, 293
『귀원직지집歸元直指集』 / 37
극과極果 / 148
극락極樂 / 262, 323
극락국토極樂國土 / 41, 150

근본무명 / 199
금金 / 209
금강불괴신金剛不壞身 / 291
금강심金剛心 / 281
『금강정유가념주경金剛頂瑜伽念珠經』 / 37, 152
금강지金剛持 / 123, 314
금련화金蓮華 / 224
기감機感 / 86
기사굴산耆闍崛山 / 199
기사주記事珠 / 35
김대련金大蓮 / 346

나라연那羅延 / 328
나라연력원那羅延力願 / 339
나무아미타불南無阿彌陀佛 / 45
나집 법사羅什法師 / 98
나찰羅刹 / 310
낙방樂邦 / 302
낙천樂天 / 241
난사광불難思光佛 / 289
난생卵生 / 164, 277
내민萊民 / 313
노당경책老堂警策 / 83
노련거사露蓮居士 / 26
뇌차종雷次宗 / 313
누상관樓想觀 / 305
『능엄경楞嚴經』 / 67

다라니陀羅尼 / 340
단丹 / 218
단덕斷德 / 200
담상曇常 / 312
담선曇詵 / 312
담순曇順 / 312
대력신大力神 / 258
『대명삼장법수大明三藏法數』 / 37
대변무변원大辯無邊願 / 339
『대보적경大寶積經』 / 37, 244, 261
대비심大悲心 / 93
대세지보살 / 222, 302
대승 염불 / 156, 157
『대아미타경大阿彌陀經』 / 37, 289, 336
대암 법사臺巖法師 / 238
대전 선사大顚禪師 / 61
대철위산大鐵圍山 / 132
대통불大通佛 / 274
『대품반야경大品般若經』 / 298
대행 화상大行和尙 / 105, 161
덕진德眞 / 31
도건道巾 / 299
도경道敬 / 312
도병道昺 / 312
도병재刀兵災 / 314
도생道生 / 312
도솔 열兜率悅 / 125
도암선실道菴禪室 / 357
도조道祖 / 313
도종지道種智 / 126
도피안到彼岸 / 137
돈교頓敎 / 109

찾아보기 • 365

돈오여래頓悟如來 / 157
동강 법사桐江法師 / 76
동림사東林寺 / 241
동진금색원同眞金色願 / 336
등각等覺 / 137
등정각等正覺 / 281

마군魔軍 / 187
마노瑪瑙 / 209
마니주摩尼珠 / 305
마장魔障 / 90
『만선동귀집萬善同歸集』 / 37, 287, 318
멸진정 / 251
명자위名字位 / 199
몽광안락원蒙光安樂願 / 340
『몽유집夢遊集』 / 37
묘각妙覺 / 200
『묘응록妙應錄』 / 37, 267
무간수無間修 / 162
무대광불無對光佛 / 289
무량광불無量光佛 / 289
『무량수경無量壽經』 / 37, 96, 118, 260
무량수존無量壽尊 / 302
무량승음원無量勝音願 / 340
무명혹無明惑 / 126
무변광불無邊光佛 / 289
무상보리無上菩提 / 216
무상정등보리無上正等菩提 / 327
무생법인無生法忍 / 74, 199, 234
무애광불無礙光佛 / 289
무여수無餘修 / 162

무위자無爲子 / 242
무제근결원無諸根缺願 / 341
무칭광불無稱光佛 / 289
무타악도원無墮惡道願 / 336
무하향無何鄕 / 128
묵지默持 / 123
문명지과원聞名至果願 / 340
문생호귀원聞生豪貴願 / 341
『문수반야경文殊般若經』 / 37, 49
문혜聞慧 / 106
『미타왕생경彌陀往生經』 / 289
『미타참법彌陀懺法』 / 254, 256, 257, 260, 262, 330
민중敏仲 / 242

박지博地 / 200, 276
반야덕般若德 / 126
반열반般涅槃 / 347
반조返照 / 315
『반주삼매경般舟三昧經』 / 37, 95
반주 화상般舟和尙 / 238
발두마鉢頭摩 / 150
방등경전方等經典 / 222
방편선方便禪 / 182
방편유여토方便有餘土 / 148
방편토方便土 / 199
백거이白居易 / 241
백법명문百法明門 / 225
백호白毫 / 126
백호광명白毫光明 / 314
범성동거토凡聖同居土 / 148

범행梵行 / 87
법당산法幢山 / 24, 27
법성法性 / 126
법신대사法身大士 / 137
법신덕法身德 / 126
법신상관法身想觀 / 306
법장法場 / 132
법장비구法藏比丘 / 227, 336
법조法照 / 238
벽지불辟支佛 / 63
변각대사辨覺大師 / 238, 312
변재운辯才雲 / 352
별교別敎 / 156
병당경책病堂警策 / 84
보광 거사葆光居士 / 241, 358
보리무퇴원菩提無退願 / 342
보리심菩提心 / 94
보법지관普法智觀 / 306
보살계菩薩戒 / 85
보수실지원寶樹悉知願 / 339
『보왕론寶王論』 / 37, 50, 187, 298
보왕삼매寶王三昧 / 298
보제 대사普濟大師 / 312
보지심행원普知心行願 / 337
『보현행원기普賢行願記』 / 37, 135
보화 거사寶華居士 / 358
『복보지남福報指南』 / 37, 203
본각本覺 / 199
본래면목本來面目 / 61
본사本師 / 266
본원本願 / 69
봉은사奉恩寺 / 363
부단광불不斷光佛 / 289
부동거사不動居士 / 242

부사의광명不思議光明 / 293
부사의도생不思議度生 / 293
부사의변재不思議辯才 / 293
부사의분신不思議分身 / 293
부사의삼매不思議三昧 / 293
부사의설법不思議說法 / 293
부사의수량不思議壽量 / 293
부사의신통不思議神通 / 293
부사의원력不思議願力 / 293
부사의의정이엄不思議依正二嚴 / 293
부사의자비不思議慈悲 / 293
부사의지혜不思議智慧 / 293
부정설법不淨說法 / 229
분진위分眞位 / 199
분타리芬陀利 / 150
불타발타라佛陀跋陀羅 / 312
불타야사佛陀耶舍 / 312
불퇴전不退轉 / 304
불퇴주不退住 / 85

사가四可 / 159
사관四關 / 144
사교이념四敎離念 / 156
사기四棄 / 351
사념주四念珠 / 152
사당四當 / 146
사대四大 / 83, 197
사등四等 / 281
사료간四料簡 / 139, 140
사문四門 / 155
사미계沙彌戒 / 168

사변재四辯才 / 281
사부득四不得 / 154
사불퇴四不退 / 148
사색연화四色蓮華 / 150
사생四生 / 164
사수事修 / 182
사수四修 / 162
사십팔원四十八願 / 227, 336, 346
사여四如 / 166
사연四緣 / 287
사은四恩 / 65, 325
사의四意 / 142
사일심事一心 / 67
사자교조四字教詔 / 161
사제四諦 / 76, 225
사종염불四種念佛 / 135
사종요익四種饒益 / 141
사중四衆 / 146
사지事持 / 71
사취四趣 / 281
사토四土 / 24, 137
사행四行 / 168
사행원四行願 / 160
사혜思慧 / 106
사효四孝 / 167
산선散善 / 74, 261
삼고三故 / 101
삼관三觀 / 74, 126
삼관三關 / 125
삼교三教 / 357
삼교량三較量 / 107
삼구三垢 / 289
삼권三勸 / 124
삼귀三歸 / 94

삼대三待 / 134
삼덕三德 / 126
삼도三道 / 121
삼독추三獨推 / 117
삼력三力 / 95
삼마지三摩地 / 341
삼매운三昧雲 / 352
삼명三明 / 225
삼방편三方便 / 98
삼배三輩 / 96
삼법인三法忍 / 328
삼복三福 / 94
삼불가三不可 / 109
삼불신심三不信心 / 100
삼수三囚 / 130
삼시三尸 / 90
『삼시계념의범三時繫念儀範』 / 37, 283
삼심三心 / 92, 93, 162
삼십이상三十二相 / 248
삼십자경三十自慶 / 330
삼십종익三十種益 / 327
삼악도 / 265, 291
삼업三業 / 287
삼유三有 / 326
삼의三疑 / 99
『삼장법수三藏法數』 / 34
삼전三專 / 104
삼제三諦 / 74
삼즉三卽 / 128
삼지三持 / 123
삼지三智 / 126
삼책三策 / 111
삼통三通 / 105
삼혜三慧 / 106

삼혹三惑 / 126
상계像季 / 273
상배上輩 / 96
상상관像想觀 / 305
상적광토常寂光土 / 148
상품상생上品上生 / 222, 234
상품상생관上品上生觀 / 307
상품중생上品中生 / 223, 234
상품하생上品下生 / 224, 234
상화相火 / 89
생획천안원生獲天眼願 / 336
생획천이원生獲天耳願 / 337
서방西方 / 257
『서방공거西方公據』 / 37, 234
서원을 짓는 문(作願門) / 174
석명 거사錫明居士 / 72, 109
석지 효石芝曉 / 238
선도 화상善導和尙 / 69, 92, 104, 238
선입본지원善入本地願 / 339
『선종정지禪宗正指』 / 37, 59
성문무수원聲聞無數願 / 337
성상省常 / 239
성취숙명원成就宿命願 / 336
성취총지원成就總持願 / 340
세자재왕여래世自在王如來 / 336
세지상관勢至想觀 / 306
소강少康 / 238
소문少文 / 313
소수만족원所須滿足願 / 339
소승 염불 / 156
수다원須陀洹 / 227
수량무궁원壽量無窮願 / 337
수상관水想觀 / 304
수상관樹想觀 / 304

수석秀碩 / 313
수의수념원須衣隨念願 / 341
수재水災 / 314
수주數珠 / 152
수출竪出 / 76
수현불찰원樹現佛刹願 / 341
수형호隨形好 / 352
수혜修慧 / 106
순양 조사純陽祖師 / 89
습생濕生 / 164, 277
승기물僧祇物 / 228
승예僧叡 / 312
승원承遠 / 238
식이변분별선息二邊分別禪 / 182
신공타방원晨供他方願 / 339
신업身業 / 174
신족초월원神足超越願 / 337
실보장엄토實報莊嚴土 / 148
실보토實報土 / 200
실상염불實相念佛 / 135
심단心丹 / 357
심심深心 / 93
십구념요의十九念了義 / 314
십구익十九益 / 318
십난十難 / 273
십난신十難信 / 276
십념十念 / 180, 267
십념문十念門 / 155
십념왕생원十念往生願 / 338
십력十力 / 229, 281
십무애十無礙 / 248
십바라밀十波羅蜜 / 85
십불념十不念 / 272
십사상十四相 / 298

십사수호심十四守護心 / 297
십선업十善業 / 94
십승十勝 / 254~257
십승리十勝利 / 258
십신十信 / 85
십신심十信心 / 246
십실十失 / 279
십심十心 / 244
십악十惡 / 235, 351
십악중죄十惡重罪 / 146
십업十業 / 287
십오염불十五念佛 / 299
십원十願 / 283
십육관十六觀 / 304
『십육관경十六觀經』 / 222, 261
십육상十六想 / 310
십육피차十六彼此 / 301
십의十疑 / 268
『십의론十疑論』 / 77, 107
십이十易 / 260, 262, 263
십이검조심十二檢照心 / 296
십이광十二光 / 289
십이력十二力 / 295
십이부경十二部經 / 228
십이부사의十二不思議 / 293
십이원十二願 / 291
십이인연十二因緣 / 76
십종공덕十種功德 / 265
십종장엄十種莊嚴 / 280
십주十住 / 137, 199
『십주바사론十住婆沙論』 / 87
십지十地 / 137
십지차十只此 / 266
십팔현十八賢 / 312

십행十行 / 137
십향十向 / 137
쌍림雙林 / 301

아뇩다라삼먁삼보리阿耨多羅三藐三菩提 / 224
아라한阿羅漢 / 63, 225
『아미타경阿彌陀經』 / 37, 41, 150, 209, 213
아비발치阿鞞跋致 / 87, 263, 318
아승기겁 / 218
아유월치阿惟越致 / 177
악취무명원惡趣無名願 / 336
『안국초安國鈔』 / 37, 323
안락성安樂城 / 304
안문 법사鴈門法師 / 312
안양安養 / 146, 255, 291, 318
야차夜叉 / 310
『약사경藥師經』 / 260
양걸楊傑 / 242
양족존兩足尊 / 140
양주학揚州鶴 / 131
양차공楊次公 / 79, 100, 270
언륜 법사彦倫法師 / 74
『업보차별경業報差別經』 / 37, 265
업식業識 / 197
여래장如來藏 / 95, 156
여산廬山 / 238
여조呂祖 / 218
연대蓮臺 / 154
연려蓮侶 / 243
연사蓮社 / 29, 238, 241

연수延壽 / 239
연영緣影 / 194
『연종보감蓮宗寶鑑』 / 37, 45, 51, 53, 125, 126, 128, 137, 164, 189, 295
연지 대사蓮池大師 / 43, 81, 101, 123, 124, 140, 206, 238, 239, 241, 276, 299, 320
연태蓮胎 / 216
연화대 / 305, 332
염리행厭離行 / 77
염불삼매念佛三昧 / 28
『염불직지念佛直指』 / 37, 93, 168, 301, 310
염불퇴念不退 / 148
염왕광불焰王光佛 / 289
염주念珠 / 152, 325
『영락경瓔珞經』 / 85, 157
영리여신원永離女身願 / 340
영명 선사永明禪師 / 65, 139
『예념미타도량참법禮念彌陀道場懺法』 / 37, 280
예참문禮懺門 / 155
오경五敬 / 171
오과五果 / 287
오념五念 / 162
오념문五念門 / 174
오도五道 / 146
오무간업五無間業 / 338
오부정五不正 / 186
오불가사의五不可思議 / 179
오불퇴五不退 / 172
오선五禪 / 182
오소부득五少不得 / 180
오역五逆 / 146, 225, 235, 351
오위암吳葦菴 거사居士 자성自惺 / 314

오의五義 / 187
오탁五濁 / 273
오필五必 / 184
오혹五惑 / 176
오회 국사五會國師 / 238
왕고王古 / 242
『왕생론往生論』 / 269
왕일휴王日休 / 241
요결要訣 / 154
요의了義 / 316
욕문자원欲聞自聞願 / 342
용서거사龍舒居士 / 241
『용서정토문龍舒淨土文』 / 37, 159, 193
용화龍華 / 301
우발라優鉢羅 / 150
우익 법사蕅益法師 / 58, 71, 106, 148, 179, 190, 194, 346
우화국藕華國 / 31
『운서법휘雲棲法彙』 / 37, 83
원각묘심圓覺妙心 / 316
원공遠公 / 238
원교圓教 / 109, 157
원돈圓頓 / 199
원정법사圓淨法師 / 239
위불퇴位不退 / 148
유리瑠璃 / 209
『유마힐경維摩詰經』 / 37, 211
유무有無 / 316
유심惟心 / 74, 121
유심정토惟心淨土 / 53, 64, 248, 266
유엽劉爗 / 358
유유민劉遺民 / 241, 313
유정지劉程之 / 241
육근六根 / 193

육념六念 / 222
육단肉團 / 194
육도六度 / 189, 190, 281
육도만행六度萬行 / 76
육바라밀六波羅蜜 / 287
육부득六不得 / 197
육수六修 / 202
육신六信 / 194
육신통六神通 / 175
육약六藥 / 203
육인六因 / 287
육재일六齋日 / 110
육정六淨 / 199
육정근六情根 / 291
육종념六種念 / 191
육친六親 / 315
육통六通 / 225
은銀 / 209
음경陰境 / 139
음식운飮食雲 / 352
응심선凝心禪 / 182
의보依報 / 74
의복운衣服雲 / 352
의약운醫藥雲 / 352
의업意業 / 174
이경책二警策 / 83
이관理觀 / 182
이권二勸 / 82
이념二念 / 81
이도二道 / 87
이력二力 / 85
이리泥犂 / 178
이불생二不生 / 79
이선二善 / 74

이수二修 / 69
이심二心 / 65, 67
이십사락二十四樂 / 323
이십정호二十正好 / 320
이십팔진념二十八眞念 / 325
이의二宜 / 72
이일심理一心 / 67
이종병二種病 / 89
이지二持 / 71
이지리지 / 71
이출二出 / 76
이타利他 / 82
이타공덕利他功德 / 277
이행二行 / 77
인과因果 / 94
인수印手 / 352
인지忍地 / 342
일개一箇 / 64
일경一境 / 51
일관日觀 / 51
일구一句 / 54
일구기一口氣 / 56
일념一念 / 44, 45
일대사一大事 / 47
일대사인연一大事因緣 / 131
일몰관日沒觀 / 304
일문一門 / 52
일상삼매一相三昧 / 50
일상염불삼매一相念佛三昧 / 50
일생一生 / 58
일생보처一生補處 / 176
일성一聲 / 55
일승一乘 / 43, 236
일식一息 / 53

일심一心 / 41, 42
일심불란一心不亂 / 203
일언一言 / 61
일점진성一點眞性 / 59
일체종지一切種智 / 126
일체지一切智 / 126
일칭一稱 / 63
일편一片 / 57
일행삼매一行三昧 / 49
임제臨濟 / 27
임종臨終 / 154
임종현전원臨終現前願 / 338

자각 선사慈覺禪師 / 238, 239
자금대紫金臺 / 146
자리自利 / 82
자비심 / 222
자운 식慈雲式 / 56
자운참주慈雲懺主 / 141, 146, 155, 263, 273
『자은통찬慈恩通讚』 / 37, 255
자조종주慈照宗主 / 42, 44, 47, 52, 99, 144, 160, 266
잡상관雜想觀 / 306
장교藏敎 / 156
장로 색 선사長蘆賾禪師 / 176
장수천長壽天 / 330
장야張野 / 313
장엄무량원莊嚴無量願 / 339
장연공張燕公 / 25, 35
장전張詮 / 313

재계齋戒 / 215
재생심정원纔生心淨願 / 341
적실 대사寂室大師 / 134
적주赤珠 / 209
『전가보傳家寶』 / 37, 218
전상조錢象祖 / 242
전효직錢孝直 / 130
『정명경淨名經』 / 251
정명등丁明登 / 243
정무아상원淨無我想願 / 337
정변지正遍知 / 249
정보正報 / 74
정선定善 / 74
『정신당집淨信堂集』 / 37
정심주正心住 / 85
정업淨業 / 146
정원사淨願社 / 363
정정正定 / 49
정정취正定聚 / 263
정청지鄭淸之 / 202
정토淨土 / 23, 256, 260
『정토감주淨土紺珠』 / 358, 360
『정토법어淨土法語』 / 37, 79, 121
『정토신종淨土晨鐘』 / 37, 82, 130, 154, 166, 167, 180, 184, 186, 191, 212
『정토십문교계淨土十門敎誡』 / 37, 296, 297
『정토십의론淨土十疑論』 / 37, 85, 87, 172, 220
『정토입교지淨土立敎志』 / 37, 312
『정토자량집淨土資糧集』 / 37
『정토지귀집淨土指歸集』 / 37, 156, 199, 246, 248, 279
『정토혹문淨土或問』 / 37, 111, 117, 197, 272

제불칭찬원諸佛稱讚願 / 338
제심선制心禪 / 182
조사祖師 / 44
조직정調直定 / 49
종병宗炳 / 313
종색宗賾 / 239
종설宗說 / 316
종성위種性位 / 86
종지봉鍾之鳳 / 346
주굉袾宏 / 239
주속지周續之 / 313
『주역』 / 251
중관中觀 / 126
중구운衆具雲 / 352
중국中國 / 330
중륜仲倫 / 313
중배中輩 / 96
중복문衆福門 / 155
중봉中峯 / 25
중사仲思 / 241, 313
중생장수원衆生長壽願 / 338
중품상생中品上生 / 225, 234
중품중생中品中生 / 226, 235
중품중생관中品中生觀 / 307
중품하생中品下生 / 227, 235
『증일아함경增一阿含經』 / 37, 63
지각선사智覺禪師 / 239
지귀 학인知歸學人 / 325
지덕智德 / 200
지상관地想觀 / 304
지상관池想觀 / 305
지성심至誠心 / 92
지암 거사止菴居士 / 242
지자대사智者大師 / 182, 268

지혜광불智慧光佛 / 289
직심直心 / 93
진보운珍寶雲 / 352
진사혹塵沙惑 / 126
진여법眞如法 / 93
진점겁塵點劫 / 274
진헐 선사眞歇禪師 / 67

ㅊ

차거硨磲 / 209
차공次公 / 242
참懺 / 164
참된 자비 / 287
천궁天宮 / 255
천도薦度 / 180
천마天魔 / 265
천안통天眼通 / 105
천여天如 / 25
천이통天耳通 / 105
천인경례원天人敬禮願 / 341
『천친론天親論』 / 37, 162, 174
천태天台 / 25
청량국사淸涼國師 / 142
청정광불淸淨光佛 / 289
청정법신淸淨法身 / 137
체진선體眞禪 / 182
초발심주初發心住 / 85
초심 보살初心菩薩 / 318
초일월광불超日月光佛 / 289
총지운總持雲 / 352
출세심出世心 / 330
칠반구환七返九還 / 357

칠보七寶 / 209, 323
칠불방七不妨 / 210
칠정념七正念 / 206
칠종승七種勝 / 205
칠취七趣 / 277
칭명염불稱名念佛 / 135
『칭찬정토경稱讚淨土經』 / 260
『칭찬정토법문경稱讚淨土法門經』 / 37, 258

타심지他心智 / 337
타심통他心通 / 105
태생胎生 / 164, 277
태아보자기(胎胞) / 332
통교通敎 / 156

파려玻瓈 / 209
파병杷柄 / 28
팔계재八戒齋 / 225
팔공덕수八功德水 / 213, 323
팔기八棄 / 351
팔난八難 / 291, 328
팔념八念 / 218
팔법八法 / 211
팔신염불八信念佛 / 212
팔십수형호八十隨形好 / 248
팔용八用 / 215
팔음八音 / 323
팔이생八易生 / 220

팔해탈八解脫 / 226
풍즙馮檝 / 242
필경불퇴畢竟不退 / 148

하배下輩 / 96
하품상생下品上生 / 227, 235
하품중생下品中生 / 228, 235
하품하생下品下生 / 230, 236
하품하생관下品下生觀 / 307
함계보처원咸階補處願 / 338
해解 / 168
해탈덕解脫德 / 126
행行 / 168
행불퇴行不退 / 148
향向 / 168
향산거사香山居士 / 241
허주 장로虛舟長老 / 24, 357
허중虛中 / 241
현전승물現前僧物 / 229
현증등지원現證等持願 / 341
현획인지원現獲忍地願 / 342
형모무차원形貌無差願 / 336
혜영慧永 / 312
혜원慧遠 / 238, 312
혜지慧持 / 312
화생化生 / 164, 277
『화엄경華嚴經』 / 260
『화엄소초華嚴疏抄』 / 117
화장세계華藏世界 / 142
화재火災 / 314
화좌관花座觀 / 305

환희광불歡喜光佛 / 289
환희지歡喜地 / 225
회감懷感 법사 / 113
회향개생원廻向皆生願 / 338
회향발원심回向發願心 / 92
회향수迴向修 / 162

회향하는 문(回向門) / 174
획승변재원獲勝辯才願 / 339
횡출橫出 / 76
훈채葷菜 / 110
흔락행忻樂行 / 77

한글본 한국불교전서

조·선·출·간·본

조선 1 작법귀감
백파 긍선 | 김두재 옮김 | 신국판 | 336쪽 | 18,000원

조선 2 정토보서
백암 성총 | 김종진 옮김 | 4X6판 | 224쪽 | 12,000원

조선 3 백암정토찬
백암 성총 | 김종진 옮김 | 4X6판 | 156쪽 | 9,000원

조선 4 일본표해록
풍계 현정 | 김상현 옮김 | 4X6판 | 180쪽 | 10,000원

조선 5 기암집
기암 법견 | 이상현 옮김 | 신국판 | 320쪽 | 18,000원

조선 6 운봉선사심성론
운봉 대지 | 이종수 옮김 | 4X6판 | 200쪽 | 12,000원

조선 7 추파집·추파수간
추파 홍유 | 하혜정 옮김 | 신국판 | 340쪽 | 20,000원

조선 8 침굉집
침굉 현변 | 이상현 옮김 | 신국판 | 300쪽 | 17,000원

조선 9 염불보권문
명연 | 정우영·김종진 옮김 | 신국판 | 224쪽 | 13,000원

조선 10 천지명양수륙재의범음산보집
해동사문 지환 | 김두재 옮김 | 신국판 | 636쪽 | 28,000원

조선 11 삼봉집
화악 지탁 | 김재희 옮김 | 신국판 | 260쪽 | 15,000원

조선 12 선문수경
백파 긍선 | 신규탁 옮김 | 신국판 | 180쪽 | 12,000원

조선 13 선문사변만어
초의 의순 | 김영욱 옮김 | 4X6판 | 192쪽 | 11,000원

조선 14 부휴당대사집
부휴 선수 | 이상현 옮김 | 신국판 | 376쪽 | 22,000원

조선 15 무경집
무경 자수 | 김재희 옮김 | 신국판 | 516쪽 | 26,000원

조선 16 무경실중어록
무경 자수 | 성재헌 옮김 | 신국판 | 340쪽 | 20,000원

조선 17 불조진심선격초
무경 자수 | 성재헌 옮김 | 신국판 | 168쪽 | 11,000원

조선 18 선학입문
김대현 | 성재헌 옮김 | 신국판 | 240쪽 | 14,000원

조선 19 사명당대사집
사명 유정 | 이상현 옮김 | 신국판 | 508쪽 | 26,000원

조선 20 송운대사분충서난록
신유한 엮음 | 이상현 옮김 | 신국판 | 324쪽 | 20,000원

조선 21 의룡집
의룡 체훈 | 김석군 옮김 | 신국판 | 296쪽 | 17,000원

조선 22 응운공여대사유망록
응운 공여 | 이대형 옮김 | 신국판 | 350쪽 | 20,000원

조선 23 사경지험기
백암 성총 | 성재헌 옮김 | 신국판 | 248쪽 | 15,000원

조선 24 무용당유고
무용 수연 | 이상현 옮김 | 신국판 | 292쪽 | 17,000원

조선 25 설담집
설담 자우 | 윤찬호 옮김 | 신국판 | 200쪽 | 13,000원

조선 26 동사열전
범해 각안 | 김두재 옮김 | 신국판 | 652쪽 | 30,000원

조선 27 청허당집
청허 휴정 | 이상현 옮김 | 신국판 | 964쪽 | 47,000원

조선 28 대각등계집
백곡 처능 | 임재완 옮김 | 신국판 | 408쪽 | 23,000원

조선 29 반야바라밀다심경략소연주기회편
석실 명안 엮음 | 강찬국 옮김 | 신국판 | 296쪽 | 17,000원

| 조선30 | 허정집
허정 법종 | 성재헌 옮김 | 신국판 | 488쪽 | 25,000원

| 조선31 | 호은집
호은 유기 | 김종진 옮김 | 신국판 | 264쪽 | 16,000원

| 조선32 | 월성집
월성 비은 | 이대형 옮김 | 4X6판 | 172쪽 | 11,000원

| 조선33 | 아암유집
아암 혜장 | 김두재 옮김 | 신국판 | 208쪽 | 13,000원

| 조선34 | 경허집
경허 성우 | 이상하 옮김 | 신국판 | 572쪽 | 28,000원

| 조선35 | 송계대선사문집 · 상월대사시집
송계 나식 · 상월 새봉 | 김종진 · 박재금 옮김 | 신국판 | 440쪽 | 24,000원

| 조선36 | 선문오종강요 · 환성시집
환성 지안 | 성재헌 옮김 | 신국판 | 296쪽 | 17,000원

| 조선37 | 역산집
영허 선영 | 공근식 옮김 | 신국판 | 368쪽 | 22,000원

| 조선38 | 함허당득통화상어록
득통 기화 | 박해당 옮김 | 신국판 | 300쪽 | 18,000원

| 조선39 | 가산고
월하 계오 | 성재헌 옮김 | 신국판 | 446쪽 | 24,000원

| 조선40 | 선원제전집도서과평
설암 추붕 | 이정희 옮김 | 신국판 | 338쪽 | 20,000원

| 조선41 | 함홍당집
함홍 치능 | 성재헌 옮김 | 신국판 | 348쪽 | 21,000원

| 조선42 | 백암집
백암 성총 | 유호선 옮김 | 신국판 | 544쪽 | 27,000원

| 조선43 | 동계집
동계 경일 | 김승호 옮김 | 신국판 | 380쪽 | 22,000원

| 조선44 | 용암당유고 · 괄허집
용암 체조 · 괄허 취여 | 김종진 옮김 | 신국판 | 404쪽 | 23,000원

| 조선45 | 운곡집 · 허백집
운곡 충휘 · 허백 명조 | 김재희 · 김두재 옮김 | 신국판 | 514쪽 | 26,000원

| 조선46 | 용담집 · 극암집
용담 조관 · 극암 사성 | 성재헌 · 이대형 옮김 | 신국판 | 520쪽 | 26,000원

| 조선47 | 경암집
경암 응윤 | 김재희 옮김 | 신국판 | 300쪽 | 18,000원

| 조선48 | 석문상의초 외
벽암 각성 외 | 김두재 옮김 | 신국판 | 338쪽 | 20,000원

| 조선49 | 월파집 · 해붕집
월파 태율 · 해붕 전령 | 이상현 · 김두재 옮김 | 신국판 | 562쪽 | 28,000원

| 조선50 | 몽암대사문집
몽암 기영 | 이상현 옮김 | 신국판 | 348쪽 | 21,000원

| 조선51 | 징월대사시집
징월 정훈 | 김재희 옮김 | 신국판 | 272쪽 | 16,000원

| 조선52 | 통록촬요
엮은이 미상 | 성재헌 옮김 | 신국판 | 508쪽 | 26,000원

| 조선53 | 충허대사유집
충허 지책 | 성재헌 옮김 | 신국판 | 296쪽 | 18,000원

| 조선54 | 백열록
금명 보정 | 김종진 옮김 | 신국판 | 364쪽 | 22,000원

| 조선55 | 조계고승전
금명 보정 | 김용태 · 김호귀 옮김 | 신국판 | 384쪽 | 22,000원

| 조선56 | 범해선사시집
범해 각안 | 김재희 옮김 | 신국판 | 402쪽 | 23,000원

| 조선57 | 범해선사문집
범해 각안 | 김재희 옮김 | 신국판 | 208쪽 | 13,000원

| 조선58 | 연담대사임하록
연담 유일 | 하혜정 옮김 | 신국판 | 772쪽 | 34,000원

| 조선59 | 풍계집
풍계 명찰 | 김두재 옮김 | 신국판 | 438쪽 | 24,000원

| 조선60 | 혼원집 · 초엄유고
혼원 세환 · 초엄 복초 | 윤찬호 옮김 | 신국판 | 332쪽 | 20,000원

| 조선61 | 청주집
환공 치조 | 성재헌 옮김 | 신국판 | 416쪽 | 23,000원

조선62 대동영선
금명 보정 | 이상하 옮김 | 신국판 | 556쪽 | 28,000원

조선63 현정론·유석질의론
득통 기화·지은이 미상 | 박해당 옮김 | 신국판 | 288쪽 | 17,000원

조선64 월봉집
월봉 책헌 | 이종수 옮김 | 신국판 | 232쪽 | 14,000원

신·라·출·간·본

신라1 인왕경소
원측 | 백진순 옮김 | 신국판 | 800쪽 | 35,000원

신라2 범망경술기
승장 | 한명숙 옮김 | 신국판 | 620쪽 | 28,000원

신라3 대승기신론내의약탐기
태현 | 박인석 옮김 | 신국판 | 248쪽 | 15,000원

신라4 해심밀경소 제1 서품
원측 | 백진순 옮김 | 신국판 | 448쪽 | 24,000원

신라5 해심밀경소 제2 승의제상품
원측 | 백진순 옮김 | 신국판 | 508쪽 | 26,000원

신라6 해심밀경소 제3 심의식상품 제4 일체법상품
원측 | 백진순 옮김 | 신국판 | 332쪽 | 20,000원

신라7 해심밀경소 제5 무자성상품
원측 | 백진순 옮김 | 신국판 | 536쪽 | 27,000원

신라12 무량수경연의술문찬
경흥 | 한명숙 옮김 | 신국판 | 800쪽 | 35,000원

신라13 범망경보살계본사기 상권
원효 | 한명숙 옮김 | 신국판 | 272쪽 | 17,000원

신라14 화엄일승성불묘의
견등 | 김천학 옮김 | 신국판 | 264쪽 | 15,000원

신라15 범망경고적기
태현 | 한명숙 옮김 | 신국판 | 612쪽 | 28,000원

신라16 금강삼매경론
원효 | 김호귀 옮김 | 신국판 | 666쪽 | 32,000원

신라17 대승기신론소기회본
원효 | 은정희 옮김 | 신국판 | 536쪽 | 27,000원

신라18 미륵상생경종요 외
원효 | 성재헌 외 옮김 | 신국판 | 420쪽 | 22,000원

신라19 대혜도경종요 외
원효 | 성재헌 외 옮김 | 신국판 | 256쪽 | 15,000원

신라20 열반종요
원효 | 이평래 옮김 | 신국판 | 272쪽 | 16,000원

신라21 이장의
원효 | 안성두 옮김 | 신국판 | 256쪽 | 15,000원

신라22 본업경소 하권 외
원효 | 최원섭·이정희 옮김 | 신국판 | 368쪽 | 22,000원

신라23 중변분별론소 제3권 외
원효 | 박인성 외 옮김 | 신국판 | 288쪽 | 17,000원

신라24 지범요기조람집
원효·진원 | 한명숙 옮김 | 신국판 | 310쪽 | 19,000원

신라25 집일 금광명경소
원효 | 한명숙 옮김 | 신국판 | 636쪽 | 31,000원

신라26 복원본 무량수경술의기
의적 | 한명숙 옮김 | 신국판 | 500쪽 | 25,000원

고·려·출·간·본

고려1 일승법계도원통기
균여 | 최연식 옮김 | 신국판 | 216쪽 | 12,000원

고려2 원감국사집
충지 | 이상현 옮김 | 신국판 | 480쪽 | 25,000원

고려3 자비도량참법집해
조구 | 성재헌 옮김 | 신국판 | 696쪽 | 30,000원

| 고려 4 | 천태사교의
제관 | 최기표 옮김 | 4X6판 | 168쪽 | 10,000원

| 고려 5 | 대각국사집
의천 | 이상현 옮김 | 신국판 | 752쪽 | 32,000원

| 고려 6 | 법계도기총수록
저자 미상 | 해주 옮김 | 신국판 | 628쪽 | 30,000원

| 고려 7 | 보제존자삼종가
고봉 법장 | 하혜정 옮김 | 4X6판 | 216쪽 | 12,000원

| 고려 8 | 석가여래행적송·천태말학운묵화상경책
운묵 무기 | 김성옥·박인석 옮김 | 신국판 | 424쪽 | 24,000원

| 고려 9 | 법화영험전
요원 | 오지연 옮김 | 신국판 | 264쪽 | 17,000원

| 고려 10 | 남명천화상송증도가사실
□련 | 성재헌 옮김 | 신국판 | 418쪽 | 23,000원

| 고려 11 | 백운화상어록
백운 경한 | 조영미 옮김 | 신국판 | 348쪽 | 21,000원

| 고려 12 | 선문염송 염송설화 회본 1
혜심·각운 | 김영욱 옮김 | 신국판 | 724쪽 | 33,000원

※ 한글본 한국불교전서는 계속 출간됩니다.

허주 덕진虛舟德眞
(1815~1888)

덕진의 호는 허주虛舟이고, 속성은 김씨이다. 1815년 3월 13일 홀어머니 박씨로부터 태어나, 1888년 10월 12일 입적하였다. 세수는 74세이고 법랍은 63년이다. 11세인 1825년 한 수좌의 권유로 출가한 뒤, 제방을 유력하면서 수행하였다. 경전은 침명枕溟에게 배웠고, 선은 인파印坡에게 배웠다. 30세에 은적암隱寂庵에서 건당하고 주석하니 납자들이 무수히 몰려들었다. 선사는 어느 날 7일간 지장기도를 한 뒤 시루떡 한 사발을 얻는 꿈을 꾸었는데, 이로부터 자비의 덕이 온몸에 가득하였고 총명한 지혜가 남을 능가했으며, 한번 들으면 잊지 않는 불망념지不忘念智를 얻게 되었다. 이후 그의 선풍이 멀리까지 퍼져나갔다. 1888년 가을에 초청을 받아 한양성에 들어가 동별궁에서 보광법회를 시설하여 7일 동안 기도와 축원을 하였다. 같은 해 10월 10일 가벼운 병을 보인 뒤, 이틀이 지난 새벽 목욕하고 옷을 갈아입고 게송을 남긴 뒤 조용히 입적하였다.

옮긴이 김석군

동국대학교 불교학과 석사를 수료하고, 동국역경원, 동국대학교 불교학술원에서 근무하였다. 역서로는 『일체경음의』, 『화엄경음의』, 『초의집』, 『의룡집』 등이 있다.

증의
한명숙(동국대학교 불교학술원 교수)